Beiträge zur Geldlehre

herausgegeben von Rudolf Schilcher

Die Kursbildung auf dem Devisenterminmarkt und die Devisenterminpolitik der Zentralbanken

von

Manfred Neldner

mit 16 Abbildungen und 6 Tabellen

Walter de Gruyter & Co · Berlin 1970

Archiv-Nr. 12 43 701 – Satz und Druck:
Courier Druckhaus Ingolstadt, Ingolstadt –
Printed in Germany.

Geleitwort

Die vorliegende Schrift eröffnet eine Reihe, die „Beiträge zur Geldlehre" versammeln soll. Dieses Vorhaben bedarf der Erläuterung.

Unter *Geldtheorie* wird hier die Gesamtheit der wissenschaftlichen Aussagen verstanden, die sich auf Ursachen, Bedingungen und Wirkungen von Veränderungen „monetärer" Größen innerhalb ökonomischer Systeme beziehen. Diese weite Begriffsbestimmung soll in folgender Weise erläutert und präzisiert werden: Der Nationalökonom begreift „die Wirtschaft" als eine Vielzahl von ökonomischen Variablen, die miteinander in wechselseitiger Beziehung stehen. In diesen Zusammenhängen sind die „rein monetären" Größen Geldmenge, absolute Preise, Geldzinssätze und Wechselkurse ebenso enthalten wie „reale" Größen, z. B. Sachkapital, Beschäftigungsmenge oder Sozialprodukt. In einem weiten Verstande kann daher *Geldtheorie* als die bevorzugte theoretische Betrachtung der *monetären* Größen im ökonomischen Gesamtsystem aufgefaßt werden. Indem man ihnen nach Ursache und Wirkung bestimmte Schlüsselbedeutungen zuerkennt, erfährt der Wirtschaftsprozeß eine Beurteilung unter primär monetärem Aspekt. Geldtheorie liegt demnach vor, wenn entweder eine beliebige Variable durch monetäre Größen erklärt wird oder wenn monetäre Variablen ihrerseits Erklärungsobjekt sind. So gesehen ist Geldtheorie, das sei wiederholt, nicht weniger als die theoretische Betrachtung des gesamten ökonomischen Prozesses unter monetärem Aspekt.

In der Literatur wird unter den genannten monetären Schlüsselvariablen häufig der *Geldmenge* die zentrale Bedeutung beigemessen. In einem ganz engen, aber präzisen Sinne ist Geldtheorie dann der Komplex von wissenschaftlichen Aussagen, der sich auf das Verhalten nur dieser einen Systemvariablen bezieht. Die Aussagen betreffen im einzelnen die Ursachen, Bedingungen und Wirkungen von Variationen der Geldmenge, sowohl was deren Höhe als auch deren Zusammensetzung angeht. Diese und ähnliche engere Fassungen sind aber nicht unproblematisch, weil durch sie wichtige Teilgebiete geldtheoretischer Analysen – bei Beschränkung auf die Geldmenge z. B. die Theorie der Anbieterinflation – ausgeschlossen werden.

Es bleibt zu ergänzen, daß das System auch die ökonomische Aktivität des Staates enthält oder enthalten sollte und daß der Berücksichtigung von Außenbeziehungen besonderes Gewicht zukommt.

Geldpolitik als wissenschaftliche Disziplin ist die Gesamtheit der wissenschaftlichen Aussagen über Zielsysteme und Mitteleinsatz von Instanzen, die sich der Variation der monetären Größen, insbesondere der Geldmenge, bedienen, um bestimmte gesamtwirtschaftliche Ziele anzustreben. Träger der geldpolitischen Entscheidungen in diesem Sinne sind faktisch vorwiegend die Zentralbanken.

Offensichtlich sind Geldtheorie und Geldpolitik eng miteinander verbunden: mit gewissen Einschränkungen lassen sich die abhängigen Variablen der Theorie als Zielvariable der Politik und die unabhängigen Variablen der Theorie als Instrumente der Politik deuten. Die Zusammenfassung von Geldtheorie und Geldpolitik zu einer einheitlichen wissenschaftlichen Disziplin, der *Geldlehre,* liegt daher nahe.

Das Interesse der ökonomischen Forschung an monetären Fragen und damit die Bedeutung der Geldlehre innerhalb der gesamten Ökonomik hat in den letzten fünfzig Jahren geschwankt.

Die „große Inflation" im und nach dem ersten Weltkrieg induzierte, vor allem im deutschen Sprachgebiet, eine intensive und ertragreiche Entfaltung der Geldtheorie, der freilich Knut *Wicksell* durch sein geniales Werk bereits vorgearbeitet hatte.

Trotzdem war die praktische Geldpolitik gegenüber der tiefen Depression der dreißiger Jahre offensichtlich unfähig, das ihr verfügbare Instrumentarium richtig und wirkungsvoll einzusetzen. Im und nach dem zweiten Weltkrieg wurde dann der konjunkturpolitische Einsatz der Geldpolitik durch den Geldüberfluß, verbunden mit der hohen Staatsverschuldung, in vielen Ländern, selbst in den USA, illusorisch. Diese Erscheinungen bewirkten merkwürdigerweise auch eine Abkehr von den mit ihnen verbundenen wissenschaftlichen Fragen. *Keynes'* und seiner Nachfolger Erkenntnisse über die Determinanten der Beschäftigung und des Volkseinkommens vertieften demgegenüber das wissenschaftliche Interesse an der Finanzpolitik, deren Vorherrschen in der Realität augenscheinlich war.

Seit etwa zwanzig Jahren erleben wir nun die hauptsächlich von den USA ausgehende Gegenströmung. Vor allem stellen die scheinbar unaufhaltsame, auch unabhängig vom schwankenden Beschäftigungsgrad anhaltende schleichende Inflation einerseits und das internationale Liquiditätsproblem unter dem System fester Wechelkurse bei unterschiedlichen nationalen Inflationsraten andererseits das wissenschaftliche Denken vor beträchtliche Aufgaben. Dazu kommen eine Reihe weiterer, z. T. sehr alter, aber ungelöster Fragen, die wieder aufgegriffen werden — man denke etwa an die Neufassung der Quantitätstheorie durch Milton *Friedman* und seine Schule, an die Ausweitung der Geldschöpfungslehre zu einer allgemeinen Theorie des Geldangebots oder an die Entwicklung von der Theorie der Liquiditätspräferenz zu einer umfassenden Theorie der Geldnachfrage. Besondere Bedeutung kommt zudem der Beschäftigung mit den monetären Aspekten des Wirtschaftswachstums zu. So darf wohl mit Recht von einer Renaissance der ökonomischen Geldlehre in der Gegenwart gesprochen werden.

Es überrascht nicht, daß sich dieses Fortschreiten der Geldlehre zunächst in großen, gleichsam raumgreifenden Schritten vollzog, so daß viele der neben den Hauptwegen des Denkens liegenden Einzelfragen zunächst ungelöst blieben. Um der im ganzen erfreulichen Entwicklung Stärke und Dauer zu geben, ist aber auch die Erforschung der zahlreichen noch offenen Spezialprobleme erforderlich. Zudem bedarf es der Sicherung neuer geldwissenschaftlicher Erkenntnisse durch ihre Verzahnung mit den wissenschaftlichen Nachbargebieten, insbesondere der Finanztheorie. Die vorliegende Reihe soll Beiträge zur Bewältigung dieser Aufgaben liefern.

Der Herausgeber weiß, daß die Versammlung von Arbeiten aus einem so weiten Gebiet zunächst eher der Willkür überlassen als einem Plan zu folgen scheint. Er hofft aber, daß nach und nach erkennbar werden wird, wie sich die einzelnen Veröffentlichungen dieser Reihe in ein akzeptables Gesamtbild fügen und welche geldtheoretische Grundposition ihnen gemeinsam ist. Bestimmte Schwerpunkte, insbesondere die Inflationsproblematik, sollten allerdings schon von Anfang an deutlich werden. Unbeschadet dieses angestrebten Zusammenhanges zwischen den behandelten Themen wird jedoch das Urteil über den Wert der einzelnen Beiträge, das bei dem künftigen Leser liegt, zugleich über die Berechtigung des ganzen, mit diesem Band begonnenen Vorhabens entscheiden.

Die vorliegende erste Veröffentlichung der Reihe befaßt sich mit der Devisenterminpolitik der Zentralbanken. Sie steht damit in einem gegenwärtig besonders aktuellen Zusammenhang, zielt jedoch auf das Prinzipielle. Die Sicherung der binnenwirtschaftlichen Stabilität – was auch immer darunter konkret verstanden werden mag – und eines als angemessen erachteten Wirtschaftswachstums durch die Wirtschaftspolitik steht bekanntlich in Konflikt mit weiteren wirtschaftspolitischen Zielsetzungen, insbesondere mit der des Zahlungsbilanzausgleichs. Unter den Voraussetzungen fester Wechselkurse, voller Konvertibilität und unterschiedlicher nationaler Wirtschaftspolitik wird dies so lange immer wieder der Fall sein, wie die wirtschaftspolitischen Instanzen nicht über die erforderliche Zahl von unabhängigen Instrumenten verfügen oder die verfügbaren nicht zielgerecht einzusetzen wissen. Daraus ergibt sich die wirtschaftspolitische Bedeutung einer modellmäßig und empirisch durchgeführten Untersuchung der Frage, wie weit die Devisenterminpolitik das traditionelle geldpolitische Instrumentarium ergänzen bzw. von bestimmten Aufgaben entlasten kann.

Bochum, im Januar 1970

Rudolf Schilcher

Inhaltsverzeichnis

1. Einleitung

1.1 Aufgabenstellung

Die ursprüngliche Aufgabenstellung der vorliegenden Arbeit bestand allein darin, die Möglichkeiten und Grenzen einer Devisenterminpolitik der Zentralbanken zu untersuchen. Die im letzten Jahrzehnt vor allem in den angelsächsischen Ländern äußerst lebhaft geführte Diskussion dieser Problematik läßt jedoch erkennen, daß sowohl die Argumente der Verfechter als auch die der Gegner offizieller Interventionen auf dem Devisenterminmarkt häufig auf unrichtigen bzw. lückenhaften Vorstellungen über den Kursbildungsmechanismus des Devisenmarktes beruhen. Es hat sich daher als notwendig erwiesen, zunächst ein Kursbildungsmodell für den Devisenmarkt zu entwickeln, mit dessen Hilfe die Frage nach den unmittelbaren Auswirkungen devisenterminpolitischer Maßnahmen eindeutig beantwortet werden kann.

Die Arbeit gliedert sich deshalb in drei Teile:

Im ersten Teil soll das (simultane) Gleichgewicht auf dem Kassa- und Termindevisenmarkt in einem Zwei-Länder-Modell bestimmt werden, indem einem Land das gesamte Ausland gegenübergestellt wird. Dabei muß aber zuvor untersucht werden, aus welchen Motiven die Wirtschaftssubjekte an den Devisenmarkt herantreten, und welche Faktoren hier jeweils den Umfang von Angebot und Nachfrage beeinflussen.

Im zweiten Teil wird dann gefragt, inwieweit und unter welchen Bedingungen die Zentralbanken durch marktkonforme Eingriffe in den Preisbildungsprozeß des Devisenmarktes das außenwirtschaftliche Gleichgewicht aufrechterhalten bzw. wiederherstellen können. Dieser Fragenkomplex wird in zwei Abschnitten unter verschiedenen Prämissen behandelt: Erstens unter der Annahme, daß Spekulanten in absehbarer Zeit eine Paritätsänderung erwarten, und zweitens unter der Annahme, daß allgemein Vertrauen in die bestehenden Kursparitäten herrscht.

Im dritten Teil sollen schließlich Theorie und Praxis der Devisenterminpolitik miteinander konfrontiert werden, wobei versucht wird, statistisches Material über die in neuester Zeit durchgeführten Interventionen einiger Zentralbanken im Hinblick auf die Verwendbarkeit der Devisenterminpolitik zu interpretieren.

1.2 Definitionen

Die Fülle der Spezialausdrücke, die im internationalen Devisenhandel allgemein Verwendung finden, läßt es ratsam erscheinen, den Ausführungen eine Definition der wichtigsten Begriffe voranzustellen. Dabei sollen die entsprechenden Termini des angelsächsischen Sprachbereichs — soweit sie weniger bekannt sind — jeweils in Klammern mit angeführt werden.

Devisen im weiteren Sinne sind alle auf fremde Währung lautenden Forderungen gegenüber Wirtschaftssubjekten im Ausland. Devisen im engeren Sinne sind dagegen auf fremde Währung lautende Guthaben bei ausländischen Banken.

Auf dem Devisenmarkt werden Devisen i. e. S. gegen Inlandswährung getauscht. Der Devisenmarkt für eine bestimmte Währung ist der gedachte Ort, an dem sich Angebot und Nachfrage nach dieser Währung treffen.

Die Tauschrelation zwischen ausländischer Währung und Inlandswährung, der Wechselkurs, läßt sich in zweifacher Weise ausdrücken: zum einen, indem für eine Einheit der ausländischen Währung ein Preis in Einheiten der Inlandswährung festgesetzt wird (= Preisnotierung), zum anderen, indem diejenige Menge ausländischer Währungseinheiten festgelegt wird, die einer Einheit der Inlandswährung entspricht (= Mengennotierung).

Fallen Verpflichtungsgeschäft und Erfüllungsgeschäft bei Vertragsabschlüssen auf dem Devisenmarkt zeitlich zusammen, so wird von einem Devisenkassageschäft gesprochen.[1] Gegenstand eines Devisenkassageschäftes sind Kassadevisen ('spot exchange'), die gegen Inlandswährung zum Kassakurs ('spot exchange rate') gekauft oder verkauft werden. Verlangt ein Vertragsabschluß auf dem Devisenmarkt aber Erfüllung, d. h. Zahlung und Lieferung, erst zu einem späteren Zeitpunkt, so handelt es sich um ein Devisentermingeschäft, bei dem Termindevisen ('forward exchange') gegen Inlandswährung zum Devisenterminkurs ('forward exchange rate') getauscht werden. Dementsprechend unterteilt sich der Devisenmarkt in einen Devisenkassamarkt und in einen Devisenterminmarkt.

Die Differenz zwischen Devisenkassakurs und Devisenterminkurs wird als Swapsatz bezeichnet. Liegt der Devisenkassakurs — bei Preisnotierung — über dem Devisenterminkurs, dann ist der Swapsatz ein Deport ('forward discount'), liegt der Kassakurs dagegen unter dem Terminkurs, so ist der Swapsatz ein Report ('forward premium'). Bei Swapgeschäften ('swap transactions') wird ein Kassageschäft mit einem entgegengesetzten Termingeschäft kombiniert, indem bestimmte Devisenbeträge per Kassa gekauft (verkauft) und gleichzeitig per Termin wieder verkauft (gekauft) werden.

Die Saldierung der Devisenforderungen und Devisenverpflichtungen eines Wirtschaftssubjektes ergibt die Devisenposition dieses Wirtschaftssubjektes. Bei einer Plusposition ('long position') sind die Forderungen höher als die Verpflichtungen, bei einer Minusposition ('short position') sind sie dagegen niedriger. Die jeweilige Devisenposition setzt sich dabei aus einer Kassaposition ('spot position') und einer Terminposition ('forward position') zusammen.

[1] In der Devisenhandelspraxis werden Kassageschäfte in der Regel erst am zweiten Werktag nach Vertragsabschluß erfüllt. Dieser Aspekt soll hier jedoch vernachlässigt werden.

I. Die Kursbildung auf dem Devisenterminmarkt

2. Arbitrage

Arbitrage ist die durch das Gewinnstreben motivierte Ausnutzung interlokaler Preisdifferenzen zwischen gleichartigen Teilmärkten für ein Gut.

Für den Arbitrageur bilden ex ante bestimmbare Daten die Kalkulationsgrundlage. Die Arbitrage unterscheidet sich daher von der Spekulation, der Ausnutzung intertemporaler Preisdifferenzen, insofern, als Verlustgefahren bzw. Gewinnmöglichkeiten durch Preisschwankungen im Zeitablauf ausgeschlossen sind.

Nach der Art der Durchführung der Arbitragetransaktion trennt *Schmidt* zwischen Differenzarbitrage und Ausgleichsarbitrage.[1] Der Differenzarbitrageur schließt gleichzeitig zwei entgegengesetzte Geschäfte ab. Er kauft eine bestimmte Menge eines Gutes auf dem Teilmarkt mit dem niedrigeren Preis und verkauft die gleiche Menge dieses Gutes auf dem Teilmarkt mit dem höheren Preis. Der Ausgleichsarbitrageur vergleicht die Preise aller in Betracht kommenden Teilmärkte, um einen Kauf oder Verkauf auf dem Teilmarkt mit dem für ihn günstigsten Preis durchzuführen.

Auf dem Devisenmarkt treten zwei Gruppen von Arbitrageuren als Anbieter oder Nachfrager auf:

(1) Zinsarbitrageure und

(2) Devisenkursarbitrageure.

2.1 Devisenkursarbitrage

Die Devisenkursarbitrage läßt sich immer dann mit Gewinn durchführen, wenn zu einem bestimmten Zeitpunkt zwischen örtlich getrennten Teilmärkten des Devisenmarktes Bewertungsdifferenzen bestehen.

Nach der Anzahl der an einer Transaktion beteiligten Währungen kann zwischen Zweiwährungs-Arbitrage, Dreiecks-Arbitrage und Vielecks-Arbitrage unterschieden werden.[2]

Da die Kursbildung auf dem Devisenmarkt hier aber in einem Zwei-Länder-Modell untersucht werden soll, müssen Dreiecks- und Vielecks-Arbitrage zunächst aus der Betrachtung ausgeschlossen werden. Später wäre allerdings zu fragen, inwieweit sich bei einer Erweiterung des Zwei-Länder-Modells auf ein

[1] *Schmidt* [32] S. 238 f.
[2] *Lipfert* [26] S. 118

Drei-Länder-Modell unter Berücksichtigung dieser Formen der Arbitrage neue Aspekte ergeben.

Die Zweiwährungs-Arbitrage führt auf dem Devisenmarkt weder zu einem zusätzlichen Angebot noch zu einer zusätzlichen Nachfrage. Denn Ausgleichsarbitrageure suchen sich lediglich den Teilmarkt heraus, auf dem sie einen von vornherein beabsichtigten Devisenkauf bzw. -verkauf zu dem für sie günstigsten Kurs durchführen können, während im Falle der Differenzarbitrage die Devisennachfrage auf dem einen Teilmarkt durch ein entsprechendes Angebot auf dem anderen Teilmarkt ausgeglichen wird. Im Rahmen eines Zwei-Länder-Modells ist die Devisenkursarbitrage lediglich insofern von Bedeutung, als sie die örtlich getrennten Teilmärkte zu einem großen Markt zusammenfaßt, auf dem die ausländische Währung gegen Inlandswährung zu einem einheitlichen Kurs gehandelt wird.

2.2 Zinsarbitrage

Müssen Wirtschaftssubjekte Zahlungen in einem Geld leisten, das sie nicht selbst schaffen können, so entsteht für sie ein Liquiditätsproblem.[3] Tritt bei einzelnen Wirtschaftssubjekten ein vorübergehender Geldbedarf auf, während andere zeitweilig über Geldüberschüsse verfügen, dann bestehen zwischen diesen Wirtschaftssubjekten Liquiditätsdivergenzen. Diese Liquiditätsdivergenzen bilden die notwendige Voraussetzung für die Entwicklung eines Kreditmarktes.[4]

Der Kreditmarkt läßt sich nach Fälligkeiten in einen Markt für kurzfristigen Kredit, den Geldmarkt im weitesten Sinne, und einen Markt für langfristigen Kredit, den Kapitalmarkt, unterteilen. Als kurzfristig wird gewöhnlich die Hergabe gegenwärtig verfügbaren Geldes für höchstens ein Jahr bezeichnet. Das Kriterium für die Abgrenzung bildet dabei der langfristige oder kurzfristige Charakter des der Kreditgewährung zugrunde liegenden Kreditinstrumentes, nicht aber die faktische Dauer der Kreditgewährung bzw. -inanspruchnahme.

Auf dem Geldmarkt treten Banken und Nichtbanken als Anbieter oder Nachfrager auf. Somit lassen sich drei Teilmärkte unterscheiden:

(1) Der Markt für kurzfristigen Kredit zwischen den Banken, der in der Regel als Geldmarkt im engeren Sinne bezeichnet wird.

(2) Der Markt für kurzfristigen Kredit zwischen Banken und Nichtbanken. Dieser Markt bildet mit dem zuerst genannten Teilmarkt den Geldmarkt im weiteren Sinne.[5]

[3] Vgl. *Schneider* [33] S. 35

[4] Vgl. *Brehmer* [2] S. 10

[5] *Höfermann* [13, S. 68] bezeichnet allein den zweiten Teilmarkt als Geldmarkt im weiteren Sinne. Diese Terminologie ist jedoch anfechtbar, da der weitere Begriff den engeren Begriff einschließen sollte.

(3) Der Markt für kurzfristigen Kredit zwischen Nichtbanken.

Nach der Art der verwendeten Kreditinstrumente gliedert sich jeder dieser drei Märkte in weitere Teilmärkte. So setzt sich zum Beispiel der Geldmarkt i. e. S. aus einem Markt für Zentralbankgeld und einem Markt für zentralbankfähige Titel zusammen, der Markt für kurzfristige Kredite zwischen Banken und Nichtbanken aus Teilmärkten für Kontokorrentkredite, Diskontkredite, Terminguthaben usw.

Auf jedem Teilmarkt bildet sich ein Zinssatz, dessen Höhe mit wachsender Kreditfrist grundsätzlich positiv korreliert. Wird aber für den Geldmarkt eine einheitliche Kreditfrist unterstellt, so können sich in einem bestimmten Zeitpunkt Zinsdifferenzen nur zwischen

(a) verschiedenartigen Teilmärkten oder
(b) örtlich getrennten, gleichartigen Teilmärkten ergeben.

Allerdings fallen nicht alle Transaktionen, die darauf abzielen, derartige Zinsdifferenzen gewinnbringend auszunutzen, unter die oben getroffene Definition des Begriffs Arbitrage.

Bei Transaktionen zwischen verschiedenartigen Teilmärkten ist in dieser Beziehung von entscheidender Bedeutung, ob es sich dabei um Differenzen zwischen Teilmärkten eines Währungsgebietes oder um Differenzen zwischen Teilmärkten verschiedener Währungsgebiete handelt.

Die Ausnutzung von Zinsdifferenzen zwischen verschiedenartigen Teilmärkten innerhalb eines Währungsgebietes unterscheidet sich von der Arbitrage insofern, als Arbitragetransaktionen ex definitione allein zwischen gleichartigen Teilmärkten durchgeführt werden können.

Transaktionen zwischen verschiedenartigen Teilmärkten zweier Währungsgebiete müssen dagegen gedanklich in zwei Bestandteile zerlegt werden. Denn rational handelnde Wirtschaftssubjekte werden immer nur dann an einen bestimmten ausländischen Geldmarkt herantreten, sobald eine Kapitalanlage bzw. Kreditaufnahme auf dem entsprechenden inländischen Teilmarkt für sie weniger vorteilhaft ist. Fragt zum Beispiel ein Wirtschaftssubjekt im Inland auf dem Teilmarkt A Kapital nach, um auf dem ausländischen Teilmarkt B in gleicher Höhe Kapital anbieten zu können, so ließe sich unterstellen, daß dieses Wirtschaftssubjekt

(1) im Inland auf dem Markt A als Nachfrager und auf dem Markt B als Anbieter auftritt, gleichzeitig aber
(2) im Inland auf dem Markt B wiederum Kapital nachfragt und dieses Kapital auf dem Markt B im Ausland anbietet.

Dabei stellt die Transaktion (2) bereits eine Ausnutzung von Zinsdifferenzen zwischen örtlich getrennten, gleichartigen Teilmärkten dar. Derartige Zinsdifferenzen können grundsätzlich entweder innerhalb eines Währungsgebietes oder zwischen verschiedenen Währungsgebieten entstehen.

Zinsdifferenzen zwischen gleichartigen Teilmärkten innerhalb eines Währungsgebietes bilden die Voraussetzung für die nationale Zinsarbitrage. Zinsdifferenzen zwischen gleichartigen Teilmärkten verschiedener Währungsgebiete ermöglichen dagegen unter Umständen die Durchführung der internationalen Zinsarbitrage.

Die internationale Zinsarbitrage[6] unterscheidet sich jedoch von der nationalen Zinsarbitrage insofern, als sie stets mit einer Devisentransaktion verbunden ist, denn die Anlage oder Aufnahme kurzfristigen Kapitals im Ausland erfolgt grundsätzlich in ausländischer Währung.[7] Da die Devisenkurse im Zeitablauf schwanken können, geht der Zinsarbitrageur somit ein Kursrisiko ein. Um aber als Arbitrageur zu gelten, muß ein Wirtschaftssubjekt seine Entscheidung ausschließlich auf der Basis ex ante bestimmbarer Daten treffen. Deshalb können nur diejenigen Wirtschaftssubjekte als Zinsarbitrageure bezeichnet werden, die gleichzeitig mit dem Devisenkassageschäft ein entgegengesetztes Devisentermingeschäft abschließen und somit das Kursrisiko ausschalten. Erst dann ist es möglich, unter Berücksichtigung der relevanten Daten — Devisenkassakurs, Devisenterminkurs, inländischer und ausländischer Geldmarktzinssatz — ex ante festzustellen, ob eine Anlage bzw. Aufnahme kurzfristigen Kapitals auf einem ausländischen Geldmarkt vorteilhafter ist als auf dem inländischen Geldmarkt.

Wird auf die Vornahme eines Kurssicherungsgeschäftes verzichtet, so enthält die Transaktion ein spekulatives Element. Wie später noch zu zeigen ist, handelt es sich in derartigen Fällen um eine Kombination von reiner Spekulation und Zinsarbitrage.

Für den Zinsarbitrageur ist aber nicht die absolute Höhe des Devisenkassakurses und des Devisenterminkurses von Bedeutung, sondern lediglich die Differenz zwischen diesen Kursen, der Swapsatz. Dieser läßt sich — bezogen auf den Kassakurs — als Jahresprozentsatz ausdrücken und dadurch den Geldmarktsätzen vergleichbar machen. Aus der Differenz zwischen dem inländischen und dem ausländischen Geldmarktzinssatz — der Bruttozinsdifferenz — ergibt sich dann nach Addition bzw. Subtraktion des Swapsatzes die in diesem Zusammenhang allein relevante Nettozinsdifferenz.

Swapsatz und Bruttozinsdifferenz sind völlig gleichberechtigte Kalkulationselemente. Wird zum Beispiel die ausländische Währung gegen Inlandswährung auf dem Terminmarkt mit einem entsprechend hohen Report gehandelt, so ist die Anlage kurzfristigen Kapitals im Ausland eventuell auch dann vorteilhafter, wenn der inländische Geldmarktzinssatz über dem ausländischen Geldmarktsatz liegt.

[6] Wird im folgenden von Zinsarbitrage gesprochen, so ist stets die internationale Zinsarbitrage gemeint.

[7] Ausnahmen, von denen hier abgesehen wird, sind nur dann möglich, wenn für die inländische Währung ein sogenannter Außenmarkt besteht.

Da auf dem Devisenterminmarkt Abschlüsse für Fristen von mehr als einem Jahr in der Regel nicht möglich sind, kann der Kapitalmarkt bei der Erörterung der Zusammenhänge zwischen Zinsarbitrage und Devisenmarkt vernachlässigt werden.

2.3 Die Zinsparitätentheorie von Keynes

Der Einfluß der Zinsarbitragetransaktionen auf die Devisenkurse soll hier unter den folgenden Annahmen untersucht werden:

(1) Die Wechselkurse sind flexibel.
(2) Die Währungen sind frei konvertierbar.
(3) Auf dem Devisenterminmarkt werden lediglich Abschlüsse per drei Monate getätigt.
(4) Die Anlage bzw. die Aufnahme kurzfristigen Kapitals erfolgt nur für jeweils drei Monate.
(5) Die Gesamtheit der Zinssätze im Inland und im Ausland wird durch jeweils einen Geldmarktsatz repräsentiert.

Wird ein durch Zinsarbitragetransaktionen verursachter Nettokapitalexport (-import) als Angebot von (Nachfrage nach) Arbitragefonds bezeichnet, so bedeutet ein Angebot von (eine Nachfrage nach) Arbitragefonds gleichzeitig eine Nachfrage nach (ein Angebot von) Kassadevisen und ein Angebot von (eine Nachfrage nach) Termindevisen.

Ist bekannt, wie das Angebot von (die Nachfrage nach) Arbitragefonds mit der Nettozinsdifferenz variiert, dann ist auch die Frage nach den Bestimmungsgründen für die Höhe von Angebot und Nachfrage der Zinsarbitrageure auf dem Devisenmarkt beantwortet. Es soll daher zunächst versucht werden, eine makroökonomische Angebotsfunktion für Arbitragefonds in Abhängigkeit von der Nettozinsdifferenz abzuleiten, wobei die Nachfrage nach Arbitragefonds als negatives Angebot behandelt wird.

Als Beispiel für den Zwei-Länder-Fall werden hier Deutschland und die USA gewählt, wobei die USA stellvertretend das gesamte Ausland repräsentieren. Damit reduzieren sich die relevanten Variablen auf den Kassakurs und den Terminkurs für US-Dollar sowie die Geldmarktzinssätze in Frankfurt und New York.

Es bedeuten:

K = Kassakurs US \$ gegen DM (in DM für 1 US \$)
K' = Terminkurs US \$ gegen DM per 3 Monate (in DM für 1 US \$)
I_d = kurzfristiger Zinssatz in Frankfurt (als Prozentsatz per 3 Monate)
I_f = kurzfristiger Zinssatz in New York (als Prozentsatz per 3 Monate)

Der Swapsatz s, ausgedrückt als Prozentsatz per drei Monate, ist dann

$$s = \frac{K' - K}{K}. \quad (1)$$

Ein positiver Wert für s bedeutet einen Report des Dollar gegenüber der D-Mark, ein negativer Wert für s einen Deport.

Eine Nettozinsdifferenz zugunsten einer Anlage in New York besteht, wenn

$$I_f + s > I_d, \quad (2)$$

eine Nettozinsdifferenz zugunsten einer Anlage in Frankfurt, wenn

$$I_f + s < I_d. \quad (3)$$

Treten nur Zinsarbitrageure auf dem Devisenterminmarkt als Anbieter und Nachfrager auf, so ist – unter Vernachlässigung der Arbitragekosten – im Gleichgewicht

$$I_f + s = I_d \quad (4)$$

oder

$$s = I_d - I_f. \quad (4')$$

Gleichung (4') gilt jedoch nur unter der Annahme, daß der Arbitrageur für den Zinsaufwand bzw. den Zinsertrag keine Kurssicherung vornimmt. Wird diese Annahme fallengelassen, so ergibt sich die Gleichgewichtsbedingung in veränderter Form.

Ein Zinsarbitrageur, der eine D-Mark für drei Monate in Frankfurt anlegt, erhält bei Fälligkeit $(1 + I_d)$ D-Mark. Investiert er den gleichen Betrag in New York, dann erwirbt er US-Dollar zum Kassakurs und verfügt nach drei Monaten über $\frac{1}{K}(1 + I_f)$ Dollar, die er bereits im Zeitpunkt des Kassakaufs per Termin zum Kurs K' gegen D-Mark verkauft.

Gleichgewicht herrscht, wenn

$$\frac{K'}{K}(1 + I_f) = (1 + I_d). \quad (5)$$

Der Swapsatz ist

$$s = \frac{K'}{K} - 1. \quad (6)$$

(6) eingesetzt in (5) ergibt

$$(1 + s)(1 + I_f) = (1 + I_d) \quad (7)$$

bzw.

$$s + s \cdot I_f = I_d - I_f. \quad (7')$$

Die Gleichung (4') ist mit der Zinsparitätentheorie von *Keynes* identisch. Diese Theorie besagt, daß der Swapsatz im Gleichgewicht der Bruttozinsdifferenz (= Zinsparität) entsprechen müsse, mit anderen Worten, daß der Deport (Report) der ausländischen Währung gegenüber der Inlandswährung bezogen auf den jeweiligen Kassakurs immer gleich der Bruttozinsdifferenz zugunsten einer Anlage im Ausland (Inland) sein müsse.[8]

Auf den formalen Mangel der Gleichung (4') hat *Spraos* zuerst hingewiesen. Er behauptet, daß diese Gleichung nur dann annähernd richtig sei, wenn I_f sehr klein ist.[9] Jedoch unterscheiden sich die Gleichungen (7') und (4') lediglich durch den Ausdruck $s \cdot I_f$, der selbst dann sehr klein sein kann, wenn I_f relativ groß ist.[10]

Den Gleichungen (4') bzw. (7') liegt die Annahme zugrunde, daß nur Zinsarbitrageure Termindevisen anbieten oder nachfragen. Trifft diese Annahme für die Realität zu, so paßt sich der Devisenterminkurs automatisch jeder Veränderung der Zinsparität an, da niemand für den Abschluß eines Termingeschäftes zu einem von der Zinsparität abweichenden Kurs einen Kontrahenten finden würde. "The ... effect of dear money, or rather dearer money in one centre than in another – schreibt *Keynes* –, used to be to draw gold from the cheaper centre for temporary employment in the dearer. But nowadays the only immediate effect is to cause a new adjustment of the difference between the spot and forward rates of exchange between the two centres."[11]

Sobald aber neben den Zinsarbitrageuren auch andere Wirtschaftssubjekte Termindevisen anbieten bzw. nachfragen, gilt die Zinsparitätentheorie nur, wenn das Angebot von Arbitragefonds bei jeder Abweichung des Swapsatzes von der Zinsparität vollkommen elastisch wird. Denn nur unter dieser Voraussetzung werden die Zinsarbitrageure immer so lange Kapital exportieren bzw. importieren, bis sich die Variablen K, K', I_f und I_d entsprechend der Zinsparitätentheorie in einem neuen Gleichgewichtszustand eingespielt haben.

Die Zinsparitätentheorie reicht jedoch in dieser Form zur Erklärung der Kursbildung auf dem Devisenterminmarkt nicht aus. Es lassen sich nämlich häufig über längere Zeiträume hinweg Abweichungen des Swapsatzes von der Zinsparität beobachten, die nur so erklärt werden können, daß die Voraussetzung eines vollkommen elastischen Angebots von Arbitragefonds für die Realität nicht zutrifft.

Diese Diskrepanz zwischen Theorie und Realität hat *Keynes* bereits in zweifacher Weise zu erklären versucht. Zum einen nimmt er an, daß Zinsarbitragetransaktionen lediglich bei einem Mindestgewinn von etwa 0,5 % p. a. durchgeführt werden. Deshalb könne der Swapsatz – wie er schreibt – auch im

[8] *Keynes* [20] S. 115 ff.
[9] *Spraos* [125] S. 88
[10] Vgl. *Tsiang* [139] S. 80 Fn. 6
[11] *Keynes* [20] S. 137

Gleichgewicht unter Umständen um 0,5 % p. a. nach oben oder nach unten von der Zinsparität abweichen, je nachdem, ob Zinsarbitrageure Termindevisen überwiegend anbieten oder nachfragen. Zum anderen behauptet er, daß das Angebot an Arbitragefonds zwangsläufig begrenzt sein müsse: "... the floating capital normally available, and ready to move from centre to centre for the purpose of taking advantage of moderate arbitrage profits ... is by no means unlimited in amount, and is not always adequate to the market's requirements."[12]

Allerdings hat *Keynes* nicht untersucht, ob auch bei Abweichungen des Swapsatzes von der Zinsparität um mehr als 0,5 % p. a. ein Gleichgewichtszustand herrschen könne, vor allem hat er von vornherein die Möglichkeit zurückgewiesen, daß die Zinsarbitrageure selbst bei Nettozinsdifferenzen, die weitaus höher sind als 0,5 % p. a., nicht mehr bereit sind, Zinsarbitragetransaktionen durchzuführen, obwohl sie über Arbitragefonds in ausreichender Höhe verfügen.

Die Literatur über die Kursbildung auf dem Devisenterminmarkt ist durch die Zinsparitätentheorie nachhaltig beeinflußt worden. Bis in die Mitte der 50er Jahre hat sich die Diskussion im wesentlichen auf die Frage beschränkt, ob *Keynes'* Annahme einer vollkommen elastischen Angebotsfunktion für Arbitragefonds für die Realität zutreffe bzw. inwieweit die beobachteten Divergenzen von Swapsatz und Zinsparität durch einen abweichenden Verlauf der Funktion erklärt werden müßten.

Jedoch herrscht bei diesen Autoren Einigkeit darüber,

- daß die Angebotsfunktion zumindest über einen weiten Abschnitt hinweg vollkommen elastisch ist,
- daß es eines bestimmten Mindestzinsgewinns bedürfe, damit die Wirtschaftssubjekte überhaupt Arbitragefonds anbieten,
- und daß von einem Gleichgewichtszustand eigentlich nur gesprochen werden dürfe, wenn der Swapsatz der Zinsparität entspreche.

Diese drei Punkte bilden aber auch den Kern der Theorie von *Keynes*, so daß die betreffenden Autoren mehr oder weniger als Vertreter der Zinsparitätentheorie angesehen werden können.

In den Veröffentlichungen der letzten zehn Jahre ist dagegen die Vorstellung von der Zinsarbitrage als dem primären Kursbildungsfaktor aufgegeben worden. Angebot und Nachfrage der Zinsarbitrageure werden hier vielmehr als ein gleichberechtigtes Element der Kursbildung neben anderen betrachtet. Eine derartige Auffassung hat zwangsläufig dazu geführt, daß Kursbildungsmodelle entwickelt wurden, mit deren Hilfe das simultane Gleichgewicht auf dem Kassa- und Termindevisenmarkt mathematisch oder geometrisch bestimmt werden kann. Im Gegensatz zu *Keynes* und den Vertretern der Zinsparitätentheorie

[12] *Keynes* [20] S. 129

arbeiten diese Autoren aber mit einer Angebotsfunktion für Arbitragefonds, die niemals vollkommen elastisch ist, sondern mit wachsender Nettozinsdifferenz steigt.

2.4 Unterschiedliche Auffassungen in der Literatur

2.41 Die Vertreter der Zinsparitätentheorie

Diejenigen Autoren, die sich noch in den 30er Jahren mit der Zinsparitätentheorie von *Keynes* auseinandergesetzt haben, unterscheiden sich vor allem insofern, als die einen glauben, daß das potentielle Angebot von Arbitragefonds nahezu unbegrenzt sei, während die anderen annehmen, daß die faktische Grenze des Angebots für Arbitragefonds bei anhaltenden Divergenzen von Swapsatz und Zinsparität relativ schnell erreicht sein werde.

Kindleberger[13], der als typisch für die erstere Gruppe von Autoren angesehen werden kann, behauptet, daß die Zinsparitätentheorie auch dann gelte, wenn die Höhe des Terminkurses ausschließlich durch die Kurserwartungen der Spekulanten bestimmt werde. "Discount or premium on forward exchange – schreibt er — can assume commanding importance in affecting the spot-exchange rate and the interest-rate differential."[14] Könne sich also der Terminkurs nicht der Zinsparität anpassen, dann werden sich – wie er glaubt – der Kassakurs sowie die Geldmarktsätze im Inland und im Ausland so lange ändern, bis ein neuer Gleichgewichtszustand im Sinne von *Keynes* erreicht sei.[15] Damit setzt *Kindleberger* aber ein faktisch unbegrenztes Angebot von Arbitragefonds voraus.

Im Gegensatz hierzu versucht *Hawtrey*, das potentielle Angebot von Arbitragefonds zunächst einmal quantitativ zu bestimmen.[16]

Das potentielle Angebot von Arbitragefonds – so heißt es bei ihm – setze sich aus den Liquiditätsüberschüssen der Unternehmungen und aus den Aktiva der Banken zusammen. Kleinere Unternehmungen werden jedoch – wie er behauptet – in der Regel auf Zinsarbitragetransaktionen verzichten, weil hier "commissions and expenses" eventuelle Arbitragegewinne sofort aufzehren würden.[17] Banken müßten dagegen andere Aktiva abbauen, falls sie kurzfristiges Kapital im Ausland anlegen wollen. Da aber eine Einschränkung der Kreditgewährung im Inland die zukünftige Geschäftsentwicklung gefährden würde, könne eine Bank nur den Bestand an inländischen Schatzwechseln verringern, "but in all countries such bills play a vital part in the liquidity of the bankers'

[13] *Kindleberger* [22] S. 194 ff.
[14] *Kindleberger* [22] S. 199
[15] *Kindleberger* [22] S. 200
[16] *Hawtrey* [11] S. 407 ff.
[17] *Hawtrey* [11] S. 407

position. Bills and deposits abroad ... can never be quite in the same class."[18] Daher sei anzunehmen, daß die Banken ihr Angebot von Arbitragefonds bereits von selbst in engen Grenzen halten. Zudem werde der kurzfristige Kapitalexport des Nichtbankensektors zu einer Kontraktion der Bankaktiva führen, so daß die Banken dann um so weniger fähig seien, ihre Auslandsanlagen zu erhöhen. "To say that the funds available for temporary investment abroad are limited does not imply that they are not large – bemerkt *Hawtrey* abschließend. – But the fact that they are limited will result sooner or later in the flow stopping, even though there is still a profit to be made."[19]

Die Ausführungen von *Kindleberger* und *Hawtrey* mögen als typische Beispiele für die Vorkriegsdiskussion genügen. Im Hinblick auf die Vielzahl der nach 1945 publizierten Untersuchungen erscheint es aber auch hier ratsam, eine gewisse Auswahl zu treffen. Dabei soll bevorzugt auf diejenigen Vertreter der Zinsparitätentheorie näher eingegangen werden, die die Zinsarbitrage nicht isoliert, sondern im Zusammenhang mit der Bestimmung des Gesamtgleichgewichts auf dem Kassa- und Termindevisenmarkt behandeln.

Sohmen[20] glaubt, daß der Swapsatz theoretisch nur in Höhe der Arbitragekosten – die er mit 0,5 % p. a. veranschlagt – von der Zinsparität abweichen könne. Auch er erklärt die Tatsache, daß Swapsatz und Zinsparität in der Realität häufig um mehr als 0,5 % p. a. divergieren, durch ein faktisch begrenztes Angebot von Arbitragefonds. Die Annahme, daß Zinsarbitrageure eine Gewinnchance zwar erkannt haben, diese aber nicht ausnutzen können, weil die liquiditätsmäßigen Voraussetzungen fehlen, sei allerdings – wie er behauptet – "... intriguing in view of the present monetary theory. For if true, it would suggest that the emphasis currently given to the existence of idle cash balances and the problems they supposedly create for monetary policy has been exaggerated."[21]

In einer theoretischen Betrachtung müßte nach *Sohmen* von einer Angebotsfunktion für Arbitragefonds ausgegangen werden, die bei einer Nettozinsdifferenz von 0,5 % p. a. vollkommen elastisch wird. Denn – so schreibt er – "of the factors that may limit the intervention of a sufficient volume of liquid funds in interest arbitrage, the one of least theoretical, but of obvious practical, interest is mere ignorance".[22] Dieses Moment sei aber – wie er meint – für theoretische Argumentationen irrelevant.[23]

Bei *Jasay*[24] und *Reading*[25] finden sich bereits Ansätze, die über die Zins-

[18] *Hawtrey* [11] S. 408
[19] *Hawtrey* [11] S. 408
[20] *Sohmen* [35] S. 65 ff.
[21] *Sohmen* [35] S. 70
[22] *Sohmen* [35] S. 70
[23] *Sohmen* [35] S. 71
[24] *Jasay* [90] S. 63 f. und S. 72 f.
[25] *Reading* [117] S. 306 ff.

paritätentheorie hinausführen. Sie halten einen Gleichgewichtszustand auch dann für denkbar, wenn der Swapsatz von der Zinsparität erheblich abweicht. Beide Autoren unterstellen eine geknickte Angebotsfunktion für Arbitragefonds, die in bezug auf die Nettozinsdifferenz zunächst vollkommen elastisch, dann aber relativ unelastisch ist.

"As Arbitrage is riskless – so begründet *Jasay* den Verlauf dieser Funktion –, its responsiveness to the extra net yield is, at first, likely to be extremely high ... However, after the most mobile international funds have moved, any further inflow may require a successively narrower forward discount relative to interest parity, as a higher reward is needed to overcome the inertia of holders who do not habitually look for very fine yield differences."[26]

Ähnlich formuliert *Reading:* "Once the intrinsic premium (...) reaches about 1/2 % p. a. ... the supply of (...) forward pounds increases rapidly, as nearly all the funds available to the interest arbitrageurs are used. As – und hier verwechselt er offensichtlich Ursache und Wirkung – the intrinsic premium (...) rises above 1/2 % the supply of (...) forward pounds becomes inelastic again."[27] Nettozinsdifferenzen von 2 bis 3 % p. a. – so glaubt *Reading* – seien dann notwendig, um überhaupt weitere kursgesicherte Kapitalbewegungen zu induzieren.

Spraos[28] unterscheidet sich von *Jasay* und *Reading* nur insofern, als er annimmt, daß die Angebotsfunktion für Arbitragefonds bei einer Nettozinsdifferenz von 1,5 bis 2 % p. a. über einen weiteren Abschnitt hinweg vollkommen elastisch wird.

Spraos trennt zwischen zwei Formen der Arbitrage: (1) "pure arbitrage" und (2) "trader arbitrage".[29] Die erstere setzt er faktisch der Zinsarbitrage der Banken gleich, während er unter dem Begriff "trader arbitrage" alle diejenigen Zinsarbitragetransaktionen zusammenfaßt, die in Verbindung mit der Außenhandelsfinanzierung durchgeführt werden. Mit diesen beiden Formen der Arbitrage – so argumentiert *Spraos* – seien Kosten in unterschiedlicher Höhe verbunden – "... traders have to pay bank charges, acceptance commissions, stamp duties etc.; of which professional arbitragers were free, but which must now enter into the calculation."[30] Deshalb werde ein Teil der Zinsarbitrageure erst bei einer relativ hohen Nettozinsdifferenz bereit sein, Arbitragefonds anzubieten. "Trader-arbitrage would not be expected to occur for as little as 1/2 % per annum – schreibt er –, which can sometimes suffice for pure arbitrage. At 1 1/2–2 %, however, traders in primary products might well begin to stir ..."[31]

[26] *Jasay* [90] S. 64
[27] *Reading* [117] S. 306/307
[28] *Spraos* [127] S. 2 ff.; *Spraos* [125] S. 88 ff.
[29] *Spraos* [127] S. 2 und S. 4
[30] *Spraos* [125] S. 95
[31] *Spraos* [127] S. 5

2.42 Tsiang, Grubel, Braun

Tsiang hat in einer brillanten Arbeit das simultane Gleichgewicht auf dem Kassa- und Termindevisenmarkt sowohl geometrisch als auch mathematisch bestimmt.[32] Durch diese Veröffentlichung ist die Literatur über den Devisenterminmarkt ebenso beeinflußt worden wie zuvor durch die Zinsparitätentheorie von *Keynes*.

Tsiang lehnt die Zinsparitätentheorie völlig ab, denn – wie er schreibt – "... the theory holds up to the point where arbitrage funds are about to run out, but ceases to hold beyond that point. In reality, the availability of arbitrage funds does not stop abruptly at any given point."[33]

Er vermutet, daß die Zinsarbitrageure auch von sich aus das Angebot von Arbitragefonds beschränken werden: "Arbitrageurs (...) will generally, after a certain point, become increasingly reluctant to transfer spot liquid resources from the domestic center to any particular foreign center ... they will [also] become increasingly reluctant to transfer their spot liquid resources from their foreign centers of operations back to their home market ... This follows from the fact that, for their regular business operations, banks and other financial institutions (...), must have command over certain amounts of spot liquid funds in every major overseas financial center ... That is to say, spot liquid assets yield some intangible returns of convenience or liquidity in addition to their interest yields."[34]

Das Angebot von Arbitragefonds – so folgert *Tsiang* – sei also nicht allein von der Nettozinsdifferenz abhängig, sondern auch von einem "subjective marginal convenience (or liquidity) yield".[35] Gleichgewicht herrsche, wenn für jeden Zinsarbitrageur "... the marginal yields of interest *cum* liquidity (convenience) net of exchange risk of liquid assets ... [are] approximately equal between different financial centers".[36]

Unter der Annahme, daß

(1) der 'marginal liquidity yield' mit wachsendem Kapitalexport fällt, und daß
(2) dem jeweiligen Nutzenzuwachs im Ausland ein entgangener Nutzen im Inland gegenübersteht,

leitet *Tsiang* eine Angebotsfunktion für Arbitragefonds ab, die mit wachsender Nettozinsdifferenz proportional steigt und annähernd einer Geraden aus dem Ursprung entspricht.[37]

[32] *Tsiang* [139] S. 75 ff.
[33] *Tsiang* [139] S. 81
[34] *Tsiang* [139] S. 81
[35] *Tsiang* [139] S. 82
[36] *Tsiang* [139] S. 81
[37] *Tsiang* [139] S. 96 Diagram 1

Allerdings ist *Tsiangs* Argumentation nicht frei von Widersprüchen. Denn zum einen unterstellt er, daß Zinsarbitrageure für jeweils 90 Tage Kapital im Ausland anlegen und das Kursrisiko durch entsprechende Devisentermingeschäfte ausschließen. Zum anderen behauptet er aber, daß die Zinsarbitrage vor allem deshalb mit einem Liquiditätsnutzen verbunden sei, weil "... the command over certain amounts of spot liquid funds are necessary in each major overseas financial center for ... regular business operations, whereas mere forward claims would not serve the purpose".[38] Eine auf 90 Tage befristete Auslandsanlage, deren Gegenwert in ausländischer Währung bereits auf dem Devisenterminmarkt verkauft ist, erfüllt diesen Zweck jedoch ebenfalls nicht. Legt zum Beispiel eine Bank kurzfristig Kapital bei einem ausländischen Kreditinstitut an, so ist das Devisenguthaben für 90 Tage gesperrt. Nach Ablauf der Kreditfrist werden diese Devisen aber benötigt, um den Terminvertrag zu erfüllen; die Bank kann dann lediglich über den Gegenwert in Inlandswährung frei verfügen. Ein zusätzlicher Liquiditätsnutzen im Ausland ist deshalb ebensowenig gegeben wie ein entgangener Liquiditätsnutzen im Inland, da die betreffende Bank im Falle einer Termineinlage bei einem inländischen Kreditinstitut gleichfalls erst nach Ablauf von 90 Tagen über ein Guthaben in Inlandswährung frei verfügen könnte.

Erwirbt die Bank dagegen ausländische Schatzwechsel, so kann sie diese zwar vor Fälligkeit verkaufen, sie müßte dann aber ihre offene Devisenposition aus dem ursprünglichen Devisentermingeschäft durch ein entgegengesetztes Devisentermingeschäft glattstellen. Jedoch könnte sie ebensogut inländische Schatzwechsel aus ihrem Bestand verkaufen und für den Gegenwert die benötigten Devisenbeträge auf dem Kassamarkt erwerben.

Eine Entscheidung darüber, ob eine ausländische Schatzwechselanlage vor Fälligkeit liquidiert werden sollte, müßte deshalb bei rationalem Verhalten aufgrund folgender Daten gefällt werden: Devisenkassakurs, Devisenterminkurs, entgangener Zinsgewinn im Ausland und entgangener Zinsgewinn bzw. Zinsaufwand im Inland. Der vorzeitige Verkauf eines ausländischen Schatzwechsels gleicht damit der üblichen Zinsarbitragetransaktion, so daß *Tsiangs* Annahme eines zusätzlichen Liquiditätsnutzens auch hier nicht berechtigt ist.

Werden 'convenience yield' und 'liquidity yield', wie es bei *Tsiang* offensichtlich der Fall ist, als synonyme Begriffe verstanden, so ist der von *Tsiang* angenommene Verlauf der Angebotsfunktion für Arbitragefonds unzureichend begründet. Ein Liquiditätsnutzen wäre nämlich nur gegeben, sobald eine Bank über täglich fällige Devisenguthaben verfügt, die sie nicht bereits per Termin auf dem Devisenmarkt verkauft hat. Jedoch wäre es falsch, dann noch von Zinsarbitrage zu sprechen.

[38] *Tsiang* [139] S. 81

Der gleiche Vorbehalt betrifft *Hansen*[39], *Auten*[40] und *Kailasvuori*[41], die *Tsiangs* Angebotsfunktion in unveränderter Form übernommen haben.

Grubel[42] verwendet in seinem Kursbildungsmodell eine Angebotsfunktion für Arbitragefonds, die in bezug auf die Nettozinsdifferenz einen gekrümmten Verlauf aufweist. Er nimmt an, daß das zusätzliche Angebot von Arbitragefonds bei einer sukzessiven Vergrößerung der Nettozinsdifferenz um einen konstanten Jahresprozentsatz fällt und schließlich gleich Null wird. Die Angebotsfunktion verlaufe vertikal – schreibt er –, "... at the limit set by the net worth of investors and the credit lines of borrowers".[43]

Dagegen wäre jedoch zunächst einmal einzuwenden, daß der Produktionsfaktor Kapital sicherlich auch im Extremfall niemals ausschließlich für die Durchführung der Zinsarbitrage eingesetzt werden wird. Die Vorstellung, daß zum Beispiel ein Wirtschaftssubjekt Fabrikanlagen verkauft und den Gegenwert unter Ausschluß des Kursrisikos in ausländischen Schatzwechseln mit 90 Tagen Laufzeit anlegt, um einen hohen Nettozinssatz des Auslands ausnutzen zu können, ist offensichtlich absurd.

Dieser Vorbehalt betrifft allerdings nicht diejenigen Argumente, auf die *Grubel* seine Annahme eines gekrümmten Verlaufs der Angebotsfunktion stützt. *Grubel* geht hierbei ebenso wie *Tsiang* von der Zinsparitätentheorie aus und kritisiert vor allem die geknickten Angebotsfunktionen für Arbitragefonds bei *Jasay* und *Reading*. "Investors in the real world – so behauptet er – rarely behave as though their demand schedules had kinks which means that they would be switching completely from holding one type of asset to another at some critical yield differential."[44] Diese Behauptung versucht *Grubel* mit Hilfe eines von *Tobin* entwickelten Ansatzes zur Ableitung der Geldnachfragefunktion aus dem Spekulationsmotiv (der *Keynes*schen L_2-Funktion) zu beweisen.

Tobin[45] untersucht, nach welchen Kriterien ein Wirtschaftssubjekt sein Vermögen auf liquide und nicht liquide Anlageformen verteilt. Dabei unterstellt er, daß die Wirtschaftssubjekte nur zwischen zwei Anlageformen wählen können, nämlich (1) einer Anlage in Geld und (2) einer ertragsbringenden Anlage in festverzinslichen Wertpapieren. Beide Aktiva bezeichnet *Tobin* als "... variants of the same species, a species we may call monetary assets – marketable, fixed in monetary value, free of default risk".[46]

Der Erwerb festverzinslicher Wertpapiere – schreibt *Tobin* – sei mit Risiken verbunden, weil hier die Gefahr bestehe, daß Zinserträge möglicherweise

[39] *Hansen* [88] S. 178
[40] *Auten* [48] S. 52 f.
[41] *Kailasvuori* [97] S. 310 (Summary)
[42] *Grubel* [83] S. 118 ff.
[43] *Grubel* [83] S. 123
[44] *Grubel* [83] S. 121
[45] *Tobin* [136] S. 65 ff.
[46] *Tobin* [136] S. 66

durch Kursverluste überkompensiert werden. Ein Wirtschaftssubjekt könne daher seinen erwarteten Gesamtgewinn – der sich durch Multiplikation der in Wertpapieren angelegten Beträge mit dem Zinssatz ergebe – nur unter Übernahme eines im Verhältnis zum Gesamtvermögen höheren Risikos steigern.

Jede realisierbare Kombination von erwartetem Gesamtgewinn und Risiko – so heißt es weiter bei *Tobin* – besitze in der Vorstellung der Wirtschaftssubjekte einen bestimmten Nutzen. Unter der Annahme eines mit steigendem Gesamtgewinn fallenden Grenznutzens verlaufen die entsprechenden Indifferenzkurven dann derart, daß ein Nutzenmaximum bereits erreicht sei, ehe die Wirtschaftssubjekte ihr gesamtes Vermögen in Wertpapieren angelegt haben. Steige allerdings der Wertpapierzinssatz, dann sei bei unverändertem Risiko ein jeweils höherer Gewinn zu erwarten, so daß die Wirtschaftssubjekte jetzt weitere Teile ihres Vermögens in Wertpapieren anlegen werden, um wiederum einen optimalen Bestand zu erreichen, und zwar so lange, bis die spekulative Kassenhaltung gleich Null sei.

Tobin leitet auf diese Weise eine makroökonomische Nachfragefunktion für festverzinsliche Wertpapiere ab, die in bezug auf den Zins gekrümmt verläuft.

Grubel übernimmt *Tobins* Ansatz in nahezu unveränderter Form, indem er lediglich an Stelle des Erwerbs festverzinslicher Wertpapiere den kursgesicherten Kapitalexport als alternative Anlageform zur Kassenhaltung betrachtet. Ein Wirtschaftssubjekt – so behauptet auch er – könne seinen erwarteten Gesamtgewinn nur unter Übernahme eines höheren Risikos vergrößern. Ohne zu erklären, worin dieses Risiko bei kursgesicherten Kapitalanlagen im Ausland bestehen könnte, erhält *Grubel* analog zu *Tobin* eine gekrümmte Angebotsfunktion für Arbitragefonds, von der er annimmt, daß sie auch dann gelte, wenn die Wirtschaftssubjekte neben der Kassenhaltung zwischen mehreren Anlageformen zu wählen haben: "The analysis involving two assets with nonzero risk – schreibt er – is more complicated but its conclusions remain essentially the same. Foreign assets associated with a greater risk than their domestic counterpart compete for a place in the portfolio just as any other asset would, which had the same riskiness and expected rate of return."[47]

Allerdings geht *Grubel* auf die Frage des Risikos, die in diesem Zusammenhang von entscheidender Bedeutung ist, überhaupt nicht näher ein. *Tobin* schließt das Risiko eines Totalverlustes der in Wertpapieren angelegten Vermögensteile durch Insolvenz des Anleiheschuldners aus und versteht unter Risiko nur mögliche Kapitalverluste durch Kursschwankungen. Ein derartiges Risiko ist aber im Falle der Zinsarbitrage, die sich auf kurzfristige Anlagen beschränkt, selbst bei einem Erwerb ausländischer Schatzwechsel nicht gegeben, da der Zinsarbitrageur auch hier bei Fälligkeit immer den Nennwert in ausländischer Währung erhält. Zudem schützt sich der Zinsarbitrageur gegen Schwankungen der

[47] *Grubel* [83] S. 122

Wechselkurse grundsätzlich durch Devisentermingeschäfte. Deshalb müßte eine konsequente Analogie zu *Tobin* eine makroökonomische Angebotsfunktion für Arbitragefonds ergeben, die bei einer positiven Nettozinsdifferenz zunächst vollkommen elastisch ist, und die dann abbricht, wenn die gesamte spekulative Kassenhaltung den Wert Null erreicht hat.

Der von *Grubel* angenommene Verlauf der Angebotsfunktion wäre nur zu rechtfertigen, falls mit der Zinsarbitrage Risiken verbunden wären, die *Tobin* in seinem Modell nicht berücksichtigt. *Grubels* Behauptung, daß das Risiko bei Auslandsanlagen größer sei als bei einer entsprechenden Inlandsanlage, läßt sich in zweierlei Weise interpretieren: Zum einen könnten bestimmte Risiken bei Auslandsanlagen in erhöhtem Maße bestehen, was unter Umständen für die Gefahr eines Debitorenverlustes zutrifft. Zum anderen könnten mit Zinsarbitragetransaktionen Risiken verbunden sein, die bei einer Inlandsanlage überhaupt nicht gegeben sind, wie zum Beispiel die Gefahr, daß Moratorien oder andere devisenzwangswirtschaftliche Maßnahmen den Rücktransfer des im Ausland angelegten Kapitals verhindern.

Aber auch an derartige Risiken kann *Grubel* nicht gedacht haben, denn er behauptet, daß *Tobins* Modell auch auf "borrower arbitragers" anwendbar sei.[48] Er unterstellt damit, daß selbst diejenigen Zinsarbitrageure, die kurzfristig Kapital im Ausland aufnehmen, ihren erwarteten Gewinn nur unter Übernahme höherer Risiken vergrößern können. Die eben genannten Risiken trägt in solchen Fällen jedoch der ausländische Gläubiger und nicht der Zinsarbitrageur.

Als denkbare Erklärungsmöglichkeit verbleibt deshalb lediglich das Risiko der Nichterfüllung des Termingeschäftes durch den Vertragspartner, ein Risiko, das als alleinige Begründung für den gekrümmten Verlauf der Angebotsfunktion unzureichend erscheint und in keiner Weise *Grubels* aufwendigen methodischen Apparat rechtfertigen würde.

Braun bestimmt das Gleichgewicht auf dem Devisenmarkt geometrisch und verwendet dabei eine Angebotsfunktion für Arbitragefonds, die mit wachsender Nettozinsdifferenz proportional steigt.[49] Rein formal unterscheidet sich diese Funktion von der *Tsiangs* nur insofern, als *Braun* annimmt, daß Zinsarbitrageure erst bei einem bestimmten Mindestgewinn Arbitragefonds anbieten, „... da Arbitragefonds nur begrenzt verfügbar sind".[50]

Den Verlauf der Funktion begründet *Braun* mit Argumenten, die sich ausschließlich auf die Zinsarbitrage der Banken beschränken, wobei jedoch nicht klar wird, ob er das Verhalten der Banken als typisch ansieht oder ob er nur die Banken für Zinsarbitrageure hält: „Haben die Arbitragetransaktionen einer Bank ... einen gewissen Umfang *überschritten* – schreibt *Braun* –, so

[48] "The same principle which applies to owner arbitragers also applies to borrower arbitragers." (*Grubel* [83] S. 122)
[49] *Braun* [53] S. 31
[50] *Braun* [53] S. 30

wird die Bank *weitere* Geschäfte nur noch bei steigender Profitmarge ... vornehmen."[51] Diese Annahme wird in einer Fußnote näher erläutert: „Die Bank muß nämlich in diesem Fall für das Arbitragegeschäft Gelder einsetzen, die sie üblicherweise anderen Kunden gewährt ... Hinzu kommt, daß wachsende Transaktionen mit einem bestimmten Land zu einem steigenden wirtschaftlichen und politischen Risiko führen."[52]

Allerdings hat schon *Hawtrey* zu Recht bezweifelt, daß Banken den Umfang der Kundenkredite einschränken werden, allein um die ausländischen Geldmarktanlagen erhöhen zu können.[53] Und *Brehmer* behauptet sogar, daß Banken grundsätzlich nur an den Geldmarkt herantreten, um „... einen in einem bestimmten Augenblick gegebenen Liquiditätsüberschuß oder -bedarf ‚bestens', d. h. möglichst vorteilhaft anzulegen bzw. zu befriedigen. (...) Damit wird deutlich, daß sich die Rentabilitätserwägungen kurzfristig anlage- bzw. geldsuchender Banken nur im Rahmen ihrer Liquiditätserwägungen abspielen können."[54]

Das Argument des steigenden wirtschaftlichen und politischen Risikos bezieht *Braun* von *Einzig*[55]. Da aber *Braun* diesen Gedanken nicht weiter ausführt, ja noch nicht einmal definiert, was er eigentlich unter politischen bzw. wirtschaftlichen Risiken versteht, erübrigt sich hier eine erneute Diskussion der Risikofrage.

2.5 Die Angebotsfunktion für Arbitragefonds

2.51 Rentabilitätseinflüsse

Der Überblick über die in der Literatur vertretenen Auffassungen hinsichtlich des Verlaufs der Angebotsfunktion für Arbitragefonds, der trotz seiner Unvollständigkeit als repräsentativ angesehen werden kann, zeigt zweierlei:

(1) herrscht unter den Autoren keine Einigkeit darüber, wie das Angebot von Arbitragefonds mit der Nettozinsdifferenz variiert, und

(2) vermag keiner der zitierten Autoren seine Auffassung überzeugend zu begründen. Das gilt nicht nur für die Vertreter der Zinsparitätentheorie, wie zum Beispiel für *Sohmen,* der mit einer eleganten Bewegung ganze Problemkomplexe beiseite schiebt, sondern auch für *Tsiang* und *Grubel,* deren ausführliche Begründung auf falschen bzw. unzulänglichen Annahmen beruht.

[51] *Braun* [53] S. 30 – Hervorhebung nicht im Original. Dieser verbalen Formulierung entspricht jedoch eher eine geknickte Angebotsfunktion à la *Jasay* und *Reading* als eine geradlinig steigende Funktion.

[52] *Braun* [53] S. 30/31 Fn. 24

[53] Vgl. S. 21

[54] *Brehmer* [2] S. 141

[55] *Braun* nennt als Quelle *Einzig* [5] S. 165 f. Jedoch findet sich auf den von *Braun* angegebenen Seiten kein derartiger Hinweis.

Da einige Autoren ausschließlich das Verhalten der Banken betrachten, soll zunächst einmal versucht werden, den Kreis der potentiellen Zinsarbitrageure genauer festzulegen.

Grundsätzlich können alle Wirtschaftssubjekte Zinsarbitragetransaktionen durchführen, Nichtbanken ebenso wie Banken. Für Nichtbanken gelten allerdings gewisse Einschränkungen.

Erstens werden Nichtbanken in der Regel Zinsausgleichsarbitrageure sein, da es den Rahmen ihrer wirtschaftlichen Möglichkeiten überschreiten würde, die Entwicklung der internationalen Geldmarktzinssätze und der Devisenkurse laufend zu überwachen, um alle sich hier bietenden Gewinnchancen sofort auszunutzen. Die Zinsdifferenzarbitrage ist vielmehr ein typisches Bankgeschäft. Nichtbanken werden sich darauf beschränken, gegebenenfalls einen Liquiditätsüberschuß im Ausland anzulegen bzw. einen Liquiditätsbedarf durch Aufnahme eines Kredites in ausländischer Währung zu decken.

Zweitens bewegen sich Angebot und Nachfrage bei Haushalten und kleineren Unternehmungen in Größenordnungen, die ein Ausweichen auf ausländische Geldmärkte meistens ausschließen, so daß unter den Nichtbanken lediglich die größeren Unternehmungen zu den potentiellen Zinsarbitrageuren gezählt werden können.

Der Begriff „größere Unternehmung" muß allerdings sehr weit gefaßt werden. Denn einerseits bietet bereits die Betätigung im Außenhandel jederzeit die Möglichkeit, auf dem Wege der Handelskreditgewährung bzw. -inanspruchnahme Zinsarbitragetransaktionen durchzuführen. Und andererseits haben die sogenannten Außenmärkte für US-Dollar und andere Währungen die Voraussetzungen dafür geschaffen, daß unter Umständen auch solche Unternehmungen, die keinen direkten Zutritt zum internationalen Geldmarkt haben, unter Dazwischenschaltung einer inländischen Geschäftsbank das internationale Renditegefälle ausnutzen können.

Altman, der diese Außenmärkte im Auftrag des Internationalen Währungsfonds untersucht hat, schreibt: "Many banks accept dollar deposits from their customers in order to place them with banks in London, Paris or Zürich."[56] In einem zweiten Untersuchungsbericht heißt es: "Banks obtain supplies of dollars and other foreign currencies from ... their customers, and anyone else who wishes to deposit foreign currencies ... They may deposit these currencies (i. e., lend them to) other banks in London, Paris, and other money markets."[57]

Ähnliche Möglichkeiten bieten die Außenmärkte aber auch für Kreditnehmer: "Moreover, the expansion of business on an international scale makes it increasingly easy for firms to borrow in different countries and in different currencies. To forestall such borrowings, banks are virtually compelled by their customers

[56] *Altman* [46] S. 325
[57] *Altman* [47] S. 52; vgl. auch *Klopstock / Holmes* [106] S. 5

to enter the Euro-money market. For if one bank will not borrow dollars or Swiss francs for a powerful customer, another bank will."[58]
Ehe nun die Bestimmungsgründe für die Höhe des Angebots von Arbitragefonds im einzelnen betrachtet werden sollen, sind aber noch zwei wichtige Unterscheidungen zu treffen:

Erstens empfiehlt es sich, bei Zinsarbitrageuren zwischen Investoren und Kreditnehmern zu trennen. Unter Investoren werden hier Zinsarbitrageure verstanden, die kurzfristig Kapital im Ausland anlegen und dabei das Kursrisiko durch einen Verkauf von Termindevisen ausschalten. Kreditnehmer sind dagegen Zinsarbitrageure, die einen Kredit in ausländischer Währung aufnehmen und sich gegen das Kursrisiko durch einen Kauf von Termindevisen sichern. Wie die Diskussion über *Grubels* Angebotsfunktion für Arbitragefonds gezeigt hat, ist diese Unterscheidung für die exakte Behandlung der Risikofrage unerläßlich.

Zweitens erscheint es ratsam, unter den Bestimmungsgründen für die Höhe des Angebots von Arbitragefonds Liquiditäts- und Rentabilitätsgesichtspunkte gesondert zu betrachten. Bei vielen Autoren hat nämlich die gleichzeitige Berücksichtigung dieser Aspekte eine theoretisch einwandfreie Behandlung des Problems von vornherein verhindert, so zum Beispiel bei *Braun*, der behauptet, daß Zinsarbitragetransaktionen erst bei einem bestimmten Mindestgewinn durchgeführt werden, „... da Arbitragefonds nur begrenzt verfügbar sind".[59]

Deshalb soll hier vorerst unterstellt werden, daß die Wirtschaftssubjekte im Inland und im Ausland unbeschränkt liquide sind. In einem zweiten Schritt wäre dann allerdings zu untersuchen, inwieweit Geldmengenveränderungen und damit verbundene Liquiditätsbeschränkungen die unter dieser Voraussetzung abgeleitete Angebotsfunktion für Arbitragefonds beeinflussen.

Um den Verlauf der Angebotsfunktion bei zunächst unbeschränkter Liquidität in Abhängigkeit von der Nettozinsdifferenz bestimmen zu können, muß vor allem gefragt werden, welche Rentabilitätsmomente in diesem Zusammenhang neben der Nettozinsdifferenz eine Rolle spielen. Aus der betrachteten Literatur ergeben sich drei Ansatzpunkte, die nacheinander in der gewählten Reihenfolge geprüft werden sollen:

(1) Kosten,
(2) 'convenience' und
(3) Risiken.

2.511 Kosten

Unter den Begriff Arbitragekosten fallen alle Aufwendungen, die mit der Durchführung der Zinsarbitrage verbunden sind. Zwei Kostenarten lassen sich hier unterscheiden: a) die Kosten der Information und b) die Kosten des Transfers.

[58] *Altman* [46] S. 347
[59] *Braun* [53] S. 30

Kosten der Information sind diejenigen Aufwendungen, die dem Zinsarbitrageur bis zum Abschluß eines Geschäftes entstehen. Hierbei handelt es sich, abgesehen von anteiligen fixen Kosten, in der Regel um Fernschreib-, Telefon-, Telegramm- und Portokosten.

Als Kosten des Transfers sollen dagegen diejenigen Aufwendungen bezeichnet werden, die mit der technischen Abwicklung einer Zinsarbitragetransaktion verbunden sind. Dazu zählen neben den anteiligen fixen Kosten Überweisungsgebühren, Kommissionen, Provisionen, Wechselsteuern, Materialkosten usw.[60]

Da die Kosten der Information unabhängig davon entstehen, ob eine Zinsarbitragetransaktion schließlich durchgeführt wird oder nicht, werden vor allem die Kosten des Transfers den jeweiligen Umfang des Angebots von Arbitragefonds beeinflussen. Dieser Einfluß wird für jeden Zinsarbitrageur und bei jeder Transaktion unterschiedlich zu bewerten sein.

Zum einen entfallen für einige Zinsarbitrageure bestimmte Kostenarten, die andere Arbitrageure in ihrer Kalkulation berücksichtigen müssen. Die Kosten des Transfers werden zum Beispiel bei Banken niedriger sein als bei Nichtbanken, die zusätzlich noch Provisionen und Kommissionen an Banken zahlen müssen.

Zum anderen wird der relative Kostenanteil mit steigendem Umfang einer Transaktion fallen, da in der Regel nur Kommissionen, Wechselsteuern und ein Teil der Provisionen mit der Höhe des jeweils durchgeführten Kapitaltransfers variieren. Aus dem gleichen Grund werden die einer bestimmten Transaktion zurechenbaren Kosten – ausgedrückt als Prozentsatz per annum – mit wachsender Kreditdauer ebenfalls sinken. Unter der Annahme einer einheitlichen Kreditfrist von 90 Tagen kann dieser Aspekt allerdings vernachlässigt werden. Wird zudem unterstellt, daß ein Wirtschaftssubjekt mit jeder Transaktion Arbitragefonds in gleicher Höhe anbietet, dann sind die Grenzkosten für alle Zinsarbitrageure konstant.

Bei einigen Zinsarbitrageuren werden diese Grenzkosten derart niedrig sein, daß sie eine Entscheidung überhaupt nicht beeinflussen. So spielen die Arbitragekosten – wie *Lipfert* behauptet – für Banken mit eigener Devisenhandelsabteilung faktisch keine Rolle.[61] Und *Altman* hat festgestellt, daß "there are very few direct costs chargeable to Euro-dollar operations ... ; even if overhead costs are taken into account, the expenses attributable to Euro-dollar operations are relatively small."[62]

2.512 'Convenience'

Unter den zuvor zitierten Autoren berücksichtigt nur *Tsiang* neben der Nettozinsdifferenz zusätzliche Ertragsmomente. In der Literatur über die Preisbildung

[60] Vgl. hierzu auch *Schmidt / Gutenberg* [154] S. 412 ff. und *Lipfert* [25] S. 81 f.
[61] *Lipfert* [25] S. 82/83
[62] *Altman* [46] S. 321

auf den Warenterminmärkten ist die Frage des 'convenience yield' dagegen ausführlich diskutiert worden.[63] Die Definition des Begriffes ist nahezu einheitlich. "Convenience yield is a measure of the advantage (to the producer, processor, or wholesaler) – so heißt es zum Beispiel bei *Stein* – of having stocks readily available."[64]

Bereits aus dieser Begriffsbestimmung ist zu ersehen, daß die Literatur über die Warenterminmärkte keine neuen Anregungen zu geben vermag, da hier ebenso wie bei *Tsiang* eine Art „Liquiditätsnutzen" unterstellt wird. "Convenience yield – schreibt *Stein* – ... depends upon the total quantity of stocks carried – hedged and unhedged."[65] Diese Annahme hat aber nur im Zusammenhang mit den Warenterminmärkten eine gewisse – allerdings umstrittene – Berechtigung.[66] Daher ist es auch unzulässig, daß *Stein* ein unter derartigen Voraussetzungen abgeleitetes Preisbildungsmodell analog auf den Devisenmarkt anwendet.[67]

Die Zinsarbitrage ist jedoch häufig mit andersgearteten Vorteilen verbunden, die den jeweiligen Umfang des Angebots von Arbitragefonds durchaus beeinflussen können. Diese Behauptung läßt sich zumindest für die Zinsarbitrage der Banken durch empirische Untersuchungen belegen. "The advantage to financial intermediaries is not limited to the additional profits resulting from Euro-dollar operations – schreibt zum Beispiel *Altman* –. These operations create or cement banking and correspondent relationships, paving the way for other banking facilities and services."[68] An anderer Stelle heißt es: "There are some longer run advantages which are not easily measurable in profit terms. Euro-dollar participation is a convenient and relatively costless way of expanding into international finance and keeping one's name in the international banking community. From time to time, banks will engage in Euro-dollar operations

[63] *Kaldor* [98] S. 199 f.; *Blau* [51] S. 6 f.; *Telser* [135] S. 235; *Stein* [129] S. 1012f.
[64] *Stein* [129] S. 1013
[65] *Stein* [129] S. 1013
[66] Auf Warenterminmärkten wird zwischen 'forward contracts' und 'futures contracts' unterschieden. Ein 'forward contract' gleicht einem Devisentermingeschäft, während 'futures contracts' eine Erfüllung durch Warenlieferung in der Regel ausschließen und deshalb vom Verkäufer vor Fälligkeit zurückgekauft werden müssen. Damit unterscheiden sich die sogenannten 'hedging'-Transaktionen auf Warenterminmärkten von der Kurssicherung der Zinsarbitrageure in zweierlei Hinsicht: (1) enthält 'hedging' ein spekulatives Moment, weil der Verkäufer eines 'futures contract' nicht weiß, zu welchem Preis er den Vertrag zurückkaufen kann, und (2) wird hier die Verfügungsfreiheit über den jeweiligen Warenbestand nicht eingeschränkt. *Stein* [129, S. 1012] schließt die Annahme eines 'convenience yield' aus, sobald sich ein Wirtschaftssubjekt durch den Abschluß eines 'forward contract' gegen das Preisrisiko absichert: "A forward sale involves delivery at a later date, any storage that the seller is performing is merely a service to his customer." Die gleiche Ansicht vertritt *Kaldor* [98, S. 199]: "But where the yield simply consists of 'convenience', the arbitrageurs would enjoy no such convenience, on stock bought solely for arbitrage purpose."
[67] *Stein* [38] S. 28
[68] *Altman* [46] S. 321; vgl. auch *Klopstock / Holmes* [106] S. 4

simply to keep their name in the market."[69] Auch *Einzig* hat festgestellt, daß Londoner Banken zuweilen Zinsarbitragetransaktionen ohne Gewinn durchführen: "They do this partly for considerations of prestige, to impress the market with the frequency and volume of their operations, and partly to attract more business."[70]

Derartige Ertragsmomente, für die anstelle des in der angelsächsischen Literatur verwendeten Begriffs 'convenience yield' die allgemeine Bezeichnung ‚Nutzen' gewählt wird, spielen bei der Zinsarbitrage der Nichtbanken ebenfalls eine Rolle. Transaktionen mit ausländischen Kreditinstituten schaffen und vertiefen auch hier Geschäftsverbindungen, während bei Transaktionen mit ausländischen Nichtbanken, die sich nahezu ausschließlich auf die Gewährung von Handelskrediten beschränken, für den Zinsarbitrageur zum Beispiel insofern Vorteile entstehen können, als Vorauszahlungen unter Umständen den Bezug billigerer oder relativ knapper ausländischer Produkte innerhalb kurzer Lieferfristen ermöglichen, bzw. dadurch, daß die Gewährung von Handelskrediten den Absatz auf ausländischen Märkten fördert.

Dem Nutzenzuwachs, der mit der Anlage bzw. der Aufnahme kurzfristigen Kapitals im Ausland verbunden ist, wird in der Regel allerdings ein entgangener Nutzen im Inland gegenüberstehen, vor allem bei der Zinsausgleichsarbitrage, da in diesem Fall das Angebot (die Nachfrage) auf dem inländischen Geldmarkt zwangsläufig eingeschränkt werden muß. Zudem ist anzunehmen, daß der Grenznutzen mit wachsendem Angebot von Arbitragefonds fällt, während der jeweilige Nutzenentgang im Inland tendenziell steigt. Mit zunehmendem Angebot von Arbitragefonds wird sich der Gesamtnutzenzuwachs daher sicherlich schnell dem Wert Null nähern und in Grenzfällen sogar negativ werden.

2.513 Risiken

Risiken sind Verlustgefahren, die mit der Durchführung der Zinsarbitrage verbunden sind.

Da untersucht werden soll, unter welchen Voraussetzungen die Wirtschaftssubjekte auf dem ausländischen und nicht auf dem inländischen Geldmarkt als Anbieter oder Nachfrager auftreten, interessieren hier vor allem diejenigen Risiken, die *nur* in Verbindung mit der Zinsarbitrage entstehen. Es wird deshalb im folgenden unterstellt, daß Verlustgefahren, die bei einer Transaktion auf dem inländischen Geldmarkt grundsätzlich ebenso gegeben sind wie bei einer Transaktion mit dem Ausland, von den Wirtschaftssubjekten nicht unterschiedlich eingeschätzt werden.[71]

[69] *Altman* [46] S. 322
[70] *Einzig* [5] S. 167, vgl. auch S. 168
[71] Damit scheidet zum Beispiel die Möglichkeit aus, daß die Gefahr eines Debitorenverlustes bei einer kurzfristigen Kapitalanlage im Ausland grundsätzlich für größer gehalten wird als bei einer Inlandsanlage.

Zinsarbitrageure gehen in zweierlei Hinsicht zusätzliche Risiken ein. Verluste würden entstehen, wenn

(1) der Vertragspartner das Devisentermingeschäft nicht erfüllen kann, und wenn
(2) der Rücktransfer des im Ausland angelegten Kapitals durch devisenzwangswirtschaftliche Maßnahmen verhindert wird.

Risiken der ersten Art betreffen alle Zinsarbitrageure – Investoren ebenso wie Kreditnehmer. Die Gefahr, daß ein Terminvertrag nicht erfüllt wird, besteht allerdings nur, sobald sich der Devisenkassakurs bis zum Erfüllungstermin im Verhältnis zum vereinbarten Terminkurs erheblich zuungunsten des jeweiligen Vertragspartners verändert hat. Dann wäre es denkbar, daß Kontrahenten, die einen Terminvertrag aus rein spekulativen Motiven abgeschlossen haben, nicht über genügend Eigenkapital verfügen, um ihre Verluste ausgleichen zu können.

Zinsarbitrageure versuchen das Risiko der Nichterfüllung des Terminvertrages in der Regel dadurch auszuschließen, daß sie vor Abschluß eines Terminvertrages die Bonität ihrer Kontrahenten sorgfältig prüfen.[72] Treten dennoch Verluste ein, so betreffen diese aber nur einzelne Transaktionen und beschränken sich auf einen Bruchteil desjenigen Kapitalbetrages, der im Rahmen dieser einen Transaktion im Ausland aufgenommen bzw. angelegt wurde.

Wird dagegen das im Ausland angelegte Kapital durch ein Moratorium oder die Einführung der Devisenzwangswirtschaft blockiert, so kann dadurch die wirtschaftliche Existenz des Zinsarbitrageurs ernsthaft bedroht werden. Dieses sogenannte Transferrisiko ist deshalb für die Zinsarbitrage von weitaus größerer Bedeutung als das Risiko der Nichterfüllung des Terminvertrages.

Da das Transferrisiko direkt nur Investoren, nicht aber die Kreditnehmer betrifft, soll zunächst untersucht werden, inwieweit Risiken dieser Art das Angebot von Arbitragefonds bei Investoren beeinflussen. Anschließend wäre dann aber zu fragen, ob die gefundenen Ergebnisse auch auf die Zinsarbitrage der Kreditnehmer anwendbar sind.

Keynes hat in einem 1925 erschienenen Zeitungsaufsatz die Vermutung geäußert, daß Zinsarbitrageure bei gegebener Nettozinsdifferenz möglicherweise ihr Angebot von Arbitragefonds doch von selbst einschränken, obwohl die liquiditätsmäßigen Voraussetzungen für weitere Kapitalexporte durchaus gegeben sind. In diesem Jahr bestand nämlich zwischen den USA und London für längere Zeit eine relativ hohe Nettozinsdifferenz zugunsten Londons, ohne daß durch internationale Kapitaltransaktionen zumindest eine tendenzielle Annäherung von Swapsatz und Zinsparität herbeigeführt wurde. Diese Tatsache versucht *Keynes* interessanterweise mit risikopolitischen Überlegungen

[72] In den USA müssen Nichtbanken bei Abschlüssen mit Banken unter Umständen 10% des Dollar-Gegenwertes des betreffenden Termingeschäftes auf ein Sperrkonto einzahlen. (*Holmes* [15] S. 39)

zu erklären: "... this shows either that New York distrusts sterling bills or that New York is, in fact, investing *so heavily* in this form already that, *without* distrusting sterling, the New York banks do not care to put any more eggs than they are, in fact, putting into this particular basket. This last alternative is the probable explanation of the facts."[73] *Keynes* hat diesen Ansatz allerdings in seinen späteren Veröffentlichungen nicht weiter verfolgt, sondern er hat dort auf seine früheren Ausführungen in dem Buch 'A Tract on Monetary Reform' verwiesen.[74]

Deuß – Vorstandsmitglied einer deutschen Großbank – behauptet, daß „... sich die Banken für ihre Auslandsengagements – insgesamt sowie für jedes einzelne Land – im Rahmen ihrer Gesamtdisposition gewisse Limite [setzen]".[75] Die empirischen Untersuchungen von *Altman* zeigen, daß derartige Limitierungen vor allem dazu dienen, die mit der Zinsarbitrage verbundenen Risiken auf ein Minimum zu beschränken. "Along with the policy of placing funds only with prime names – so heißt es bei *Altman* – goes that of maximum diversification of risk, which involves limiting the amount of deposits placed with any one bank, in any one market, and at any one maturity."[76]

Damit ist die Frage nach dem Einfluß der Risiken auf die Entscheidungen der Investoren aber noch nicht vollständig beantwortet, selbst wenn unterstellt wird, daß das Verhalten der Banken in dieser Beziehung als typisch angesehen werden kann. Es muß vielmehr untersucht werden, wie das Angebot von Arbitragefonds mit der Nettozinsdifferenz variiert, ehe ein derartiges Limit erreicht ist. Wird von den Kosten- und Nutzeneinflüssen zunächst einmal abgesehen, so sind zwei alternative Verhaltensweisen denkbar: (1) könnte das Angebot von Arbitragefonds innerhalb der selbst gesetzten Grenzen in bezug auf eine positive Nettozinsdifferenz vollkommen elastisch sein, und (2) könnte das Angebot von Arbitragefonds mit wachsender Nettozinsdifferenz steigen.

Lipfert, der als einziger Vertreter der Zinsparitätentheorie neben *Keynes* den möglichen Einfluß von Risiken erwähnt, scheint anzunehmen, daß die erstgenannte Alternative für die Realität zutrifft.[77] Dem widerspricht jedoch das Prinzip des wachsenden Risikos, das als allgemeingültiges ökonomisches Prinzip zum Beispiel auch der makroökonomischen Investitionsfunktion von *Keynes* zugrunde liegt.

Kalecki hat das 'principle of increasing risk' zuerst formuliert: "The rate of risk of every investment is greater the larger is this investment."[78] In einem anderen Zeitschriftenbeitrag des gleichen Verfassers findet sich ein Satz, der

[73] *Keynes* [104] S. 388 – Hervorhebung nicht im Original –.
[74] Vgl. *Keynes* [21] S. 323
[75] *Deuß* [70] S. 16
[76] *Altman* [47] S. 53
[77] *Lipfert* [109] S. 1361 f.
[78] *Kalecki* [100] S. 84

sich durchaus als eine Kritik an der Zinsparitätentheorie interpretieren ließe. *Kalecki* behauptet dort, die Annahme, "... that the rate of risk is independent of the amount invested ... has to be dropped ... in order to obtain a realistic solution of the problem of 'limited investment'".[79] Denn – so heißt es in der Begründung – "... the greater ... the investment of an entrepreneur the more is his wealth position endangered in the event of unsuccessful business".[80]

Da mit Kreditaufnahmen im Ausland keinerlei Transferrisiken verbunden sind, wird das Grenzrisiko mit wachsendem Angebot von Arbitragefonds bei Investoren schneller steigen als bei Kreditnehmern. Dennoch erscheint eine getrennte Behandlung dieser beiden Formen der Zinsarbitrage grundsätzlich nicht notwendig, da sich das Prinzip des wachsenden Risikos bei Kreditnehmern im Endeffekt ebenso auswirkt wie bei Investoren. Bereits *Kaleckis* Ausführungen enthalten einen entsprechenden Hinweis: "If, however, the entrepreneur is not cautious in his investment activity it is the creditor who imposes on his calculation the burden of increasing risk charging the successive portions of credits above a certain amount with rising rate of interest."[81]

Klopstock und *Holmes,* die als leitende Angestellte der Federal Reserve Bank of New York in diesem Zusammenhang sicherlich als Autoritäten angesehen werden können, berichten, daß "... bank managements, aiming at risk diversification, ordinarily establish lines for each country in which they place funds ... The market is thus permeated with quotas which in turn may be reflected in the average rate level at which various national groups of banks and individual institutions can actually obtain funds."[82]

Hier beeinflussen also die Risiken, die ein ausländischer Gläubiger bei der Kreditgewährung übernimmt, die Gestaltung der Zinssätze, zu denen ein Wirtschaftssubjekt effektiv Kapital im Ausland aufnehmen kann. Daß es sich dabei hauptsächlich um eine ‚Überwälzung' des Transferrisikos handelt, zeigen die Untersuchungen von *Altman*: "U. S. banks have some advantages in the Eurodollar market. There is the feeling ... that it is safer to keep dollars in the United States than abroad. This is related to the feeling ... that countries running into unexpected exchange and balance of payments difficulties may restrict or even prohibit the outpayment of dollars."[83]

Und über die japanischen Banken schreibt *Altman*: "Japanese banks accept large amounts of dollars ... paying interest rates 2–2$^1/_2$ per cent higher than those prevailing in the London money market. The usual (and first) explanation of such large interest premiums is greater risk."[84] Diese relativ hohen Zinssätze

[79] *Kalecki* [101] S. 442
[80] *Kalecki* [101] S. 442
[81] *Kalecki* [101] S. 442
[82] *Klopstock / Holmes* [106] S. 5
[83] *Altman* [46] S. 322
[84] *Altman* [47] S. 71

lassen sich ebenfalls auf das Transferrisiko zurückführen. *Lipfert* spricht hier von „währungsrisikopolitischen Vorsichtsmaßnahmen" der Kreditgeber, da „im Falle eines Konfliktes oder auch nur einer weiteren Zuspitzung der weltpolitischen Situation ... die Möglichkeit der Einführung der Devisenbewirtschaftung in Japan ... nicht ganz auszuschließen [ist]".[85]

Das Beispiel der japanischen Banken ist in diesem Zusammenhang besonders informativ. Da diese sich auf dem Euro-Dollar-Markt nämlich bereits stark verschuldet haben, ist zu vermuten, daß die Zinszuschläge der ausländischen Gläubiger grundsätzlich mit wachsender Verschuldung der Kreditnehmer gegenüber dem Ausland steigen. Eine ältere Veröffentlichung zeigt, daß der Euro-Dollar-Markt in dieser Beziehung keineswegs einen Ausnahmefall darstellt.

Londoner Banken würden so lange Kredite in New York aufnehmen – schrieb *Holgate* in den 30er Jahren –, bis "... the rate of interest charged on such borrowings (and this will tend to rise *every time* a new loan is granted) exceeds the rate at which funds are usuable in London".[86]

Der Zinssatz, zu dem ein Kreditnehmer Kapital im Ausland aufnehmen kann, setzt sich also aus zwei Bestandteilen zusammen: (1) dem Preis für die Aufgabe der Liquidität – dem Marktzins – und (2) der Risikoprämie.[87] Wird die jeweilige Risikoprämie des ausländischen Gläubigers als Bestandteil des Grenzrisikos eines Kreditnehmers aufgefaßt, so ist bei der Ableitung der Angebotsfunktion eine Trennung zwischen Investoren und Kreditnehmern überflüssig. Denn ein derartig definiertes Grenzrisiko wird bei Kreditnehmern mit wachsendem Angebot von Arbitragefonds in gleichem Maße steigen wie das Grenzrisiko der Investoren.

2.514 Der Verlauf der Funktion

Zinsarbitrageure werden nur dann Arbitragefonds anbieten, wenn der Ertrag einer Transaktion zumindest den Aufwand deckt. Verfügen die Wirtschaftssubjekte über liquide Mittel in unbeschränkter Höhe, so lautet die Gleichgewichtsbedingung

(Grenzkosten + Grenzrisiko) – Grenznutzen = Nettozinsdifferenz.

Die Größen auf der linken Seite dieser Gleichung können für jeden Zinsarbitrageur verschieden sein. Daher muß zunächst der Verlauf der mikroökonomischen Angebotsfunktionen bestimmt werden, deren Aggregation erst die makroökonomische Angebotsfunktion ergibt.

[85] *Lipfert* [110] S. 14

[86] *Holgate* [14] S. 73 – Hervorhebung nicht im Original. *Holgate* war seinerzeit (1936) 'Certificated Associate of the Institute of Bankers'.

[87] *Höfermann* [13, S. 26] unterscheidet auf dem Geldmarkt Brutto- und Nettozinssätze: „Während der Nettozins den echten Preis für den Liquiditätsverzicht darstellt, enthält der Bruttozins auch andere Elemente, die sich z. B. in einer Währungserwartungsprämie, in einer Risikoprämie ... niederschlagen können."

Eine mikroökonomische Angebotsfunktion für Arbitragefonds läßt sich auf geometrischem Wege ableiten, indem die Grenzkosten- und die Grenzrisikokurve addiert werden und davon die Grenznutzenkurve subtrahiert wird.

Abbildung 1 zeigt die Angebotsfunktion eines Zinsarbitrageurs, der dem Bankensektor angehört. Die Arbitragekosten sind hier verhältnismäßig niedrig, während der Nutzen zunächst relativ hoch veranschlagt werden muß. Infolgedessen wird eine Bank häufig schon dann Arbitragefonds anbieten, wenn der Swapsatz der Zinsparität entspricht, die Nettozinsdifferenz also Null ist.

Abb. 1

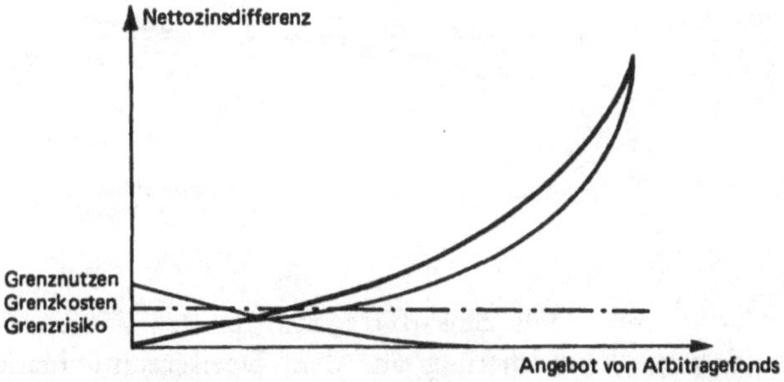

Abbildung 2 zeigt die Ableitung einer Angebotsfunktion für einen Zinsarbitrageur des Nichtbankensektors. Bei Nichtbanken spielt der Nutzen eine untergeordnete Rolle, die Arbitragekosten sind dagegen weitaus höher als bei den Banken. Nichtbanken werden deshalb erst dann Arbitragefonds anbieten, wenn die Nettozinsdifferenz bereits eine bestimmte Höhe erreicht hat. Diese ‚Reizschwelle' muß jedoch keinesfalls bei allen Nichtbanken gleich groß sein.

Abb. 2

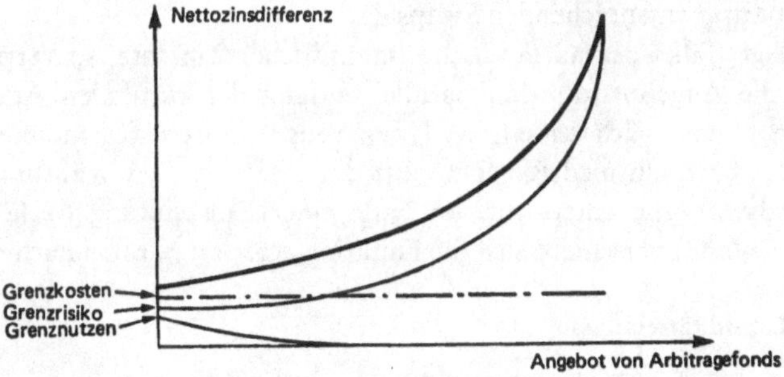

Die Aggregation derartiger Funktionen ergibt eine makroökonomische Angebotsfunktion für Arbitragefonds, die in bezug auf die Nettozinsdifferenz niemals vollkommen elastisch ist. Da einige Wirtschaftssubjekte selbst dann vereinzelt Zinsarbitragetransaktionen durchführen, wenn kein positiver Nettozinsanreiz besteht, beginnt die Funktion im Ursprung des Koordinatensystems.

Der gekrümmte Verlauf der makroökonomischen Angebotsfunktion ist vor allem auf zwei Faktoren zurückzuführen: (1) auf das steigende Grenzrisiko und (2) auf die unterschiedliche Höhe der ‚Reizschwelle' einzelner Zinsarbitrageure.

Abb. 3

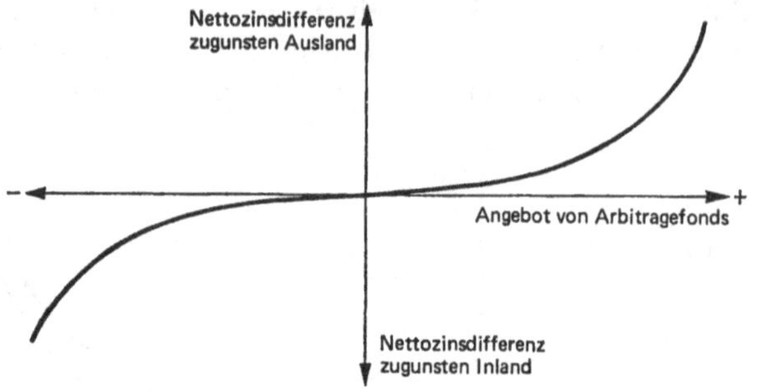

Wird unterstellt, daß Zinsarbitrageure für den Zinsertrag bzw. den Zinsaufwand keine Kurssicherung auf dem Devisenterminmarkt vornehmen, so zeigt die makroökonomische Angebotsfunktion für Arbitragefonds in Abbildung 3 gleichzeitig, wie das Angebot (die Nachfrage) der Zinsarbitrageure auf dem Devisenterminmarkt (Devisenkassamarkt) bei gegebenen Zinssätzen im Inland und im Ausland mit dem Swapsatz variiert. In Abbildung 3 müßten lediglich die Bezeichnungen ‚Angebot von Arbitragefonds' bzw. ‚Nettozinsdifferenz' durch die Ausdrücke ‚Angebot von Termindevisen' (‚Nachfrage nach Kassadevisen') bzw. ‚Swapsatz' ersetzt werden. Der Schnittpunkt der Funktion mit der vertikalen Achse des Koordinatensystems bezeichnet dann den der Zinsparität entsprechenden Swapsatz.

Steigt (fällt) der ausländische (inländische) Zinssatz, so verrschiebt sich cet. par. die Angebotsfunktion parallel entlang der vertikalen Achse des Koordinatensystems nach unten, weil der neuen Zinsparität nunmehr ein höherer Deport bzw. ein niedrigerer Report der ausländischen Währung gegenüber der Inlandswährung entspricht. Im Falle einer Zinssenkung (-erhöhung) im Ausland (Inland) verschiebt sich die Funktion cet. par. parallel nach oben.

2.52 Liquiditätseinflüsse

Der Angebotsfunktion in Abbildung 3 liegt die Annahme zugrunde, daß die Zinsarbitrageure jede Gewinnchance sofort ausnutzen können. Das wird aber nur der Fall sein, sobald alle Wirtschaftssubjekte im Inland und im Ausland nahezu unbeschränkt liquide sind. Da diese Voraussetzung in der Realität jedoch selten gegeben ist, soll jetzt der Einfluß der Liquidität auf den Umfang des Angebots von Arbitragefonds untersucht werden, und zwar unter der Annahme, daß die inländische Zentralbank durch Erhöhungen der Mindestreservesätze die Geldmenge und damit den Liquiditätsspielraum der Wirtschaftssubjekte im Inland stufenweise verringert.

Bei Nettozinsdifferenzen zugunsten einer Kapitalanlage im Ausland setzt sich das Angebot von Arbitragefonds aus Kapitalexporten inländischer Zinsarbitrageure und Kreditaufnahmen ausländischer Zinsarbitrageure zusammen.

Eine Verringerung der Geldmenge hat nun eventuell zur Folge, daß die liquiden Mittel eines inländischen Zinsarbitrageurs bereits erschöpft sind, ehe die Höhe der Auslandsanlagen die selbst gesetzte Grenze erreicht hat. Seine Angebotsfunktion bricht dann an dieser Stelle ab und wird in bezug auf die Nettozinsdifferenz vollkommen unelastisch.

Entsprechendes gilt für ausländische Zinsarbitrageure, die lediglich Arbitragefonds anbieten können, sobald ihnen die Wirtschaftssubjekte im Inland Kredite zur Verfügung stellen. Bei einer Einengung des Liquiditätsspielraumes wird aber der Umfang der Kreditgewährung allgemein eingeschränkt werden, so daß die Angebotsfunktion eines ausländischen Zinsarbitrageurs unter Umständen schon vollkommen unelastisch wird, bevor die in Anspruch genommenen Kredite dasjenige Limit erreicht haben, das ihm die Gläubiger aus risikopolitischen Erwägungen setzen.

Die Abbildungen 4 a bzw. 4 b zeigen den Einfluß einer mehrmaligen Erhöhung der Mindestreservesätze auf die Angebotsfunktionen zweier Wirtschaftssubjekte.

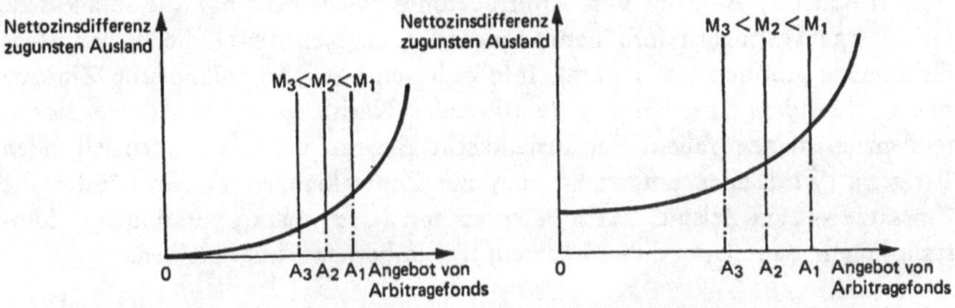

Abb. 4a $M_1, M_2, \ldots$ = inländische Geldmenge Abb. 4b

Die Funktionen werden bei der ersten Heraufsetzung der Mindestreservesätze vollkommen unelastisch, wenn das Angebot von Arbitragefonds die Höhe OA_1 erreicht hat. Bei einer weiteren Anhebung der Mindestreservesätze können die Wirtschaftssubjekte Arbitragefonds maximal nur noch in Höhe von OA_2 anbieten usw. Entsprechend wird sich auch das jeweilige Angebot von Arbitragefonds bei Nettozinsdifferenzen zugunsten einer Kapitalanlage im Inland verringern, sobald der Liquiditätsspielraum der Wirtschaftssubjekte im Ausland durch mindestreservepolitische Maßnahmen eingeengt wird.

Die Aggregation derjenigen mikroökonomischen Funktionen, die den jeweiligen Geldmengen $M_1, M_2, \ldots$ entsprechen, ergibt ebenfalls gekrümmt verlaufende Angebotsfunktionen.

Die Auswirkungen einer schrittweisen Verringerung der inländischen Geldmenge auf den Verlauf der makroökonomischen Angebotsfunktion für Arbitragefonds sind in Abbildung 5 graphisch dargestellt.

Abb. 5

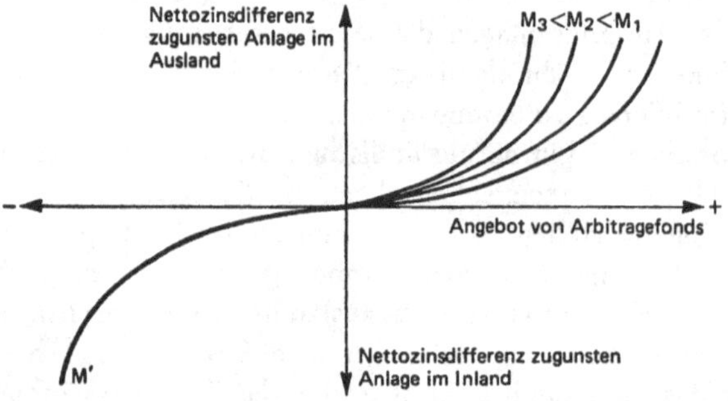

$M_1, M_2, \ldots$ = inländische Geldmenge M' = ausländische Geldmenge

In einer makroökonomischen Betrachtungsweise dürfen die Geldmengen M_1, M_2, ... aber lediglich als Ausgangspunkt angesehen werden. Denn ein positives (negatives) Angebot von Arbitragefonds wird nicht nur die inländische Geldmenge verringern (erhöhen), sondern auch gleichzeitig die ausländische Geldmenge erhöhen (verringern). Infolgedessen wird der inländische Zinssatz mit wachsendem Angebot von (wachsender Nachfrage nach) Arbitragefonds tendenziell steigen (fallen), der ausländische Zinssatz dagegen tendenziell fallen (steigen). Wird aber unterstellt, daß die Zentralbanken beider Länder die Zinssätze – zum Beispiel durch entsprechende Offenmarktoperationen – konstant halten, dann kann dieses Moment hier unberücksichtigt bleiben.

3. Spekulation

3.1 Die Auffassungen in der Literatur

Spekulation ist die durch das Gewinnstreben motivierte Ausnutzung intertemporaler Preisdifferenzen auf einem bestimmten Markt für ein Gut.

Devisenspekulation im engeren Sinne liegt vor, wenn ein Wirtschaftssubjekt

Devisen kauft oder verkauft, um an der Differenz zwischen den heutigen Devisenkursen und den erwarteten zukünftigen Kursen zu verdienen. Devisenspekulanten im weiteren Sinne sind alle Wirtschaftssubjekte, die es aufgrund gewisser Kurserwartungen unterlassen, bestehende offene Gesamtpositionen durch einen entsprechenden Devisenkauf bzw. -verkauf glattzustellen.

Unter Unsicherheit – schreibt *Kaldor* – werde ein Wirtschaftssubjekt nur dann spekulative Engagements eingehen, wenn die Differenz zwischen erwartetem Preis und heutigem Preis zumindest die Risikoprämie decke. Die Risikoprämie sei aber um so größer "... the greater the size of commitments".[1] Ohne diese Annahme näher zu begründen, folgert *Kaldor*, daß "... given the degree of uncertainty, marginal risk premium is an increasing function of speculative stocks".[2]

In Anlehnung an die Ausführungen von *Kaldor* behauptet *Tsiang*, für Devisenspekulanten sei "... risk ... an increasing function of foreign exchange assets".[3] Als Erklärung hierfür nennt *Tsiang* in einer Fußnote "... the aversion to putting all one's eggs in one basket".[4] Zur Bestimmung des Gleichgewichtes auf dem Devisenterminmarkt verwendet er daher eine Spekulationsfunktion, die mit wachsender Divergenz zwischen erwartetem Kassakurs und heutigem Terminkurs linear steigt.[5]

Spekulationsfunktionen der gleichen Art finden sich bei *Jasay, Reading* und *Auten*, nur mit dem Unterschied, daß sich diese Autoren zur Risikofrage überhaupt nicht äußern, sondern lediglich den Verlauf der Funktion beschreiben.[6]

Braun, der ebenfalls mit einer linear steigenden Spekulationsfunktion arbeitet[7], behauptet wie *Tsiang,* daß Spekulanten bei steigendem Umfang ihrer Transaktionen eine immer größere Risikoprämie verlangen, wobei – wie er glaubt – die Höhe der Risikoprämie von der Sicherheit der Kurserwartungen abhängt.[8] Zudem setze – so schreibt er – „... auch die Spekulation erst bei einem gewissen zu erwartenden Mindestgewinn ein".[9] Dieses Moment wird von *Braun* allerdings bei der Ableitung der makroökonomischen Spekulationsfunktion nicht berücksichtigt.

Grubel vermutet dagegen, daß die zusätzliche Termindevisennachfrage (das zusätzliche Termindevisenangebot) der Spekulanten bei gegebenen Kurserwartungen mit fallendem (steigendem) Terminkurs abnehmen wird. Seine Speku-

[1] *Kaldor* [99] S. 5
[2] *Kaldor* [99] S. 5
[3] *Tsiang* [138] S. 402
[4] *Tsiang* [138] S. 402 Fn. 9
[5] *Tsiang* [139] S. 96 Diagram 1
[6] *Jasay* [90] S. 73 und Abb. auf S. 72; *Reading* [117] S. 305 und S. 306 Fig. 1; *Auten* [48] S. 53
[7] *Braun* [53] S. 35 Abb. 3 a
[8] *Braun* [53] S. 34
[9] *Braun* [53] S. 34

lationsfunktion verläuft daher gekrümmt[10] und wird "... at the extreme end ... inelastic under the assumption of diminishing returns to risk taking".[11]

3.2 Rentabilitätseinflüsse

Bei der Ableitung einer makroökonomischen Spekulationsfunktion in Abhängigkeit vom Terminkurs soll hier zunächst von dem engeren Spekulationsbegriff ausgegangen werden. Es wird angenommen, daß Spekulanten in t ausschließlich Termindevisen kaufen (verkaufen), die sie in t + 90 zu einem höheren (niedrigeren) Kurs auf dem Kassamarkt zu verkaufen (zu kaufen) beabsichtigen.

Bedeuten

$E(K)_{t+90}$ = erwarteter Kassakurs US-Dollar gegen D-Mark für den Zeitpunkt t+90 Tage (in DM für 1 US $), und

K'_t = Terminkurs US-Dollar gegen D-Mark per 90 Tage (in DM für 1 US $),

so wird ein Spekulant in t Termindevisen nachfragen, wenn

$$E(K)_{t+90} > K'_t. \tag{1}$$

Dagegen wird ein Spekulant Termindevisen anbieten, wenn

$$E(K)_{t+90} < K'_t. \tag{2}$$

Sind $E(K)_{t+90}$ und K'_t gegeben, dann bestimmen Kosten und Risiken die jeweilige Höhe des spekulativen Termindevisenangebots bzw. der spekulativen Termindevisennachfrage.

Die Kosten der Spekulation setzen sich wie bei der Zinsarbitrage aus Kosten der Information und Kosten des Transfers zusammen. Auch hier werden vor allem die Kosten des Transfers den Umfang von Angebot und Nachfrage beeinflussen, denn Kosten der Information entstehen vor Abschluß eines Geschäftes und werden daher bei der Entscheidung in der Regel nicht mehr berücksichtigt. Wird angenommen, daß die einzelnen Transaktionen jedes Spekulanten immer auf gleich hohe Devisenbeträge lauten, so sind die Grenzkosten bei allen Spekulanten konstant.

Mit der Durchführung einer Spekulationstransaktion sind zwei Risiken unterschiedlichen Charakters verbunden, nämlich

[10] *Grubel* [83] S. 127 Fig. 3
[11] *Grubel* [83] S. 127

(1) das Risiko der Nichterfüllung des Terminvertrages
und
(2) das Kursrisiko.

Das Risiko der Nichterfüllung des Terminvertrages ist für die Spekulation von geringer Bedeutung. Denn schlimmstenfalls wird hier ein Spekulationsgewinn nicht realisiert werden können. Da das Vermögen des Spekulanten auf diese Weise jedoch nicht verringert wird, soll das Risiko der Nichterfüllung des Terminvertrages in diesem Zusammenhang vernachlässigt werden.

Die Übernahme von Kursrisiken gehört zum Wesen der Spekulation. Mit der Spekulation ist aber insofern ein Kursrisiko im engeren Sinne verbunden, als die Kursentwicklung auf dem Devisenkassamarkt einen den Erwartungen des Spekulanten entgegengesetzten Verlauf nehmen kann. Deshalb wird jeder Spekulant in seiner Kalkulation eine entsprechende Risikoprämie berücksichtigen. Die Höhe dieser Risikoprämie bestimmt sich durch (1) den Grad der Sicherheit der Kurserwartungen, (2) die subjektive Einstellung gegenüber dem Risiko und (3) den Umfang der bereits eingegangenen Terminverpflichtungen.

Absolute Sicherheit der Kurserwartungen ist nur gegeben, wenn die Wirtschaftssubjekte volle Voraussicht in bezug auf die zukünftige Entwicklung des Kassakurses haben. In der Realität werden die Spekulanten dagegen ihre Erwartungen nicht auf einen bestimmten Kassakurs richten, sondern vielmehr eine ganze Skala unterschiedlicher Möglichkeiten berücksichtigen, denen sie jeweils bestimmte Wahrscheinlichkeiten zuordnen. Die Größe $E(K)_{t+90}$ kann dann lediglich als ein gewogener Durchschnittswert einer derartigen Wahrscheinlichkeitsverteilung angesehen werden.

Graduelle Unterschiede in bezug auf die Sicherheit der Kurserwartungen finden ihren Ausdruck in der Streuung der Wahrscheinlichkeitswerte um das Mittel $E(K)_{t+90}$. Je größer die Streuung, desto geringer ist auch die Sicherheit der Kurserwartungen. Die Standardabweichung σ kann daher – wie *Kaldor* vorschlägt[12] – als Maß für das mit der Spekulation verbundene Kursrisiko angesehen werden. Unter Ungewißheit gilt für jeden Spekulanten

$$\sigma > 0. \tag{3}$$

Schließen Spekulanten Devisentermingeschäfte zu einem Kurs ab, der dem Mittelwert $E(K)_{t+90}$ entspricht, dann sind Gewinn- und Verlustchancen gleichmäßig verteilt. Ob aber ein Spekulant bereit sein wird, schon zu diesem Kurs Termindevisen anzubieten bzw. nachzufragen, hängt von seiner subjektiven Einstellung im Hinblick auf die Übernahme von Risiken ab, die hier – in Anlehnung an *Tobin* – als Risikoaversion bezeichnet werden soll.[13] Ist er risiko-

[12] *Kaldor* [99] S. 5
[13] *Tobin* [136, S. 72 ff.] unterscheidet 'risk-lovers' und 'risk-averters'.

freudig, dann wird er möglicherweise bereits bei einem Terminkurs in Höhe von $E(K)_{t+90}$ spekulative Terminengagements eingehen. Scheut er dagegen die Übernahme von Risiken, so wird er lediglich dann Termindevisen anbieten bzw. nachfragen, wenn die Wahrscheinlichkeit eines Gewinns weitaus größer ist als die Gefahr eines Verlustes.

Die jeweilige Risikoprämie ist aber nicht allein von der Sicherheit der Kurserwartungen und der Risikoaversion abhängig, sondern sie wird zudem nach dem Prinzip des wachsenden Risikos mit zunehmendem Umfang der spekulativen Terminverpflichtungen tendenziell steigen und schließlich derart an Bedeutung gewinnen, daß Angebot bzw. Nachfrage in bezug auf den Terminkurs vollkommen unelastisch werden. Die Steigung der Risikokurve wird durch die Risikoaversion bestimmt: Je größer die Risikoaversion eines Spekulanten, desto steiler wird seine Grenzrisikokurve verlaufen.

3.3 Die Spekulationsfunktion

Spekulanten werden nur dann Termindevisen anbieten bzw. nachfragen, wenn der erwartete Ertrag einer Transaktion zumindest die mit dieser Transaktion verbundenen Kosten und Risiken deckt. Die Gleichgewichtsbedingung ergibt sich hier also in der Form

Grenzkosten + Grenzrisiko = erwarteter Kassakurs – heutiger Terminkurs (für $E(K)_{t+90} > K'_t$)

bzw.

Grenzkosten + Grenzrisiko = heutiger Terminkurs – erwarteter Kassakurs (für $E(K)_{t+90} < K'_t$).

Da in diesen Gleichgewichtsbedingungen allein der jeweilige Terminkurs als Datum für alle Spekulanten vorgegeben ist, muß auch hier zunächst der Verlauf der mikroökonomischen Spekulationsfunktionen bestimmt werden.

Die Abbildungen 6 a bzw. 6 b zeigen, wie das Angebot (die Nachfrage) zweier Spekulanten bei gegebenen Kurserwartungen – $E(K)_{t+90}$, σ – mit dem Terminkurs variiert. Die jeweiligen Spekulationsfunktionen ergeben sich durch Addition der Grenzkosten- und der Grenzrisikokurven. Dabei wurde unterstellt, daß die Risikoaversion des Spekulanten 6 a wesentlich größer ist als die Risikoaversion des Spekulanten 6 b.

Die Aggregation aller mikroökonomischen Funktionen ergibt die makroökonomische Spekulationsfunktion. Diese Funktion schneidet die vertikale Achse des Koordinatensystems bei einem Terminkurs, der dem Durchschnitt der Kurserwartungen sämtlicher Spekulanten entspricht. Ändert sich dieser Durchschnittswert, dann verschiebt sich die Spekulationsfunktion parallel entlang der vertikalen Achse des Koordinatensystems. Nimmt die Sicherheit der

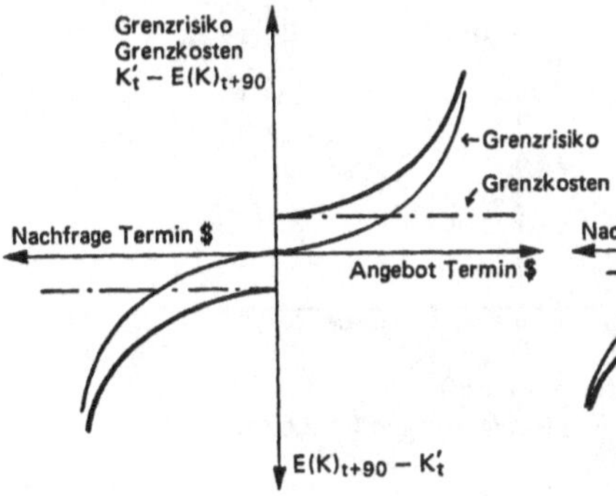

Abb. 6a

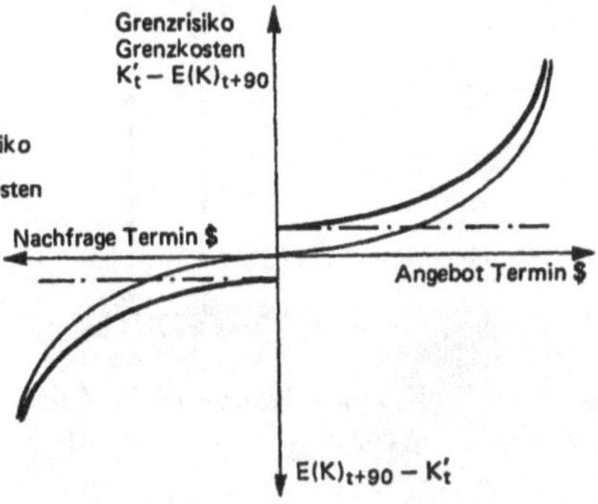

Abb. 6b

$E(K)_{t+90}$ = erwarteter Kassakurs zum Zeitpunkt t + 90 Tage
K'_t = Devisenterminkurs per 90 Tage in t

Kurserwartungen zu (ab), dann werden die Spekulanten cet. par. bei jedem Terminkurs, der über bzw. unter dem durchschnittlich erwarteten Kassakurs liegt, insgesamt mehr (weniger) Termindevisen anbieten bzw. nachfragen als zuvor. Die in Abbildung 7 dargestellten makroökonomischen Spekulationsfunktionen sollen diesen Zusammenhang verdeutlichen.

Abb. 7

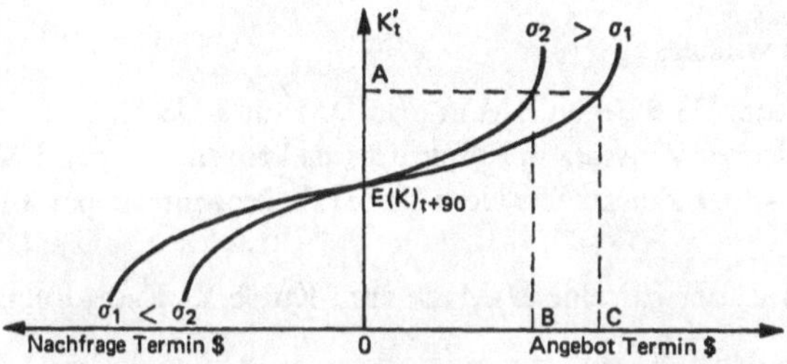

$E(K)_{t+90}$ = Durchschnittswert der Kurserwartungen aller Spekulanten
σ_1, σ_2 = Standardabweichung (‚Unsicherheit') der Kurserwartungen
K'_t = Devisenterminkurs per 90 Tage

Eine Termindevisennachfrage (ein Termindevisenangebot) der Spekulanten in t führt im Zeitpunkt t+90 zu einem Angebot (einer Nachfrage) auf dem Devisenkassamarkt in gleicher Höhe.

In dem Abbildung 7 zugrunde liegenden Beispiel würden die Spekulanten bei einem Terminkurs OA in t OB bzw. OC Termindollar anbieten, so daß sie in t+90 OB bzw. OC Kassadollar nachfragen müßten. Abbildung 8 stellt deshalb die notwendige Ergänzung zu Abbildung 7 dar.

Abb. 8

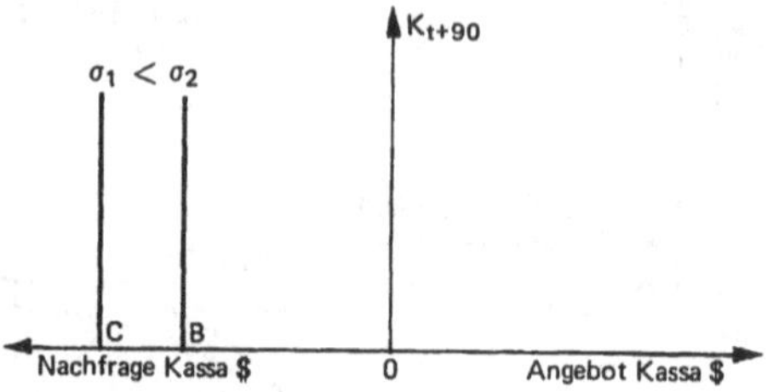

K_{t+90} = Kassakurs im Zeitpunkt t+90
σ_1, σ_2 = ,Unsicherheit' der Kurserwartungen im Zeitpunkt t

3.4 Der Spekulant als Zinsarbitrageur

Bisher wurde unterstellt, daß Spekulanten lediglich auf dem Termindevisenmarkt als Anbieter oder Nachfrager auftreten. Häufig werden Spekulanten im Zeitpunkt t aber nicht Termindevisen, sondern vielmehr Kassadevisen anbieten bzw. nachfragen. Diese Form der Spekulation, die sogenannte Kassaspekulation, erfordert allerdings den Einsatz flüssiger Mittel. Der Spekulant wird deshalb bei seiner Entscheidung neben dem heutigen und dem erwarteten Kassakurs auch die kurzfristigen Zinssätze im Inland und im Ausland berücksichtigen müssen.

Es bedeuten wieder:

K_t = Kassakurs US $ gegen DM in t (in DM für 1 US $)
I_d = kurzfristiger Zinssatz in Frankfurt (als Prozentsatz per 3 Monate)
I_f = kurzfristiger Zinssatz in New York (als Prozentsatz per 3 Monate)

Ein Spekulant, der für eine D-Mark zum Kurse K_t Kassadollar erwirbt, verfügt in t+90 über $\frac{1}{K_t}(1 + I_f)$ Dollar. Er hofft, diesen Dollar-Betrag zum Kurs $E(K)_{t+90}$ wieder verkaufen zu können, und erwartet daher, daß sein Guthaben in t+90

$$\frac{E(K)_{t+90}}{K_t}(1 + I_f)$$

D-Mark beträgt. Er wird deshalb den Erwerb von Kassa-Dollar dem Halten von D-Mark vorziehen, sobald

$$\frac{E(K)_{t+90}}{K_t}(1 + I_f) > (1 + I_d). \qquad (4)$$

Analog hierzu wird ein Spekulant in t Kassa-Dollar anbieten, wenn

$$\frac{E(K)_{t+90}}{K_t}(1 + I_f) < (1 + I_d). \tag{5}$$

Die Einbeziehung der Kassaspekulation berührt jedoch nicht die generelle Gültigkeit der zuvor abgeleiteten Spekulationsfunktion, denn es läßt sich zeigen, daß ein spekulativer Kauf oder Verkauf von Kassadevisen eine Kombination von Zinsarbitrage und Terminspekulation darstellt.

Treten auf dem Devisenmarkt nur Spekulanten als Anbieter und Nachfrager auf, dann herrscht Gleichgewicht auf dem Terminmarkt, wenn

$$E(K)_{t+90} = K'_t, \tag{6}$$

und Gleichgewicht auf dem Kassamarkt, wenn

$$\frac{E(K)_{t+90}}{K_t}(1+ I_f) = (1 + I_d). \tag{7}$$

(6) eingesetzt in (7) ergibt

$$\frac{K'_t}{K_t}(1 + I_f) = (1 + I_d). \tag{8}$$

Gleichung (8) ist aber mit derjenigen Gleichgewichtsbedingung identisch, die im vorangegangenen Abschnitt unter der Voraussetzung aufgestellt wurde, daß ausschließlich Zinsarbitrageure Kassa- und Termindevisen anbieten bzw. nachfragen.[14] Ein Spekulant, der vom Terminmarkt zum Kassamarkt hinüberwechselt, führt also implizit eine Zinsarbitragetransaktion durch. Verhält er sich rational, so wird er auch hier aufgrund der Konstellation von heutigem Terminkurs und erwartetem Kassakurs darüber entscheiden, ob er eine Spekulationstransaktion durchführen sollte. Die Kassaspekulation muß daher gedanklich getrennt werden in

(1) einen spekulativen Kauf (Verkauf) von Termindevisen
und
(2) eine Zinsarbitragetransaktion, bei der Kassadevisen gekauft (verkauft) und Termindevisen verkauft (gekauft) werden.

Die Termingeschäfte heben sich gegenseitig auf, so daß per Saldo lediglich ein zusätzliches Angebot bzw. eine zusätzliche Nachfrage auf dem Kassamarkt verbleibt. Die Kassaspekulation kann somit innerhalb des Kursbildungsmodells durch die makroökonomische Angebotsfunktion für Arbitragefonds und die makroökonomische Spekulationsfunktion erfaßt werden.[15]

[14] Vgl. S. 18, Gleichung (5)

[15] Spekulation auf dem Kassamarkt ist identisch mit der sogenannten ‚ungedeckten Zinsarbitrage', von der in der Literatur immer dann gesprochen wird, wenn ein Wirtschaftssubjekt kurzfristig Kapital im Ausland anlegt (aufnimmt), ohne das Kursrisiko durch einen Verkauf (Kauf) von Termindevisen auszuschalten.

4. Außenhandel

4.1 Außenhandel und Terminmarkt

Im Jahre 1955 wurde der kanadische Dollar auf dem Londoner Terminmarkt längere Zeit zu einem Kurs gehandelt, der erheblich von der Zinsparität abwich. Das Radcliffe Committee hat später herauszufinden versucht, welche Gründe hierfür maßgebend gewesen sind. A. J. *Fowler* – 'London Accountant, The Canadian Bank of Commerce' –, der in diesem Zusammenhang befragt wurde, bezeichnete als Ursache "... the supply and demand element caused mainly by trade".[1]

Der Präsident der niederländischen Zentralbank – Marius W. *Holtrop* – hat gegenüber dem Radcliffe Committee sogar behauptet, daß der Gulden-Kurs auf dem Amsterdamer Terminmarkt grundsätzlich durch die Transaktionen der Außenhändler bestimmt werde. Kaufverträge holländischer Importeure – schreibt *Holtrop* in einem Memorandum – verlangen in der Regel Zahlung in ausländischer Währung, "as a result import traders in the Netherlands have as a rule substantial forward commitments in foreign exchange, for which they seek to cover themselves – some of them doing so continually, others only occasionally in times of stress – on the forward foreign exchange market."[2]

Alan R. *Holmes* von der Federal Reserve Bank of New York berichtet schließlich, daß die meisten amerikanischen Banken Außenhändlern den Abschluß von Devisentermingeschäften empfehlen, "... so that they can concentrate on the normal problems of their business or trading activity without adding the additional problem of fluctuations in exchange rates".[3]

Diese Hinweise aus der Praxis zeigen, daß eine ausschließliche Zuordnung von Außenhandel und Devisenkassamarkt – wie sie in der Mehrzahl der Lehrbücher anzutreffen ist – den tatsächlichen Gegebenheiten widersprechen würde. Deshalb muß hier zunächst einmal gefragt werden, nach welchen Kriterien Importeure (Exporteure) entscheiden, ob sie einen Devisenkauf (-verkauf) auf dem Kassamarkt oder auf dem Terminmarkt durchführen sollten. Diese Frage ist in der Literatur über den Devisenterminmarkt relativ einheitlich beantwortet worden.

4.2 Die Auffassungen in der Literatur

Braun nimmt an, daß Außenhändler ihre Devisentransaktionen nur dann über den Kassamarkt abwickeln, sobald keine Zahlungsziele in Anspruch genommen

[1] Committee on the Working of the Monetary System [158] S. 318 Question 4496
[2] *Holtrop* [150] S. 263
[3] *Holmes* [15] S. 41

werden.[4] Diese Möglichkeit betrachtet er aber als Ausnahmefall, denn — so schreibt er — „für die meisten Geschäfte ist..., da sie mit Zahlungsziel abgeschlossen werden, in erster Linie die Stabilität des Terminkurses ausschlaggebend."[5]

„Wenn nur Exporte und Importe zu Devisentransaktionen führten — heißt es weiter bei *Braun* —, bestünde also kein direkter Zusammenhang zwischen Kassa- und Termindevisenkursen."[6] Dem widerspricht allerdings, daß er an anderer Stelle die Verlagerung des Finanzierungszentrums im internationalen Handel der Zinsarbitrage zuordnet. Eine Änderung der für den Zinsarbitrageur relevanten Daten beeinflusse — wie er dort behauptet — „... zugleich die Zahlungsfristen aus dem der Kreditaufnahme zugrunde liegenden Handelsgeschäft".[7] Damit wäre aber ein direkter Zusammenhang zwischen Kassa- und Termindevisenmarkt selbst dann gegeben, wenn lediglich Außenhändler Devisen anbieten bzw. nachfragen würden, und ein Außenhändler, der von einem Markt auf den anderen hinüberwechselt, müßte gleichzeitig als Zinsarbitrageur angesehen werden.

Eine methodisch einwandfreie Behandlung des Problems findet sich dagegen bei *Spraos*. Außenhändler — schreibt *Spraos* — haben grundsätzlich die Wahl "... between covering and leaving open the exchange risk with respect to foreign currencies accruing to them for contracted exports, or due to be paid by them for contracted imports".[8] Verzichte ein Außenhändler auf eine entsprechende Kurssicherung, so handele er bei rationalem Verhalten aufgrund bestimmter Kurserwartungen: "A merchant is speculating if he leaves the exchange uncovered; he is not speculating if he covers it by a forward deal."[9]

Spraos spricht in diesem Zusammenhang von "trader speculation", die er der reinen Spekulation gleichsetzt.[10] Er nimmt an, daß sämtliche Außenhandelsgeschäfte, bei denen Vertragsabschluß und Zahlung nicht zeitlich zusammenfallen, über den Terminmarkt abgewickelt werden. Für diejenigen Fälle, in denen ein Außenhändler de facto keine Kurssicherung vornimmt, unterstellt er, daß der betreffende Exporteur (Importeur) zunächst Termindevisen anbietet (nachfragt) und dann als Spekulant wiederum Termindevisen nachfragt (anbietet). Diese fiktive Spekulationstransaktion wird in einer derartigen Betrachtungsweise glattgestellt, wenn der Importeur späterhin Kassadevisen erwirbt, um seine Zahlungsverpflichtung zu erfüllen bzw. sobald der Exporteur die im Ausland erzielten Erlöse auf dem Kassamarkt anbietet.

[4] *Braun* [53] S. 27
[5] *Braun* [54] S. 149
[6] *Braun* [53] S. 27
[7] *Braun* [53] S. 32/33 Fn. 28
[8] *Spraos* [125] S. 98
[9] *Spraos* [125] S. 98. Diese Auffassung ist – mit Einschränkungen – von *Sandick* [153, S. 310] bereits in den 30er Jahren vertreten worden.
[10] *Spraos* [125] S. 98

Dieser Ansatz ist von vielen Autoren in nahezu unveränderter Form übernommen worden. Die einzelnen Darstellungen unterscheiden sich dabei in der Regel nur durch geringfügig voneinander abweichende Formulierungen im Hinblick auf die Zeitspanne zwischen Vertragsabschluß und Zahlungstermin. Häufig entsteht allerdings der Eindruck, daß vereinbarte Zahlungsziele – also Kreditgewährungen, die der Zinsarbitrage zuzurechnen sind – in diese Zeitspanne ebenso einbezogen werden wie der zeitliche Auseinanderfall von Verpflichtungs- und Erfüllungsgeschäft bei Verträgen, die Zahlung bei Lieferung verlangen.

"Exporters or importers who negotiate contracts stipulating payment... in three months' time – schreibt *Sohmen* – will, unless they deliberately want to assume exchange risks, deal exclusively in the forward market. Contracts on three months' credit have traditionally been among the most widely used in foreign trade."[11] Während *Sohmen* die Außenhandelskredite hier eindeutig mit einschließt, äußert er sich in einer späteren Veröffentlichung bereits vorsichtiger: "Payment is in almost all cases not made immediately, but is deferred three or more months from the date at which a contract is concluded ... For all these transactions, the actual spot rate is without significance ... cautious exporters and importers will hedge on forward markets of the appropriate maturities."[12]

Auch *Grubel* drückt sich in diesem Zusammenhang äußerst zurückhaltend aus: "Contracts for payment are normally drawn up months before payment is due ... Rational, non-speculating traders should in fact quote prices and enter contracts on the basis of forward exchage rates and not spot exchange rates."[13] Und *Tsiang* unterstellt in seinem Kursbildungsmodell, daß "... all foreign trade transactions contracted for future payments automatically lead to corresponding amounts of purchases or sales of forward exchange".[14] Die Handelskreditgewährung scheint *Tsiang* dabei aber auszuschließen, denn er behauptet später, Änderungen des Terminkurses beeinflussen die Handelsbilanz lediglich "at the contract stage".[15]

Im Gegensatz zu diesen Autoren glaubt *Jasay*, daß ein Außenhändler gerade dann als Spekulant angesehen werden müsse, wenn er bei Vertragsabschluß eine Termindevisentransaktion durchführt.[16]

Jasay begründet seine Auffassung, indem er einen amerikanischen Exporteur, der erwartete Sterling-Erlöse auf dem Terminmarkt anbietet, mit einem 'bear'-Spekulanten vergleicht, also mit einem Spekulanten, der englische Pfunde per Termin verkauft, weil er mit einer Pfund-Abwertung rechnet. "In both the 'bear'

[11] *Sohmen* [35] S. 75; vgl. auch *Sohmen* [123] S. 863
[12] *Sohmen* [36] S. 55
[13] *Grubel* [83] S. 128
[14] *Tsiang* [139] S. 93
[15] *Tsiang* [139] S. 105
[16] *Jasay* [90] S. 59 f.

and the 'commercial' case – so behauptet *Jasay* –, the seller of forward sterling would gain in terms of sterling in the event of devaluation."[17]

Diese Argumentation ist jedoch anfechtbar. Sobald nämlich rationales Verhalten unterstellt wird, muß der Exporteur bei Vertragsabschluß auch den Wechselkurs berücksichtigen. Da aber der zukünftige Kassakurs als Erwartungsgröße keine zuverlässige Kalkulationsgrundlage darstellt, kommt hierfür allein der Terminkurs in Frage. Infolgedessen entspricht der faktische Exporterlös in *Jasays* Beispiel dem bei Vertragsabschluß erwarteten Exporterlös, von einem Gewinn kann in diesem Zusammenhang also nicht gesprochen werden. Eine Gleichsetzung von reiner Spekulation einerseits und Kurssicherung im Außenhandel andererseits erweist sich damit als unhaltbar.

Die von *Spraos* vorgeschlagene Lösung ist dagegen logisch akzeptabel. Deshalb soll auch hier unterstellt werden, daß jede Außenhandelstransaktion, bei der Vertragsabschluß, Zahlung und Lieferung zeitlich nicht zusammenfallen, zu einem Angebot bzw. einer Nachfrage auf dem Devisenterminmarkt führt. Die durch langfristige Handelskredite finanzierten Exporte und Importe müssen davon allerdings ausgenommen werden.[18]

In der Realität wird zwischen Verpflichtungs- und Erfüllungsgeschäft meistens ein gewisser Zeitraum liegen. Der Einfachheit halber soll aber die Zeitspanne zwischen Vertragsabschluß und Warenlieferung einheitlich mit 90 Tagen veranschlagt werden. Unter dieser Voraussetzung wird in dem hier diskutierten Zwei-Länder-Fall – wenn von den langfristig finanzierten Außenhandelsgeschäften zunächst einmal abgesehen wird – jedem Export aus (Import nach) Deutschland bereits bei Vertragsabschluß ein Angebot von (eine Nachfrage nach) Termindollar entsprechen.

Das faktische Verhalten der Außenhändler kann jedoch in dreifacher Weise von dieser Modellvorstellung abweichen. So hat zum Beispiel ein deutscher Importeur amerikanischer Waren die Möglichkeit, die zur Erfüllung seiner Zahlungsverpflichtung benötigten Dollarbeträge

(1) bei Lieferung,
(2) bei Vertragsabschluß oder
(3) nach Lieferung

auf dem Kassamarkt zu erwerben.

Zunächst soll der erste Fall betrachtet werden.

4.3 Der Außenhändler als Spekulant

Im vorangegangenen Abschnitt wurden diejenigen Wirtschaftssubjekte, die aufgrund gewisser Kurserwartungen offene Devisenpositionen unterhalten, als

[17] *Jasay* [90] S. 60
[18] Vgl. *Tsiang* [139] S. 94

Spekulanten im weiteren Sinne bezeichnet. Unter diesen weitgefaßten Spekulationsbegriff fallen auch solche Außenhändler, die bei Vertragsabschluß davon absehen, zukünftige Zahlungsverpflichtungen (Zahlungseingänge) in ausländischer Währung durch Käufe (Verkäufe) von Kassa- oder Termindevisen kursmäßig abzusichern. Denn sobald diese Wirtschaftssubjekte rational handeln, läßt sich der Verzicht auf eine Kurssicherungstransaktion nur durch bestimmte Kurserwartungen erklären.

Eine hiervon abweichende Verhaltensweise könnte allein auf Unwissenheit zurückgeführt werden. "Nevertheless, in practice merchants do not avail themselves of these facilities to the extent that might have been expected. The nature of forward dealings is not generally understood."[19] Diese Sätze schrieb *Keynes* im Jahre 1923. Selbst jetzt herrscht vielfach noch Unklarheit über die Möglichkeiten, die der Devisenterminmarkt in diesem Zusammenhang bietet. So glaubt zum Beispiel *Sohmen,* Diskrepanzen zwischen theoretischer Modellvorstellung und den realen Gegebenheiten auch heute vor allem durch "commercial traders' ignorance" erklären zu müssen.[20]

Bedeuten wiederum

$E(K)_{t+90}$ = erwarteter Kassakurs für den Zeitpunkt t+90 Tage (in DM für 1 US $) und

K'_t = Terminkurs per 90 Tage (in DM für 1 US $),

so wird ein deutscher Importeur bei genauer Kenntnis der Alternativen nur dann zum Zeitpunkt der Warenlieferung (d. h. in t+90) Kassadevisen nachfragen, wenn im Zeitpunkt des Vertragsabschlusses (d. h. in t) die Bedingung

$$E(K)_{t+90} < K'_t \qquad (1)$$

erfüllt ist.

Gilt dagegen

$$E(K)_{t+90} > K'_t, \qquad (2)$$

dann wird er im Zeitpunkt t in voller Höhe des Warengegenwertes Termindevisen nachfragen.

Infolgedessen können in den Fällen, in denen Außenhändler unter Verzicht auf eine Kurssicherungstransaktion erst zum Zeitpunkt der Warenlieferung Kassadevisen anbieten bzw. nachfragen, zwei fiktive Transaktionen unterstellt werden, nämlich

(1) ein Kauf (Verkauf) von Termindevisen bei Vertragsabschluß zum Zwecke der Kurssicherung und gleichzeitig
(2) ein spekulativer Verkauf (Kauf) von Termindevisen in derselben Höhe.

[19] *Keynes* [20] S. 121
[20] *Sohmen* [35] S. 75

Beide Transaktionen heben sich gegenseitig auf, so daß die Realität nicht verfälscht wird. Das Kassageschäft in t+90 dient in dieser Betrachtung lediglich der Realisation des Spekulationsgewinns (-verlustes).

4.4 Der Außenhändler als Zinsarbitrageur

Beabsichtigt ein Außenhändler, zukünftige Zahlungseingänge (-verpflichtungen) bei Vertragsabschluß kursmäßig abzusichern, so hat er grundsätzlich die Wahl zwischen einem Verkauf (Kauf) von Termindevisen und einem Verkauf (Kauf) von Kassadevisen. Entscheidet sich aber zum Beispiel ein deutscher Importeur für die letztere Möglichkeit, dann erfordert die Kurssicherung nunmehr den Einsatz flüssiger Mittel. Er wird deshalb den entgangenen Zinsgewinn bzw. den Zinsaufwand im Inland in seine Überlegungen einbeziehen müssen.

Die zum Zeitpunkt des Vertragsabschlusses erworbenen Kassadevisen kann dieser Importeur auf zweierlei Weise verwenden: Er wird sie entweder bis zum Erfüllungstermin, d. h. bis zum Zeitpunkt der Warenlieferung, zinsbringend bei einer ausländischen Bank anlegen, oder er wird an den ausländischen Lieferanten eine Vorauszahlung leisten, der ihm dafür Zinsen in Form eines Zahlungsnachlasses auf den Rechnungsbetrag vergüten wird. Infolgedessen vermehren sich die hier relevanten Daten in beiden Fällen noch um den kurzfristigen Zinssatz im Ausland.

Es bedeuten wieder:

K_t = Kassakurs US-Dollar gegen D-Mark in t (in DM für 1 US $)
K'_t = Terminkurs US-Dollar gegen D-Mark in t (in DM für 1 US $)
I_d = kurzfristiger Zinssatz in Frankfurt (als Prozentsatz per 3 Monate)
I_f = kurzfristiger Zinssatz in New York (als Prozentsatz per 3 Monate)

Erwirbt der Importeur bei Vertragsabschluß (in t) für eine D-Mark Kassadollar, so verfügt er in t+90 über einen Dollarbetrag in Höhe von

$$\frac{1}{K_t}(1 + I_f).$$

Legt er dagegen in t eine D-Mark im Inland an, dann wird in t+90 sein Guthaben $(1 + I_d)$ D-Mark betragen. Kauft er bereits in t für $(1 + I_d)$ D-Mark Termindollar, dann stehen ihm in t+90

$$\frac{1}{K'_t}(1 + I_d)$$

Dollar zur Verfügung.

Der Importeur wird deshalb in t Kassadevisen nur nachfragen, wenn

$$\frac{1}{K_t}(1 + I_f) > \frac{1}{K'_t}(1 + I_d). \tag{3}$$

Dagegen wird er Termindevisen nachfragen, wenn

$$\frac{1}{K_t}(1 + I_f) < \frac{1}{K'_t}(1 + I_d). \tag{4}$$

Ist nun

$$\frac{1}{K_t}(1 + I_f) = \frac{1}{K'_t}(1 + I_d), \tag{5}$$

dann wird sich der Importeur gegenüber den beiden Formen der Kurssicherung indifferent verhalten. Gleichung (5) mit K'_t multipliziert ergibt

$$\frac{K'_t}{K_t}(1 + I_f) = (1 + I_d). \tag{6}$$

Gleichung (6) ist aber mit der Grundgleichung identisch, die bei der Behandlung der Zinsarbitrage als Ausgangspunkt gedient hat.[21] Ein Importeur, der bereits zum Zeitpunkt des Vertragsabschlusses Kassadevisen erwirbt, führt also implizit eine Zinsarbitragetransaktion durch.[22]

Diese Beweisführung wäre analog auch auf einen deutschen Exporteur anwendbar, der bei Vertragsabschluß einen Dollar-Kredit aufnimmt, US-Dollar auf dem Kassamarkt anbietet, den Gegenwert im Inland zinsbringend anlegt und den Dollar-Kredit dann in t+90 aus dem Exporterlös zurückzahlt.

Sobald also Außenhändler das Kursrisiko bei Vertragsabschluß in der Form

[21] Vgl. S. 18, Gleichung (5)

[22] Bei *Tsiang* [139, S. 93 f.] findet sich der bisher einzige Versuch, diesen Beweis mathematisch zu erbringen. *Tsiang* vergleicht dabei die ‚Kosten einer Kurssicherung auf dem Terminmarkt‘ mit den ‚Kosten einer Kurssicherung auf dem Kassamarkt‘. Die Kosten der Kurssicherung auf dem Terminmarkt errechnet er aus der Differenz zwischen erwartetem Kassakurs in t+90 und dem Terminkurs in t, die Kosten der Kurssicherung auf dem Kassamarkt aus der Differenz zwischen dem erwarteten Kassakurs und einem Produkt, das sich in der hier verwendeten Symbolik – etwas vereinfacht – als $K_t (1 + I_d - I_f)$ ausdrücken läßt.
Gegen eine derartige Beweisführung lassen sich aber zwei grundsätzliche Einwände vorbringen: Erstens kann nicht vorausgesetzt werden, daß jeder Außenhändler eine Vorstellung über die zukünftige Entwicklung des Kassakurses hat. Und zweitens lassen sich diese Kosten erst ex post genau ermitteln, während ein Zinsarbitrageur seine Entscheidung auf Grund ex ante bestimmbarer Daten treffen sollte.

ausschalten, daß sie Kassadevisen anbieten bzw. nachfragen, können gedanklich zwei Transaktionen unterschieden werden, und zwar

(1) ein Kurssicherungsgeschäft, bei dem der Außenhändler Termindevisen nachfragt (anbietet) und
(2) eine Zinsarbitragetransaktion, bei der der Außenhändler Kassadevisen nachfragt (anbietet) und Termindevisen anbietet (nachfragt).

Die fiktiven Termingeschäfte haben ein jeweils entgegengesetztes Vorzeichen, so daß sie sich gegenseitig aufheben. Der Realität entsprechend verbleibt lediglich eine zusätzliche Nachfrage bzw. ein zusätzliches Angebot auf dem Devisenkassamarkt.

4.5 Der Außenhändler als Spekulant und Zinsarbitrageur

In denjenigen Fällen, in denen ein deutscher Importeur unter Verzicht auf ein Kurssicherungsgeschäft erst nach Warenlieferung Kassadollar nachfragt, nimmt er de facto einen Handelskredit in Anspruch. Wird unterstellt, daß dieser Importeur seine Zahlungsverpflichtung erst 90 Tage nach Lieferung und somit 180 Tage nach Vertragsabschluß (also in t+180) erfüllt, so lassen sich in Anlehnung an die vorangegangenen Ausführungen ebenfalls mehrere Transaktionen unterstellen:

(1) ein Termindevisenkauf in t zum Zwecke der Kurssicherung,
(2) ein spekulativer Verkauf von Termindevisen in t,
(3) eine Zinsarbitragetransaktion in t+90 und
(4) ein spekulativer Termindevisenverkauf in t+90.

In t heben sich die Termindevisengeschäfte gegenseitig auf. Der spekulative Termindevisenverkauf bedingt aber in t+90 einen Kauf von Kassadevisen, das Zinsarbitragegeschäft dagegen einen Verkauf von Kassadevisen, so daß sich auch die fiktiven Kassatransaktionen in t+90 ausgleichen. Der aus der Zinsarbitragetransaktion resultierende Termindevisenkauf wird durch den erneuten spekulativen Termindevisenverkauf kompensiert. Das Kassageschäft in t+180 dient in dieser Konstruktion dann der Realisation des in t+90 abgeschlossenen Spekulationsgeschäftes.

4.6 Die Überschußnachfragefunktionen

Unter Vernachlässigung der langfristig finanzierten Exporte und Importe werden rational handelnde Wirtschaftssubjekte nur auf der Basis des Devisenterminkurses darüber entscheiden, ob sie einen Außenhandelsvertrag abschließen. Exporteure und Importeure, die bei Lieferung, nach Lieferung oder bei Vertragsabschluß Kassadevisen anbieten bzw. nachfragen, verbinden das Außenhandelsgeschäft mit einer Spekulations- und/oder einer Zinsarbitragetransaktion. Da diese Transaktionen innerhalb des Kursbildungsmodells bereits durch die Spekulationsfunktion bzw. durch die Angebotsfunktion für Arbitragefonds erfaßt werden, muß jedem Export (Import) bei Vertragsabschluß ein Angebot (eine Nachfrage) auf dem Devisenterminmarkt entsprechen.

Die jeweilige Höhe des Termindevisenangebots (der Termindevisennachfrage) hängt bei gegebenem Wechselkurs von den inländischen und ausländischen Angebots- und Nachfrageelastizitäten in bezug auf die Güterpreise ab.

Abbildung 9 zeigt, wie das Devisenangebot bzw. die Devisennachfrage der Außenhändler mit dem Terminkurs variiert, wobei für die geometrische Ableitung dieser Funktionen auf *Schneider* verwiesen werden kann.[23]

Abb. 9

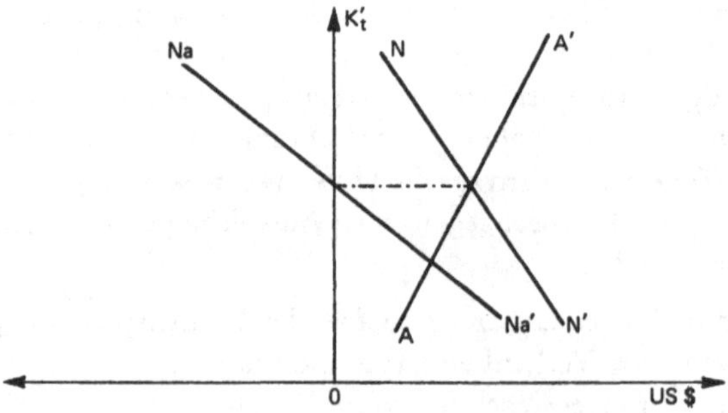

K'_t = Terminkurs per 90 Tage (in DM für 1 US $)
AA' = Angebot von Termindollar
NN' = Nachfrage nach Termindollar
N_aN_a' = Überschußnachfrage nach Termindollar

Durch langfristige Auslandskredite finanzierte Exporte und Importe werden dagegen zu Transaktionen auf dem Kassamarkt führen. Abbildung 10 stellt eine entsprechende Überschußnachfragefunktion der Außenhändler nach Kassadevisen dar. Dieser Funktion liegt die Annahme zugrunde, daß hier Angebot und Nachfrage in bezug auf den Wechselkurs relativ unelastisch sind.

Die Überschußnachfragefunktion in Abbildung 10 wird allerdings etwas flacher verlaufen, sobald mit dieser Funktion auch alle übrigen Devisentransaktionen erfaßt werden, die neben der Zinsarbitrage zu einem Angebot bzw. einer Nachfrage auf dem Devisenkassamarkt führen, wie zum Beispiel die

[23] *Schneider* [33] S. 308 ff.

Abb. 10

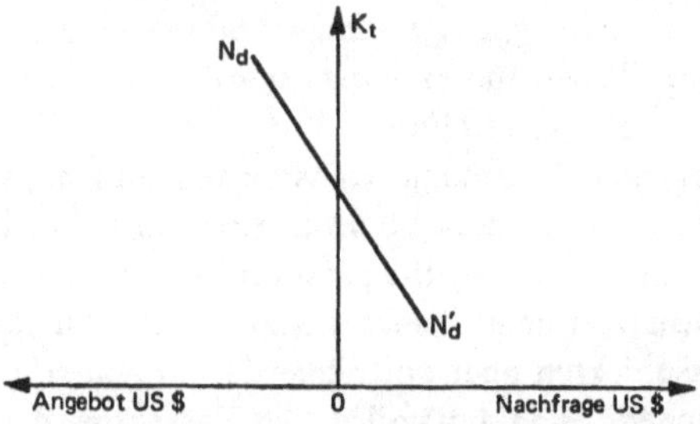

K_t = Kassakurs US-Dollar gegen D-Mark (in DM für 1 US $)
$N_dN'_d$ = Überschußnachfrage nach Kassadollar

langfristigen internationalen Kapitalbewegungen und die unentgeltlichen Leistungen. Eine so definierte Überschußnachfragefunktion der Nichtarbitrageure nach Kassadevisen soll später bei der Bestimmung des Gleichgewichtes auf dem Devisenmarkt verwendet werden.

5. Hedging

5.1 Hedging und Terminmarkt

Ein Untersuchungsbericht des Völkerbundes[1] nennt neben Zinsarbitrage und Spekulation "commercial requirements" als einen derjenigen Faktoren, die in der Realität die Entwicklung des Devisenterminkurses beeinflussen. Unter den Begriff "commercial requirements" fallen nach Auffassung des Völkerbundes aber nicht nur die Kurssicherungstransaktionen der Außenhändler, sondern auch – wie es in dem Bericht heißt – "the covering of exchange risks arising out of the international arbitrage of titles to wealth".[2]

Hiermit ergibt sich ein in diesem Zusammenhang neuer Aspekt, denn die Termindevisentransaktionen in Verbindung mit langfristigen Auslandsinvestitionen – wie der Begriff 'international arbitrage of titles to wealth' wohl übersetzt werden muß – sind bisher noch nicht berücksichtigt worden. Sieht der Völkerbund hierin einen Unterfall der Kurssicherung im Außenhandel, so behauptet dagegen Charles A. *Coombs* – Vizepräsident der Federal Reserve Bank

[1] League of Nations [160] S. 42–51
[2] League of Nations [160] S. 43

of New York –, daß derartige Transaktionen eine Sonderform der Spekulation darstellen: "When the exchange markets become seriously unsettled by political or economic uncertainties – schreibt *Coombs* –, normally beneficial speculation may quickly become transformed into a perverse ... force. The latter type of speculation may be motivated ... either by a natural desire to protect capital values or ... by the prospect of a big capital gain."[3]

Coombs spricht von dem Wunsch, Kapitalwerte zu schützen. Dabei wird es den Wirtschaftssubjekten aber vor allem darum gehen, nominale Wertschwankungen abzufangen. Sobald nämlich der Kassakurs der Währung desjenigen Landes, in dem sie langfristig Kapital investiert (aufgenommen) haben, ausgedrückt in Einheiten der Inlandswährung fällt (steigt), können für die betreffenden Wirtschaftssubjekte unter Umständen hohe Buchverluste entstehen, weil der Gegenwert des im Ausland angelegten (aufgenommenen) Kapitals dann ebenfalls fällt (steigt).

Die Wirtschaftssubjekte versuchen häufig, dieses Risiko durch die Übernahme eines kompensatorischen Risikos auszugleichen, indem sie bestimmte Beträge der betreffenden ausländischen Währung auf dem Devisenmarkt verkaufen (kaufen). Sie erwarten dabei, daß sie bei Liquidation der aus dieser Devisentransaktion resultierenden Minusposition (Plusposition) einen Gewinn erzielen, der den mit der Investition (der Kreditaufnahme) verbundenen Kursverlust ausgleicht.

Derartige Devisentransaktionen sollen hier unter dem Begriff 'Hedging' zusammengefaßt werden, wobei Hedging mit *Einzig* definiert wird als "... an arrangement to safeguard against an indefinite and indirect exchange risk arising from the existence of assets or liabilities, whose value is liable to be affected by changes in spot rates."[4]

"An exchange contract due in three months is an inappropriate hedge for a ten-year bond ... – schreibt *Tsiang* –. Therefore, the assumption will be made here that the demand or supply of forward exchange for hedging purposes (...) either are already accounted for as arbitrageurs' demands or negligible."[5] Eine solche Simplifizierung erscheint aber bedenklich, da sich vor allem in Zeiten größerer (erwarteter) Kursschwankungen ein relativ hoher Anteil des Gesamtangebotes bzw. der Gesamtnachfrage auf dem Devisenmarkt auf Hedging-Transaktionen zurückführen läßt. So hat *Einzig* durch Befragungen festgestellt, daß der Umfang der Hedging-Transaktionen seit Kriegsende ständig an Bedeutung gewonnen hat.[6] In einem anderen Zeitschriftenbeitrag dieses Verfassers finden sich hierfür zwei Beispiele: "In the view of the reputation of Zürich as the main centre for speculative activity, it is interesting

[3] *Coombs* [58] S. 1138
[4] *Einzig* [5] S. 4
[5] *Tsiang* [139] S. 94
[6] *Einzig* [76] S. 232

to register the fact that even there hedging has largely replaced speculation."[7] Ähnliches gelte – wie *Einzig* schreibt – auch für den Londoner Markt, denn "on each occasion when sterling came under active pressure in the fifties, operations of the 'Great West Road' – the district where many American branch factories are situated – became a prominent feature of the forward exchange market".[8]

5.2 Hedging als Sonderform der Spekulation

Eine Vernachlässigung der Hedging-Transaktionen – das zeigen *Einzigs* Beobachtungen – würde eine allzu weitgehende Vereinfachung des Kursbildungsmodells bedeuten. Gegen die Gleichsetzung von Hedging und Zinsarbitrage bei *Tsiang* oder die von Hedging und Außenhandel im Bericht des Völkerbundes sprechen allerdings ebenfalls gewichtige Gründe. Denn die Liquidierung der Kurssicherungsgeschäfte erfolgt bei Zinsarbitrageuren und Außenhändlern quasi automatisch, während die aus Hedging-Transaktionen resultierenden Devisenkäufe oder Verkäufe in einem späteren Zeitpunkt zu einer Nachfrage bzw. einem Angebot auf dem Kassamarkt führen müssen, denn Hedger haben Zahlung in ausländischer Währung weder zu erwarten noch zu leisten. In dieser Hinsicht besteht vielmehr eine Gemeinsamkeit zwischen Hedging und Spekulation.

Und noch einen weiteren Zug haben Hedging und Spekulation gemeinsam: In beiden Fällen treten die Wirtschaftssubjekte nur dann an den Devisenmarkt heran, wenn sie erwarten, daß der zukünftige Kassakurs vom heutigen Kassa- oder Terminkurs erheblich abweichen wird. Spekulanten wollen an erwarteten Kursschwankungen verdienen, Hedger befürchten, daß diese Kursschwankungen zu Verlusten führen. Zwar bestehen hier Unterschiede in der Motivierung, aber die den Entscheidungen zugrunde liegenden Daten sind in beiden Fällen die gleichen.

Daher soll Hedging hier – wie bei *Coombs* – als Sonderform der Spekulation betrachtet werden. Hedging-Transaktionen auf dem Terminmarkt lassen sich dann durch die Spekulationsfunktion erfassen, Hedging-Transaktionen auf dem Kassamarkt dagegen durch die Spekulationsfunktion und die Angebotsfunktion für Arbitragefonds. Jedoch bestehen zwischen Spekulation und Hedging in einer Beziehung gewisse Unterschiede: Während rein spekulative Devisenkäufe bzw. -verkäufe in einem späteren Zeitpunkt zwangsläufig zu einer entgegengesetzten Transaktion auf dem Devisenkassamarkt führen müssen, haben Hedger jederzeit die Möglichkeit, ihre Minus- oder Pluspositionen in auslän-

[7] *Einzig* [75] S. 490
[8] *Einzig* [75] S. 490

discher Währung auch dadurch glattzustellen, daß sie ihre langfristigen Auslandsanlagen liquidieren bzw. die im Ausland aufgenommenen Kredite vorzeitig zurückzahlen. Wie noch zu zeigen sein wird, ergeben sich hieraus für die geldpolitische Praxis wichtige Konsequenzen.

6. Das simultane Gleichgewicht

6.1 Das Gleichgewicht bei flexiblen Kassakursen

Auf dem Devisenmarkt herrscht Gleichgewicht, wenn sich Kassa- und Terminkurs so einspielen, daß dem Angebot auf beiden Märkten jeweils eine Nachfrage in gleicher Höhe entspricht.

Bedeuten

N_d = Überschußnachfrage der Nichtarbitrageure auf dem Kassamarkt,
N_z = Überschußnachfrage der Zinsarbitrageure auf dem Kassamarkt,
N'_z = Überschußnachfrage der Zinsarbitrageure auf dem Terminmarkt,
N'_s = Überschußnachfrage der Spekulanten auf dem Terminmarkt und
N'_a = Überschußnachfrage der Außenhändler auf dem Terminmarkt,

so befindet sich der Kassamarkt im Gleichgewicht, wenn

$$-N_d = N_z, \tag{1}$$

der Terminmarkt, wenn

$$N'_s + N'_a = -N'_z. \tag{2}$$

Da aber jedem Angebot (jeder Nachfrage) der Zinsarbitrageure auf dem Kassamarkt eine Nachfrage (ein Angebot) auf dem Terminmarkt in gleicher Höhe gegenübersteht, gilt

$$N_z = -N'_z, \tag{3}$$

so daß im Gleichgewicht auch die Bedingung

$$N'_s + N'_a = N_z \tag{4}$$

bzw.

$$N'_s + N'_a = -N_d \tag{4'}$$

erfüllt sein muß.

Durch das Gleichungssystem (1) bis (4) bzw. (4') ist das simultane Gleichgewicht auf dem Devisenmarkt bestimmt. Eine geometrische Ableitung dieses Gleichgewichtes ist in Abbildung 11 dargestellt.

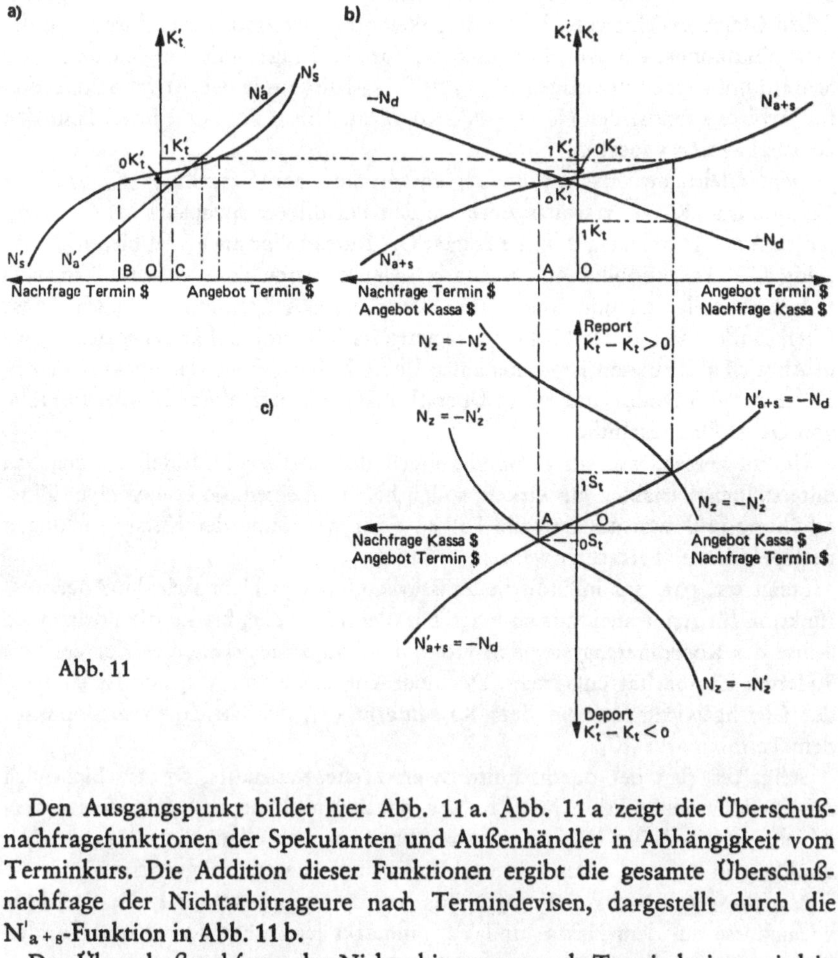

Abb. 11

Den Ausgangspunkt bildet hier Abb. 11 a. Abb. 11 a zeigt die Überschußnachfragefunktionen der Spekulanten und Außenhändler in Abhängigkeit vom Terminkurs. Die Addition dieser Funktionen ergibt die gesamte Überschußnachfrage der Nichtarbitrageure nach Termindevisen, dargestellt durch die N'_{a+s}-Funktion in Abb. 11 b.

Der Überschußnachfrage der Nichtarbitrageure nach Termindevisen wird in Abb. 11 b die Überschußnachfrage der Nichtarbitrageure nach Kassadevisen, die $-N_d$-Funktion, gegenübergestellt. Mit Hilfe der Schnittpunkte dieser Kurven mit den Parallelen zur vertikalen Achse des Koordinatensystems läßt sich ermitteln, zu welchen Kassa- bzw. Terminkursen bei Nichtarbitrageuren einer Überschußnachfrage nach (einem Überschußangebot von) Termindevisen ein Überschußangebot von (eine Überschußnachfrage nach) Kassadevisen in gleicher

Höhe entspricht. Die jeweiligen Kassa- und Terminkurskombinationen, die diese Bedingung erfüllen, sind nach Gleichung (4') potentielle Gleichgewichtswerte.

Jeder dieser Kurskombinationen entspricht ein bestimmter Swapsatz. Die $N'_{a+s} = - N_d$-Funktion in Abb. 11c stellt den geometrischen Ort aller potentiellen Gleichgewichtswerte in Abhängigkeit vom Swapsatz dar und ist somit der makroökonomischen Angebotsfunktion für Arbitragefonds vergleichbar. Der Schnittpunkt einer derartigen $N'_{a+s} = -N_d$-Kurve mit der Angebotsfunktion für Arbitragefonds, der $N_z = -N'_z$-Kurve in Abb. 11 c, bezeichnet dann den Gleichgewichtsswapsatz.

Dem Gleichgewichtsswapsatz ${}_0s_t$ entsprechen der Kassakurs ${}_0K_t$ und der Terminkurs ${}_0K'_t$. Zinsarbitrageure werden bei diesem Swapsatz ${}_0s_t$ OA Dollar im Ausland anlegen, d. h. sie fragen OA Kassadollar nach und bieten gleichzeitig OA Termindollar an. Nichtarbitrageure bieten dagegen zum Kurs ${}_0K_t$ OA Kassadollar an und fragen zum Kurs ${}_0K'_t$ OA Termindollar nach. Diese Überschußnachfrage der Nichtarbitrageure nach Termindollar setzt sich – wie in Abb. 11 a abzulesen ist – aus einer Überschußnachfrage der Spekulanten in Höhe von OB Dollar und einem Überschußangebot der Außenhändler in Höhe von OC Dollar zusammen.

Um zu zeigen, wie sich Veränderungen der in diesem Modell als gegeben unterstellten Variablen auswirken, sollen hier zum einen die Folgen einer Zinserhöhung und zum anderen die Folgen einer Änderung der Kurserwartungen der Spekulanten betrachtet werden.

Steigt cet. par. das inländische Zinsniveau, so verschiebt sich die Angebotsfunktion für Arbitragefonds so lange parallel nach oben, bis sie die horizontale Achse des Koordinatensystems in Höhe des Swapsatzes schneidet, der der veränderten Zinsparität entspricht. Der neue Gleichgewichtsswapsatz ist jetzt ${}_1s_t$, der Gleichgewichtskurs auf dem Kassamarkt ${}_1K_t$, der Gleichgewichtskurs auf dem Terminmarkt ${}_1K'_t$.

Steigt cet. par. der durchschnittlich erwartete Kassakurs, so verschiebt sich die Spekulationsfunktion in Abb. 11 a parallel nach oben. Infolgedessen verschiebt sich auch die N'_{a+s}-Kurve in Abb. 11 b nach oben, die $N'_{a+s} = -N_d$-Funktion in Abb. 11 c dagegen nach links. Im neuen Gleichgewicht bieten die Zinsarbitrageure mehr Arbitragefonds an als zuvor, während die Gleichgewichtskurse auf dem Kassa- und Terminmarkt jetzt über den entsprechenden Ausgangswerten liegen.

6.2 Das Gleichgewicht bei fixen Kassakursen

Bisher wurde angenommen, daß die Wechselkurse flexibel sind. Wird dagegen unterstellt, daß die Zentralbanken Abweichungen des Devisenkassakurses von einer vertraglich festgelegten Parität nur innerhalb gewisser Grenzen zulassen, indem sie immer dann, wenn der Kassakurs diese Grenzen zu überschreiten (unterschreiten) droht, Devisen aus eigenen Beständen anbieten (für eigene Rechnung nachfragen), so bedarf das zuvor abgeleitete Kursbildungsmodell verschiedener Modifizierungen.

Zum einen ändert sich der Verlauf der Überschußnachfragefunktion der Nichtarbitrageure nach Kassadevisen. Und zwar wird die $-N_d$-Kurve an den Interventionspunkten vollkommen elastisch, da die Zentralbanken bei diesen Kursen jede Überschußnachfrage (jedes Überschußangebot) durch entsprechende Devisenverkäufe (-käufe) ausgleichen. Der Verlauf einer solchen $-N_d$-Funktion ist in Abbildung 12 dargestellt.

Abb. 12

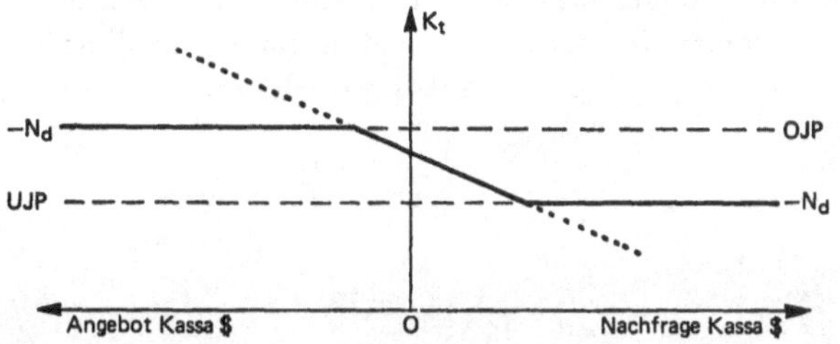

K_t = Kassakurs US $ gegen DM (in DM für 1 US $)
OIP = Oberer Interventionspunkt
UIP = Unterer Interventionspunkt

Zum anderen ändert sich der Verlauf der makroökonomischen Spekulationsfunktion. Dabei müssen allerdings zwei Unterfälle getrennt betrachtet werden, je nachdem, ob der durchschnittlich erwartete Kassakurs innerhalb oder außerhalb der festgesetzten Schwankungsgrenzen liegt.

Liegt der durchschnittlich erwartete Kassakurs innerhalb der Interventionspunkte, so herrscht unter den Spekulanten Vertrauen in die Beibehaltung der Parität. Die makroökonomische Spekulationsfunktion wird dann an den Interventionspunkten über einen weiten Abschnitt hinweg vollkommen elastisch, denn ein Termindevisenkauf bzw. -verkauf zu einem Kurs, der außerhalb der Schwankungsgrenzen liegt, wäre unter dieser Voraussetzung für einen Spekulanten mit einem sicheren Gewinn verbunden. Da aber Parität und Schwankungsgrenzen keine absolut feststehenden Größen sind, gilt auch hier das Prinzip des wachsenden Risikos, so daß Angebot und Nachfrage – sobald die spekulativen Engagements einen gewissen Umfang überschritten haben – in bezug auf den Terminkurs schließlich doch relativ unelastisch werden. Eine derartige Spekulationsfunktion ist in Abbildung 13 dargestellt.

Abb. 13

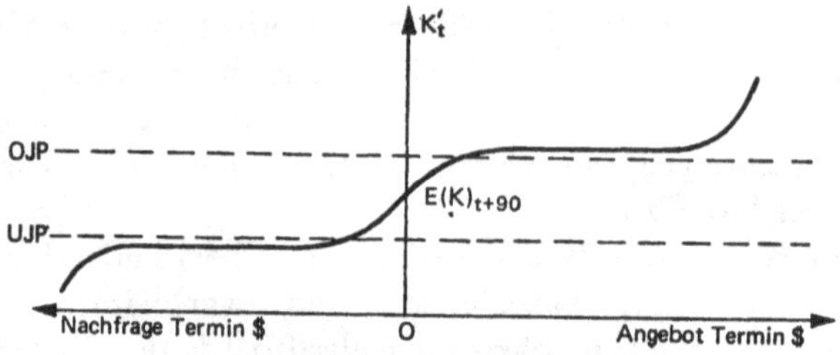

K'_t = Terminkurs US $ gegen DM (in DM für 1 US $)
$E(K)_{t+90}$ = erwarteter zukünftiger Kassakurs
OIP = Oberer Interventionspunkt
UIP = Unterer Interventionspunkt

Rechnen die Spekulanten dagegen mit einer Abwertung (Aufwertung) der Inlandswährung, dann liegt der durchschnittlich erwartete Kassakurs über (unter) dem oberen (unteren) Interventionspunkt. In diesem Fall ist der für den Kassakurs festgesetzte Schwankungsspielraum nur noch insofern von Be-

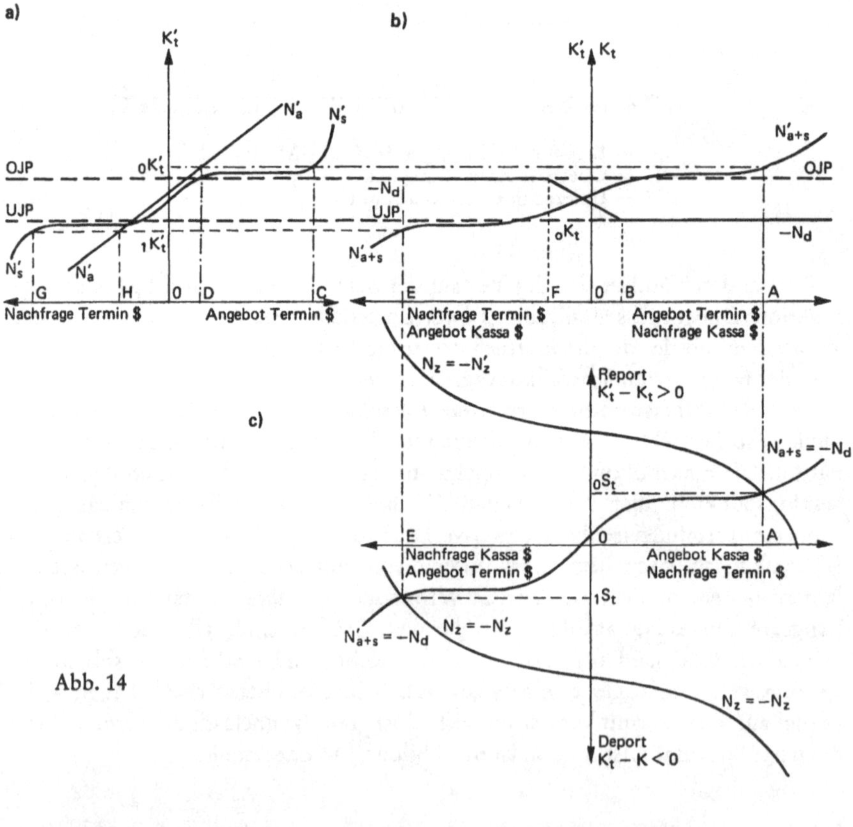

Abb. 14

deutung, als die Nachfrage nach (das Angebot von) Termindevisen bei einem Terminkurs in Höhe des oberen (unteren) Interventionspunktes vollkommen elastisch wird. Denn die Spekulanten werden immer von der Überlegung ausgehen, daß der Kassakurs einer abwertungsbedrohten (aufwertungsverdächtigen) Währung bei Fälligkeit ihrer Terminverpflichtungen in der Regel doch etwa dem oberen (unteren) Interventionspunkt entsprechen wird, auch wenn die erwartete Paritätsänderung nicht stattfindet.

In Abbildung 14 ist das simultane Gleichgewicht bei fixen Wechselkursen dargestellt, wobei vorausgesetzt wurde, daß die Wirtschaftssubjekte in absehbarer Zeit mit keiner Paritätsänderung rechnen.

Gleichgewicht herrscht bei dem Swapsatz ${}_0s_t$, dem Kassakurs ${}_0K_t$ und dem Terminkurs ${}_0K'_t$. Die Zinsarbitrageure importieren kurzfristiges Kapital im Betrage von OA Dollar, so daß sich die Devisenbestände der Zentralbank um BA Dollar erhöhen. Spekulanten bieten OC Termindollar, Außenhändler OD Termindollar an.

Steigt cet. par. das ausländische Zinsniveau, dann verschiebt sich die Angebotsfunktion für Arbitragefonds in Abb. 14 c parallel nach unten. Der neue Gleichgewichtsswapsatz ist ${}_1s_t$. Zinsarbitrageure exportieren nunmehr kurzfristiges Kapital in Höhe von OE Dollar, so daß sich die offiziellen Währungsreserven um FE Dollar vermindern. Die spekulativen Termindevisenkäufe betragen jetzt OG Dollar, während bei den Außenhändlern die Termindevisennachfrage das Termindevisenangebot um OH Dollar übersteigt.

6.3 Das Gleichgewicht in einem Drei-Länder-Modell

Abschließend soll in das bisher verwendete Kursbildungsmodell ein weiteres Land miteinbezogen werden, um auch die Frage beantworten zu können, inwieweit die bisherigen Ergebnisse auf multilaterale Beziehungen anwendbar sind.

Wird als drittes Land Großbritannien gewählt, so läßt sich ein derartiges Modell in drei bilaterale Beziehungen zerlegen, nämlich in die Märkte für

(1) D-Mark gegen US-Dollar,
(2) D-Mark gegen englische Pfunde und
(3) US-Dollar gegen englische Pfunde.

Werden diese drei Märkte jeweils isoliert betrachtet, dann behält das Zwei-Länder-Modell seine Gültigkeit. Jedoch müßte hier zusätzlich berücksichtigt werden, daß sich die jeweiligen Gleichgewichtskurse auf den einzelnen Kassa- bzw. Terminmärkten in gegenseitiger Abhängigkeit bilden, da zum Beispiel eine autonome Änderung der Kursrelation zwischen D-Mark und Dollar Dreiecks-Arbitragetransaktionen auslösen wird und somit auch die Relation zwischen D-Mark und Pfund bzw. Pfund und Dollar beeinflußt.

Bedeuten

K_1 = Kassakurs US \$ gegen DM (in DM für 1 US \$),
K'_1 = Terminkurs US \$ gegen DM (in DM für 1 US \$),
K_2 = Kassakurs £ gegen DM (in DM für 1 £),
K'_2 = Terminkurs £ gegen DM (in DM für 1 £),
K_3 = Kassakurs US \$ gegen £ (in £ für 1 US \$),
K'_3 = Terminkurs US \$ gegen £ (in £ für 1 US \$),

dann befinden sich die einzelnen Kassakurse untereinander im Gleichgewicht, wenn

$$K_1 = K_2 \cdot K_3. \tag{1}$$

Für die Terminkurse gilt entsprechend

$$K'_1 = K'_2 \cdot K'_3. \tag{2}$$

Da die Durchführung der Devisenkursarbitrage risikofrei ist[1] und zudem keinen Einsatz flüssiger Mittel erfordert, werden die Transaktionen der Dreiecks-Arbitrageure jederzeit eine Anpassung der Kursrelationen im Sinne der Gleichungen (1) bzw. (2) herbeiführen.[2] Wird zum Beispiel das Gleichgewicht durch eine Änderung von K_1 bzw. K'_1 gestört, dann werden sich K_2 und K_3 bzw. K'_2 und K'_3 so lange ändern, bis wiederum ein Gleichgewichtszustand erreicht ist. Inwieweit sich dabei die Relation zwischen K_2 und K_3 bzw. zwischen K'_2 und K'_3 ebenfalls ändert, hängt von den Angebots- und Nachfrageelastizitäten auf den einzelnen Märkten ab.

Das simultane Gleichgewicht aller Kassa- und Termindevisenkurse ergibt sich jedoch erst aus dem Zusammenwirken von Dreiecks-Arbitrage und Zinsarbitrage. Denn die Dreiecks-Arbitrage bestimmt allein das Verhältnis zwischen den einzelnen Kassa- bzw. Terminkursen, die Zinsarbitrage dagegen das Verhältnis der Kassa- und Terminkurse untereinander.

Treten nur Zinsarbitrageure auf den Terminmärkten als Anbieter und Nachfrager auf, so entsprechen die Gleichgewichtsswapsätze den jeweiligen Zinsparitäten. Es läßt sich nun zeigen, daß die Terminkurse in diesem Fall die Gleichgewichtsbedingung (2) immer dann erfüllen, wenn zwischen den einzelnen Kassakursen ein Gleichgewichtszustand im Sinne von Gleichung (1) herrscht.[3]

[1] In der Praxis kann die theoretische Forderung, daß Kauf und Verkauf auf den verschiedenen Teilmärkten gleichzeitig erfolgen müssen, aus rein technischen Gründen nicht immer erfüllt werden. Da sich die Devisenkurse in der Regel schnell ändern, können auch hier für den Arbitrageur möglicherweise Verluste entstehen. (Vgl. *Schmidt/Gutenberg* [154] S. 412)

[2] Von den Arbitragekosten soll an dieser Stelle abgesehen werden.

[3] Die folgende Beweisführung ist entnommen aus *Spraos* [125] S. 89 ff.; vgl. auch *Grubel* [84] S. 540 f.

Es bedeuten

I_1 = kurzfristiger Zinssatz in Frankfurt (als Prozentsatz per 3 Monate),
I_2 = kurzfristiger Zinssatz in New York (als Prozentsatz per 3 Monate),
I_3 = kurzfristiger Zinssatz in London (als Prozentsatz per 3 Monate).

Auf dem Markt für US-Dollar gegen D-Mark bestimmt sich das Verhältnis von Kassa- und Terminkurs nach der Gleichung

$$\frac{K'_1}{K_1}(1 + I_2) = (1 + I_1)^{4} \qquad (3')$$

bzw.

$$K_1 = K'_1 \frac{(1 + I_2)}{(1 + I_1)}. \qquad (3)$$

Entsprechend gilt für K_2:

$$K_2 = K'_2 \frac{(1 + I_3)}{(1 + I_1)} \qquad (4)$$

und für K_3:

$$K_3 = K'_3 \frac{(1 + I_2)}{(1 + I_3)}. \qquad (5)$$

Gleichungen (3) bis (5) in (1) eingesetzt, ergibt

$$K'_1 \frac{(1 + I_2)}{(1 + I_1)} = K'_2 \frac{(1 + I_3)}{(1 + I_1)} \cdot K'_3 \frac{(1 + I_2)}{(1 + I_3)} \qquad (6')$$

bzw.

$$K'_1 = K'_2 \cdot K'_3. \qquad (6)$$

Wird unterstellt, daß die Kassakurse die Bedingung (1) jederzeit erfüllen, so zeigt diese Beweisführung zweierlei:

(1) behält das zuvor abgeleitete Zwei-Länder-Modell auch unter Berücksichtigung der Dreiecks-Arbitrage seine grundsätzliche Gültigkeit, wenn mit Hilfe dieses Modells lediglich die Beziehungen eines Landes zum Ausland insgesamt untersucht werden sollen.

(2) bedarf das Modell einer Modifizierung, sobald es ausschließlich auf bilaterale Beziehungen angewendet wird.
Wird zum Beispiel ein Gleichgewichtszustand, bei dem alle Swapsätze der Zinsparität entsprechen, dadurch gestört, daß der durchschnittlich erwartete Kassakurs für US-Dollar gegen D-Mark steigt, dann verschiebt sich die Spekulationsfunktion im D-Mark-Dollar-Modell parallel nach oben. Der Terminkurs wird daher tendenziell steigen, so daß Zinsarbitrageure nun-

[4] Siehe S. 18, Gleichung (5)

mehr kurzfristiges Kapital in die USA exportieren. Da dieser Kursanstieg auf dem Terminmarkt aber Dreiecks-Arbitragetransaktionen induzieren wird, ändern sich auch die Terminkursrelationen zwischen D-Mark und englischen Pfunden einerseits und zwischen Pfund und Dollar andererseits. Und zwar werden Dreiecks-Arbitrageure Dollar gegen D-Mark anbieten, für D-Mark englische Pfunde erwerben und diese wiederum gegen Dollar verkaufen. K'_1 wird also tendenziell fallen, während K'_2 und K'_3 tendenziell steigen.

Damit verringert sich aber nicht nur die Nettozinsdifferenz zugunsten einer Anlage kurzfristigen Kapitals in den USA, sondern zwischen Deutschland und Großbritannien besteht nunmehr auch eine Nettozinsdifferenz zugunsten Großbritanniens und zwischen Großbritannien und den USA eine Nettozinsdifferenz zugunsten der USA. Kurzfristiges Kapital wird daher von Deutschland nach Großbritannien und von Großbritannien in die USA fließen.

Ist aber die Elastizität der Gesamtüberschußnachfrage (ohne Dreiecks-Arbitrage) in bezug auf Terminkursänderungen auf allen Terminmärkten gleich, dann heben sich für Großbritannien Kapitalexporte und Kapitalimporte gegenseitig auf, während Deutschland (die USA) insgesamt ebensoviel Kapital exportiert (importieren) wie in den Fällen, in denen die Durchführung der Dreiecks-Arbitrage (z. B. durch institutionelle Faktoren) verhindert wird.

II. Theoretische Aspekte der Devisenterminpolitik

7. Interventionen in spekulativen Perioden

7.1 Der kumulative Prozeß

Die Vor- und Nachteile offizieller Interventionen auf dem Devisenterminmarkt sind in der Literatur bereits ausführlich diskutiert worden. Die Mehrzahl der Autoren hat sich dabei allerdings darauf beschränkt, die Eignung der Devisenterminpolitik als Abwehrmaßnahme in spekulativen Perioden zu erörtern.

Sind die Kassakurse lediglich innerhalb gewisser Schwankungsgrenzen flexibel, dann werden die Kurserwartungen der Spekulanten primär durch die jeweilige Höhe der offiziellen Währungsreserven bestimmt. Denn die Wirtschaftssubjekte werten die Gold- und Devisenbestände der Zentralbank allgemein als Maßstab dafür, ob eine gegebene Parität aufrechterhalten werden kann.

Dieses Moment gilt vor allem für Defizitländer, weil eine laufende Verringerung der „Manövriermasse" selbst gegen den Willen der Zentralbank eine Abwertung erzwingen kann. Da hier die Währungsspekulation in der Regel besonders heftig einsetzt, sollen Interventionen in spekulativen Perioden am Beispiel eines abwertungsbedrohten Landes behandelt werden.

Verfügt ein Land nur noch über relativ geringe Gold- und Devisenreserven, so wird sich unter Umständen bereits ein vorübergehendes Zahlungsbilanzdefizit negativ auf die Kurserwartungen der Spekulanten auswirken. Steigt der durchschnittlich erwartete Kassakurs, dann verschiebt sich die makroökonomische Spekulationsfunktion parallel nach oben, so daß der Terminkurs cet. par. ebenfalls steigt. Der nunmehr vergrößerten (verringerten) Nettozinsdifferenz entspricht ein vermehrter Kapitalexport (ein verminderter Kapitalimport). Die dadurch eintretende Verschlechterung der Zahlungsbilanzlage wird aber das Vertrauen in die Parität weiterhin schwächen und damit zu einem erneuten Kursanstieg auf dem Terminmarkt führen. Daraufhin wird sich das Zahlungsbilanzdefizit wiederum vergrößern, das Mißtrauen der Spekulanten wird zunehmen usw. In Form eines kumulativen Prozesses kann auf diese Weise schon ein vorübergehendes, ursprünglich umkehrbares Zahlungsbilanzdefizit immer umfangreichere Reserveverluste induzieren und so eine akute Notlage heraufbeschwören.[1]

[1] Dieser kumulative Prozeß ist in der Literatur des öfteren beschrieben worden. Vgl. z. B. *Jasay* [90] S. 65 und Memoranda of Evidence Submitted by H. M. Treasury [157 I] S. 121

Dieses Dilemma stellt sich für Überschußländer in ähnlicher Form. Eine aktive Zahlungsbilanz bei relativ hohen Gold- und Devisenreserven begünstigt und verstärkt Aufwertungsgerüchte, so daß der Terminkurs tendenziell fällt. Cet. par. werden die Zinsarbitrageure jetzt in erhöhtem (verringertem) Umfang kurzfristiges Kapital importieren (exportieren), das Zahlungsbilanzungleichgewicht wird sich entsprechend vergrößern usw.

Ein derartiger Prozeß kann aber ebenso durch exogene Faktoren ausgelöst werden. Beispiele sind hier die Pfund-Spekulation während der Suez-Krise und die Verschärfung der amerikanischen Zahlungsbilanzschwierigkeiten infolge des Kuba-Konfliktes.[2] Auch innenpolitische Ereignisse haben häufig Anlaß zu umfangreichen Spekulationswellen gegeben. So sieht die Deutsche Bundesbank die Ursache für die Zuspitzung der Pfund-Krise im Herbst 1964 vor allem in den „... für Mitte Oktober 1964 angesetzten Parlamentswahlen und [der] nach diesem Zeitpunkt ... zunächst erkennbare[n] Unsicherheit der neuen Regierung gegenüber dem Zahlungsbilanzproblem".[3]

Mit den gleichen Problemen können aber auch Überschußländer konfrontiert werden, denn politische Spannungen, von denen ein Überschußland nicht unmittelbar oder mittelbar betroffen wird, werden hier unter Umständen einen zusätzlichen Kapitalzustrom auslösen. Zum Beispiel stiegen die Gold- und Devisenreserven der Schweiz auf dem Höhepunkt der Berlin-Krise im August und September 1961 in beträchtlichem Maße an, so daß der Schweizer Franken erneut Gegenstand von Aufwertungsgerüchten wurde.[4]

Die Anfälligkeit eines weltweiten Systems fixer Wechselkurse gegenüber Spekulationen auf Paritätsänderungen ist unverkennbar. Damit ist aber der heutigen Währungsverfassung eine gewisse Labilität immanent, vor allem auch deshalb, weil die Weltwährungsreserven zur Zeit sehr ungleichmäßig verteilt sind, so daß einer Gruppe von Ländern mit hohen Reserven eine Anzahl von Ländern mit nur geringen Reserven gegenübersteht. Infolgedessen muß dem Problem der wirksamen Bekämpfung eines durch Währungsspekulation ausgelösten kumulativen Prozesses eine wesentliche Bedeutung beigemessen werden.

7.2 Alternativen zur Intervention

Die Mitgliedstaaten des Internationalen Währungsfonds dürfen Paritätsänderungen nur durchführen, sobald sich im Verhältnis zu den übrigen Län-

[2] Vgl. z. B. *Coombs* [59] S. 320

[3] Geschäftsbericht der Deutschen Bundesbank (im folgenden zitiert als GB-DBbk) für das Jahr 1964, S. 29. Ein drastisches Beispiel hierfür ist auch die Spekulation um den Franc nach den Unruhen in Frankreich vom Mai 1968.

[4] Bank für Internationalen Zahlungsausgleich: 32. Jahresbericht (1961/1962), S. 152 und Diagramm S. 151

dern ein "fundamental disequilibrium" herausgebildet hat.[5] Der Begriff des 'fundamental disequilibrium' ist zwar bislang nicht eindeutig definiert worden, er wird aber in der Praxis durch Wort und Tat sehr eng ausgelegt. Eine allgemeine Abneigung gegenüber Paritätsänderungen läßt sich sogar dann beobachten, wenn selbst längerfristig nur geringe Aussichten auf eine Wiederherstellung des Zahlungsbilanzgleichgewichtes bestehen. Das Verhalten Großbritanniens in den letzten zehn Jahren vor der dann schließlich doch erfolgten Pfund-Abwertung dokumentiert diese Einstellung ebenso wie eine Äußerung der Deutschen Bundesbank anläßlich der DM-Aufwertung von 1961: „... eine Änderung der Währungsparität [ist] kein normales Mittel der Währungspolitik, das bei jeder, vielleicht nur vorübergehenden Störung des äußeren oder inneren Gleichgewichtes angewandt werden könnte; vielmehr stellt sie eine ultima ratio dar, die nur bei Versagen aller anderen Mittel ... statthaft ist."[6]

Angesichts einer derartigen Haltung kann eine Änderung der Wechselkursparität als potentielles Mittel zur Bekämpfung der Währungsspekulation zunächst aus der Betrachtung ausgeschlossen werden. Die folgende Untersuchung beschäftigt sich deshalb vorrangig mit denjenigen geldpolitischen Instrumenten, nach deren möglichem Versagen – wie es die Bundesbank gefordert hat – erst eine Paritätsänderung zu erwägen wäre. Dabei sollen ausschließlich Ad-hoc-Maßnahmen diskutiert werden, die den kumulativen Prozeß zu einem Stillstand bzw. Rückgang bringen können, während die Frage nach der zugrunde liegenden Störung etwas vernachlässigt wird. Langanhaltende Zahlungsbilanzungleichgewichte ausgenommen, wird jedoch das Abebben der Spekulationswelle sowieso schon ausreichen, um eine mehr oder minder automatische Wiederherstellung des Zahlungsbilanzgleichgewichts zu ermöglichen. Sobald aber die 'basic balance' über mehrere Perioden hinweg unausgeglichen ist, werden Bemühungen, der Spekulation entgegenzutreten, bestenfalls den notwendigen Spielraum schaffen, damit die Zentralbank überhaupt irgendwelche Maßnahmen zur Verbesserung der Zahlungsbilanzlage ergreifen kann.

Der kumulative Prozeß läßt sich allerdings nur aufhalten, wenn diejenigen Kapitalbewegungen, die das ursprüngliche Zahlungsbilanzungleichgewicht noch vergrößern, auf ein Minimum reduziert werden. Im Hinblick auf das hier gewählte Beispiel eines Defizitlandes muß also untersucht werden, wie der Umfang des Angebots von Arbitragefonds wirksam eingeschränkt werden kann.

Das jeweilige Angebot von Arbitragefonds bzw. der kurzfristige Nettokapitalexport ist sowohl von der inländischen Geldmenge als auch von der Nettozinsdifferenz abhängig. Die Höhe der Nettozinsdifferenz bestimmt sich zum einen durch die kurzfristigen Zinssätze im Inland und im Ausland und

[5] Articles of Agreement of the International Monetary Fund [162] Article IV (Section 5)
[6] GB-DBbk 1960, S. 51

zum anderen durch die Konstellation von Kassa- und Terminkurs. Der kurzfristige Zinssatz im Ausland kann als gegeben angesehen werden. Das gleiche gilt für den Kassakurs, da sich dieser bei heftiger Spekulation in Defizitländern tendenziell dem oberen Interventionspunkt annähern wird. Somit reduzieren sich die für die Nettozinsdifferenz relevanten Variablen auf den inländischen Zinssatz und den Devisenterminkurs. Der inländische Zinssatz wird durch die Geldpolitik der Zentralbank bestimmt, der Terminkurs dagegen durch Angebot und Nachfrage der Wirtschaftssubjekte, in spekulativen Perioden primär durch die Transaktionen der Spekulanten, wobei Angebot und Nachfrage der Spekulanten ihrerseits von der Höhe des durchschnittlich erwarteten Kassakurses, der Sicherheit der Kurserwartungen sowie der Risikoaversion abhängen.

Aufgrund dieser Beziehungen steht den Zentralbanken eine Vielzahl von Möglichkeiten zur Verfügung, um das Angebot von Arbitragefonds auf direktem oder indirektem Wege zu beeinflussen: Direkt durch die Wahl des inländischen Zinssatzes, des Terminkurses und/oder der inländischen Geldmenge als Aktionsparameter, indirekt durch 'moral persuasion' oder – wie in der Literatur auch vorgeschlagen wurde – durch einen bewußten Verzicht auf jegliche aktive Einflußnahme.

Eine Diskonterhöhung wird die Nettozinsdifferenz unmittelbar verringern, so daß cet. par. das Angebot von Arbitragefonds fällt. Diskonterhöhungen können sich aber auch mittelbar auf den Umfang des Angebots von Arbitragefonds auswirken, da sie in der Regel die Kurserwartungen der Spekulanten beeinflussen und damit – über den Terminkurs – die Nettozinsdifferenz ebenfalls verändern.

In diesem Zusammenhang ist vor allem die Frage entscheidend, wieweit der Diskontsatz überhaupt heraufgesetzt werden müßte, um die bestehende Divergenz zwischen Swapsatz und Zinsparität ganz oder teilweise zu überbrükken. *Kenen,* der davor gewarnt hat, die Möglichkeiten der Diskontpolitik in dieser Beziehung zu überschätzen, führt hierzu ein äußerst illustratives Beispiel an: Wenn die Spekulanten mit einer Wahrscheinlichkeit von 1:10 innerhalb der nächsten drei Monate eine Abwertung des englischen Pfundes um 25 % erwarten, würde der Terminkurs für 3-Monats-Pfunde etwa um 2,5 % vom Kassakurs abweichen, so daß die Bank of England in diesem Fall den Diskontsatz um 10 % p. a. über die ausländischen Zinssätze heraufsetzen müßte, um kurzfristige Nettokapitalexporte der Zinsarbitrageure zu verhindern.[7]

In Tabelle 1 ist ein entsprechendes Beispiel aus der Realität wiedergegeben, wobei der betrachtete Zeitraum das erste Drittel des Monats Juli 1961 umfaßt. Vom 1. bis zum 11. des Monats betrug der Deport des Pfundes gegenüber der D-Mark maximal 6,44 % p. a., im Durchschnitt etwa 6,3 % p. a.; vergleichsweise

[7] *Kenen* [18] S. 155

1961	K_t	K'_t	$K'_t - K_t$	$s_t = \frac{K'_t - K_t}{K_t}$	$\bar{s}_t = s_t \cdot 4$
3. 7.	11.094	10.929	0,165	1,48 %	5,92 %
4. 7.	11.09	10.922	0,168	1,51 %	6,04 %
5. 7.	11.089	10.914	0,175	1,58 %	6,32 %
6. 7.	11.086	10.907	0,179	1,61 %	6,44 %
7. 7.	11.075	10.90	0,175	1,58 %	6,32 %
10. 7.	11.081	10.904	0,177	1,60 %	6,40 %
11. 7.	11.08	10.902	0,178	1,60 %	6,40 %

K_t = Kassakurs £ gegen DM (in DM für 1 £)
K'_t = Terminkurs £ gegen DM per 3 Monate (in DM für 1 £)
s_t = Deport £ gegen DM (als Prozentsatz per 3 Monate)
$\bar{s}_t$ = Deport £ gegen DM (als Prozentsatz p. a.)

Tab. 1[8]

wies der US-Dollar gegenüber der D-Mark am 3. 7. einen Deport von nur 2,2 % p. a. auf.[9] Bei einem Diskontsatz der Deutschen Bundesbank in Höhe von 3 % hätte also die Bank of England ihren Diskontsatz auf mindestens 9 1/4 % heraufsetzen müssen, um das Ertragsgefälle für kurzfristige Kapitalanlagen zwischen Großbritannien und der Bundesrepublik zu beseitigen. Die Grenzen, die der Diskontpolitik im Hinblick auf eine wirksame Bekämpfung der Währungsspekulation gesetzt sind, werden damit offensichtlich.

Dennoch sind gerade in England Heraufsetzungen des Diskontsatzes häufig empfohlen worden, um spekulative Angriffe auf das Pfund abzuwehren. In der Regel hat man sich dabei auf die mittelbaren Wirkungen einer Diskonterhöhung berufen, so zum Beispiel Sir Leslie *Rowan* – Sekretär im britischen Schatzamt –, der gegenüber dem Radcliffe Committee behauptet hat, daß "... an increase in the Bank Rate is taken as a symbol of determination to defend the pound and thus acts directly on confidence".[10]

Eine Festigung des Vertrauens in die bestehende Parität wird sich cet. par. in einem Kursfall auf dem Terminmarkt manifestieren. Deshalb kann eine Heraufsetzung des Diskontsatzes unter Umständen eine überproportionale Verringerung der Nettozinsdifferenz zur Folge haben. *Rowans* Erwartungen gehen sogar noch darüber hinaus: "If such an increase brings about a material change in confidence ... the intrinsic discount on sterling may disappear and short-term funds begin therefore to flow in."[11]

[8] Kursangaben aus: Blick durch die Wirtschaft (Frankfurter Zeitung) vom 4. 7. bis 12. 7. 1961
[9] Blick durch die Wirtschaft vom 4. 7. 1961
[10] Committee on the Working of the Monetary System [158] S. 247 Question 3211
[11] Committee on the Working of the Monetary System [158] S. 247 Question 3211

Während die unmittelbaren Wirkungen einer Diskonterhöhung zwangsläufig eintreten, sind ihre mittelbaren Wirkungen dagegen sehr umstritten. Selbst wenn eine Zentralbank durch Diskonterhöhungen dokumentiert, daß sie eine Paritätsänderung zu verhindern sucht, bleibt die Möglichkeit einer Abwertung dennoch bestehen. Ist der kumulative Prozeß durch anhaltende Defizite in der 'basic balance' ausgelöst worden, so können spektakuläre Heraufsetzungen des Diskontsatzes – wie sie insbesondere die Bank of England vor der Pfund-Abwertung häufig durchgeführt hat – auch ebenso als Symptom für eine akute Zuspitzung der Krise gewertet werden und damit die Spekulanten in ihren Erwartungen nur bestärken.

Bereits in einer Veröffentlichung der 30er Jahre ist aus diesen Gründen die Aussicht, daß eine Heraufsetzung des Diskontsatzes das Vertrauen in die Parität stärkt, als "doubtful at best" bezeichnet worden.[12] In neuerer Zeit hat vor allem *Jasay* bezweifelt, daß sich die Kurserwartungen der Spekulanten durch Diskonterhöhungen positiv beeinflussen lassen: "... there is no certainty, nor even a strong likelyhood, that a rise of Bank rate will in fact dispel or even reduce doubt."[13]

Wahrscheinlich werden sich die mittelbaren und unmittelbaren Auswirkungen einer Heraufsetzung des Diskontsatzes nur ergänzen, sobald diese in einem relativ frühen Stadium des kumulativen Prozesses erfolgt und die zugrunde liegende Zahlungsbilanzstörung relativ einfach zu beseitigen ist. In kritischen Situationen werden Diskonterhöhungen dagegen wenig zu einer allgemeinen Beruhigung der Zahlungsbilanzlage beitragen können.

Schließlich ist aber noch auf die möglichen Interessenkollisionen zwischen den binnen- und außenwirtschaftlichen Erfordernissen der Diskontpolitik hinzuweisen. Bekanntlich neigen die Zentralbanken im Konfliktfalle gewöhnlich dazu, den binnenwirtschaftlichen Zielen der Geldpolitik den Vorzug zu geben. Infolgedessen wird die Diskontpolitik unter Umständen als Mittel zur Bekämpfung der Währungsspekulation von vornherein ausscheiden.

Jedoch haben die Zentralbanken daneben die Möglichkeit, die kurzfristigen Nettokapitalexporte durch Veränderungen der inländischen Geldmenge zu beeinflussen.

Die unmittelbare Wirkung einer Geldmengenverknappung – zum Beispiel durch Heraufsetzung der Mindestreservesätze – besteht darin, daß Zinsarbitrageure cet. par. ihr Angebot von Arbitragefonds einschränken. Mittelbar wird sich eine Erhöhung der Mindestreservesätze jedoch nur dann auf das Angebot von Arbitragefonds auswirken, wenn zumindest einige Wirtschaftssubjekte diese Maßnahme dahingehend interpretieren, daß nunmehr mit einer Paritätsänderung in absehbarer Zeit nicht mehr gerechnet werden könne.

[12] Bank Rate and Forward Exchange [144] S. 137
[13] *Jasay* [90] S. 66

Allerdings gelten die gegenüber der Diskontpolitik getroffenen Vorbehalte für die Mindestreservepolitik sogar in verstärktem Maße. Vor allem sind Erhöhungen der Mindestreservesätze in der Regel nur innerhalb eines gesetzlich festgelegten Rahmens statthaft, so daß es einer Zentralbank in spekulativen Perioden schwerlich gelingen wird, die kurzfristigen Nettokapitalexporte auf diese Weise wesentlich einzudämmen. Darüber hinaus setzen binnenwirtschaftliche Aspekte auch hier gewisse Grenzen.

Die Aussichten, daß sich der kurzfristige Nettokapitalexport durch 'moral persuasion' wirksam einschränken läßt, sind gleichfalls gering. 'Moral persuasion' kann in diesem Zusammenhang nur darin bestehen, daß Abwertungsgerüchte von offizieller Seite energisch dementiert werden. Sobald die Spekulanten derartige Erklärungen für glaubwürdig halten, wird der durchschnittlich erwartete Kassakurs fallen und die Sicherheit der Kurserwartungen abnehmen. Cet. par. verringert sich dann die Nettozinsdifferenz und dementsprechend auch das Angebot von Arbitragefonds.

Jedoch werden rein verbale Bekundungen des Willens, die bestehende Parität aufrechtzuerhalten, in der Mehrzahl der Fälle wenig Erfolg haben. Denn die Absicht zu einer Paritätsänderung wird in der Regel selbst dann bestritten, wenn eine Abwertung bereits nahe bevorsteht, weil anderenfalls das Zusammenwirken von Spekulation und Zinsarbitrage möglicherweise zu einem Verlust der gesamten Währungsreserven führen würde. Die Zentralbankleitungen befinden sich daher zuweilen in einer ziemlich prekären Situation, sie müssen – wie *Hahn* schreibt – „... bis zum letzten Moment ... lügen und mit Feuer und Schwert diejenigen verfolgen, die die notwendige, aber undankbare Aufgabe übernehmen, auf die Unhaltbarkeit der Lage hinzuweisen".[14] Infolgedessen wird die Glaubwürdigkeit offizieller Abwertungsdementis häufig nicht gerade sehr hoch eingeschätzt, es sei denn, die betreffende Zentralbank läßt ihren Erklärungen durchgreifende Maßnahmen zur Wiederherstellung des Zahlungsbilanzgleichgewichtes folgen.

Schließlich ist in der Literatur auch vorgeschlagen worden, auf jegliche aktive Einflußnahme und insbesondere auf eine Intervention auf dem Devisenterminmarkt zu verzichten, da die Währungsspekulation mit steigendem Deport von selbst nachlassen wird. Mit wachsendem Deport – so wird argumentiert – werden diejenigen Wirtschaftssubjekte, die auf eine Abwertung der Inlandswährung spekulieren, laufend höhere Verluste erleiden, so daß sie immer weniger geneigt sein werden, neue Risiken einzugehen. "By not intervening in the forward market and by letting the forward margin grow larger, speculators might even be discouraged more effectively", heißt es zum Beispiel bei *Sandick*[15], und in dem bereits zitierten Untersuchungsbericht des Völkerbun-

[14] *Hahn* [9] S. 53/54
[15] *Sandick* [153] S. 310

des wird die Vermutung ausgesprochen, "... that the development of wide discounts would, by causing losses, curb speculation".[16]

Dieser Gedanke ist in den letzten Jahren erneut aufgegriffen worden. Auf dem ersten Höhepunkt der Pfund-Krise im Juli und August 1957 schrieb der Economist: "The forward discount marks the cost of continuing as a bear of sterling ... Especially when combined with a taud hold on the supply of available credit... it is a powerful weapon for a bear squeeze."[17]

Derartige Empfehlungen stützen sich jedoch ausschließlich auf Wirkungszusammenhänge, die sich bestenfalls längerfristig durchsetzen können. Sobald nämlich die Spekulationstransaktionen überwiegend auf dem Markt für 3-Monats-Devisen durchgeführt werden, dürfte eine spürbare Erleichterung frühestens nach sechs oder neun Monaten eintreten. In der Zwischenzeit können sich aber die offiziellen Währungsreserven soweit vermindert haben, daß eine wachsende Risikoaversion der Spekulanten bereits in ihren Anfängen durch eine erhöhte Sicherheit der Kurserwartungen überkompensiert wird.

Zudem ist vielfach die Vermutung ausgesprochen worden, daß ein relativ hoher Deport das Vertrauen in die Parität weiterhin schwäche und sich somit stimulierend auf die Spekulation auswirke.[18] Als zum Beispiel kurz nach der DM-Aufwertung der Deport des US-Dollar gegenüber der D-Mark auf nahezu 4% p.a. anstieg, rief diese Entwicklung in den USA vor allem deshalb Besorgnis hervor, weil – wie von offizieller Seite behauptet wurde – "... at that exaggerated level it tended to reinforce expectations of a further revaluation of the mark".[19]

Der bewußte Verzicht auf eine Beeinflussung des Terminkurses stellt somit offensichtlich ein völlig ungeeignetes Mittel dar, um spekulative Angriffe auf eine Währung abzuwehren. Das bedeutet jedoch nicht, daß in spekulativen Perioden zwangsläufig auf dem Terminmarkt interveniert werden müsse; an dieser Stelle soll lediglich auf die Gefahr hingewiesen werden, in die sich eine Zentralbank begibt, wenn sie sich darauf verläßt, daß die mit der Spekulation ex post verbundenen Kosten eine Ausweitung des kumulativen Prozesses verhindern.

Unter denjenigen Ad-hoc-Maßnahmen, die neben der Devisenterminpolitik zur Bekämpfung der Währungsspekulation eingesetzt werden können, sind also die indirekten ungeeignet, die direkten lediglich beschränkt geeignet, das Angebot von Arbitragefonds wesentlich zu verringern. Daher erscheint es nur allzu verständlich, daß der Devisenterminpolitik in den letzten fünfzehn Jahren von Theorie und Praxis gleichermaßen eine besondere Aufmerksamkeit zugewendet worden ist.

[16] League of Nations [160] S. 49
[17] Helping the Bears? [145] S. 700
[18] Vgl. Bank Rate and Forward Exchange [144] S. 136; Memoranda of Evidence Submitted by H. M. Treasury [157 I] S. 121
[19] *Coombs* [58] S. 1141

7.3 Die unmittelbaren Auswirkungen der Intervention

Durch Interventionen auf dem Devisenterminmarkt kann die Nettozinsdifferenz über den Terminkurs unmittelbar verändert werden. Darüber hinaus werden devisenterminpolitische Maßnahmen in der Regel die Kurserwartungen der Spekulanten beeinflussen und auf diese Weise die Nettozinsdifferenz auch mittelbar verändern. Die Frage, inwieweit diese mittelbaren Auswirkungen die unmittelbaren verstärken oder abschwächen, soll aber vorerst zurückgestellt werden.

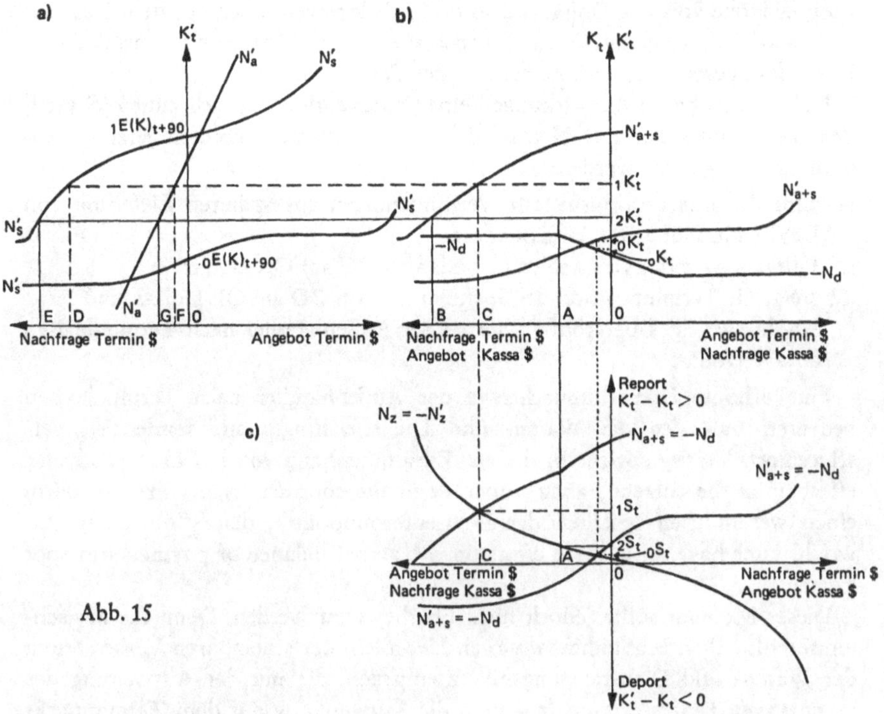

Abb. 15

Die unmittelbaren Auswirkungen einer Intervention in spekulativen Perioden lassen sich am besten anhand einer geometrischen Darstellung verdeutlichen. In Abbildung 15 wird davon ausgegangen, daß zunächst allgemeines Vertrauen in die bestehende Kursparität herrscht. Dem Gleichgewichtsswapsatz ${}_0s_t$ entspricht ein geringfügiger Nettokapitalexport der Zinsarbitrageure. Der Gleichgewichtskurs auf dem Kassamarkt liegt innerhalb der vertraglich festgelegten Schwankungsgrenzen, so daß die offiziellen Währungsreserven hier nicht beansprucht werden.

Wird dieser Gleichgewichtszustand cet. par. dadurch gestört, daß die Spekulanten nunmehr mit einer Abwertung rechnen, dann ändern sich sowohl bei der makroökonomischen Spekulationsfunktion in Abb. 15a als auch bei der $N'_{a+s} = -N_d$-Kurve in Abb. 15c Lage und Verlauf. Ist der durchschnittlich erwartete Kassakurs jetzt $_1E(K)_{t+90}$, so herrscht Gleichgewicht bei einem Swapsatz $_1s_t$, dem ein Angebot von Arbitragefonds (= Nettokapitalexport) in Höhe von OC Dollar entspricht. Infolgedessen verringern sich die Währungsreserven in der betrachteten Periode um AC Dollar.

Wird aber das Termindevisenangebot so lange vergrößert, bis der Swapsatz auf $_2s_t$ gefallen ist, dann bieten die Zinsarbitrageure Arbitragefonds nur noch in Höhe von OA Dollar an, so daß sich Interventionen auf dem Devisenkassamarkt erübrigen. Diesem Swapsatz entspricht bei einem Kassakurs in Höhe des oberen Interventionspunktes der Terminkurs $_2K'_t$.

Die unmittelbaren Auswirkungen einer Intervention, die sich zum Ziel setzt, den Terminkurs auf das Niveau $_2K'_t$ herabzudrücken, können jetzt in Abbildung 15 abgelesen werden:

(1) geht die Interventionsinstanz Verpflichtungen zur späteren Lieferung von Devisen in Höhe von AB Dollar ein,
(2) fällt das Angebot von Arbitragefonds von OC auf OA Dollar,
(3) steigt die Terminposition der Spekulanten von OD auf OE Dollar, und
(4) erhöht sich die Überschußnachfrage der Außenhändler nach Termindevisen um GF Dollar.

Eine erhöhte Überschußnachfrage der Außenhändler nach Termindevisen bedeutet, daß sich die Waren- und Dienstleistungsbilanz tendenziell verschlechtert. *Tsiang* spricht in diesem Zusammenhang von einem "... adverse effect upon the current balance of trade at the contract stage". Er sieht darin einen wesentlichen Nachteil der Devisenterminpolitik, denn "obviously this would later have an adverse effect on the actual balance of payments in spot exchange ..."[20]

Dieses Moment sollte jedoch nicht überbewertet werden. Denn die devisenterminpolitischen Maßnahmen wirken hier allein der scheinbaren Verbesserung der Waren- und Dienstleistungsbilanz entgegen, die mit der Ausweitung des kumulativen Prozesses eintritt. Durch die Kurssenkung auf dem Terminmarkt wird also das Defizit lediglich auf den ursprünglichen Umfang zurückgeführt.

Die Terminverpflichtungen der Interventionsinstanz werden bei unveränderten Kurserwartungen in jedem Fall höher sein als die Reserveersparnis. In dem angeführten Beispiel übersteigen sie den Umfang der verhinderten Reserveverluste um BC Dollar.

Die Relation von offiziellem Terminengagement und verhindertem Reserve-

[20] *Tsiang* [139] S. 105

verlust wird durch die Elastizität der Überschußnachfrage der Spekulanten und Außenhändler in bezug auf Veränderungen des Terminkurses einerseits und durch die Elastizität des Angebots von Arbitragefonds in bezug auf Veränderungen der Nettozinsdifferenz andererseits bestimmt.

Ist das Angebot von Arbitragefonds relativ elastisch, die Überschußnachfrage der Spekulanten und Außenhändler dagegen relativ unelastisch, so werden die Terminverpflichtungen der Interventionsinstanz den verhinderten Reserveverlust lediglich geringfügig übersteigen. Im umgekehrten Fall wird das offizielle Terminengagement möglicherweise ein Vielfaches der Reserveersparnis betragen.

Schneidet die $N'_{a+s} = -N_d$-Kurve die Angebotsfunktion für Arbitragefonds zu Beginn der Intervention in ihrem unelastischen Abschnitt, so wird zunächst nur der Terminkurs fallen, ohne daß sich das Angebot von Arbitragefonds verringert. Die Reserven werden erst wieder anwachsen, wenn die Terminverpflichtungen der Interventionsinstanz bereits eine bestimmte Höhe erreicht haben, wobei sich dann allerdings der jeweilige Reservezuwachs immer mehr dem Umfang der zusätzlich übernommenen Terminverpflichtungen annähern wird.

Aliber nimmt jedoch an, daß die offiziellen Terminverpflichtungen sogar bei unveränderten Kurserwartungen der Spekulanten nicht höher sein werden als die verhinderten Reserveverluste: "The very nature of the speculative operation strongly suggests that speculators are not sensitive to fine margins."[21] Daher werden sich – wie er behauptet – bei fallendem Terminkurs lediglich die kursgesicherten Nettokapitalexporte verringern, so daß den jeweiligen Termindevisenverkäufen der Interventionsinstanz zumindest eine Reserveersparnis in gleicher Höhe entsprechen müsse. "... if their intervention were successful – so bemerkt *Aliber* abschließend – their short forward position would be smaller than the loss in reserves that otherwise would have occurred."[22]

Aber selbst wenn *Alibers* Annahmen hinsichtlich der Elastizitäten auf dem Terminmarkt für die Realität zutreffen würden, könnten Reservezuwachs und offizielles Terminengagement bestenfalls gleich groß sein. Davon abgesehen, gilt seine Argumentation allein in Grenzfällen, nämlich dann, wenn erstens die Terminposition der Spekulanten bereits so stark angewachsen ist, daß eine Vergrößerung der Differenz zwischen erwartetem Kassakurs und Terminkurs keine zusätzlichen spekulativen Termindevisenkäufe mehr induzieren kann, und wenn zweitens Angebot und Nachfrage der Außenhändler in bezug auf Terminkursänderungen innerhalb des hier relevanten Bereiches vollkommen unelastisch sind.

[21] *Aliber* [43] S. 612
[22] *Aliber* [43] S. 611

7.4 Offizielles Terminengagement und Währungsreserven

Häufig hat bereits die Tatsache, daß devisenterminpolitische Maßnahmen notwendigerweise die Übernahme von Terminverpflichtungen seitens der Interventionsinstanz bedingen, zu einer negativen Beurteilung der Devisenterminpolitik geführt. Diese ablehnende Haltung wird zuweilen mit Argumenten begründet, die lediglich gewissen Wertvorstellungen Ausdruck geben und damit wenig zu einer sachlichen Diskussion beitragen. "The undertaking by the authorities of forward commitments on a scale artificially encouraged by their own subsidy would be bad banking",[23] heißt es zum Beispiel in einem Artikel, dessen anonymer Verfasser geldpolitische Maßnahmen anscheinend vor allem im Hinblick auf die Gewinn- und Verlustrechnung der Zentralbank beurteilt. *Huizinga* beklagt, daß die Devisenterminpolitik "... involves the Central Bank in what is, after all, pure exchange speculation".[24] Auch diese Kritik enthält ein Werturteil, wobei *Huizinga* allerdings übersieht, daß die Interventionsinstanz selbst – wenn nicht de jure, so doch de facto – über Paritätsänderungen entscheidet.

Hawtrey steht der Devisenterminpolitik ebenfalls ablehnend gegenüber. Eine Intervention bedeute lediglich – wie er sich ausdrückt – "... nullifying the sterling reserve by associating it with an equal sterling liability".[25] Das britische Schatzamt befürchtet dagegen ein allzu schnelles Anwachsen des offiziellen Terminengagements: "... in practice, it could ... reach a figure which might approach the total of the gold and dollar reserves. Such a policy could not be prudently recommended."[26] Und das Radcliffe Committee hat seine negative Haltung gegenüber der Devisenterminpolitik damit begründet, daß die von der Interventionsinstanz übernommenen Terminverpflichtungen "... are not, and are not felt by the authorities to be, appreciably less dangerous than immediate payment of gold".[27]

Um die Tragweite derartiger Einwände beurteilen zu können, muß zunächst untersucht werden, inwieweit das Devisenterminengagement der Interventionsinstanz bei Fälligkeit überhaupt zu Reserveverlusten führt. Hierzu soll wiederum Abbildung 15 herangezogen werden.

Aufgrund der in t auf dem Devisenterminmarkt getätigten Abschlüsse müssen im Zeitpunkt t+90 von den Zinsarbitrageuren OA Dollar und von der Interventionsinstanz AB Dollar an die jeweiligen Vertragspartner geliefert werden. Von diesen Beträgen übernehmen die Spekulanten OE und die Außenhändler OG Dollar. Während die Außenhändler die ihnen zufallenden

[23] Case for the Status Quo [146] S. 235
[24] *Huizinga* [89] S. 123
[25] *Hawtrey* [11] S. 420
[26] Memoranda of Evidence Submitted by H. M. Treasury [157 I] S. 121
[27] Committee on the Working of the Monetary System [159] S. 152 §439

Dollarbeträge benötigen, um ihre Zahlungsverpflichtungen in ausländischer Währung zu erfüllen, werden die Spekulanten die an sie gelieferten Devisen dagegen sofort wieder auf dem Kassamarkt anbieten. Da die Interventionsinstanz infolgedessen die Möglichkeit hat, Dollar in Höhe von OB minus OG aus dem Markt zu nehmen, kann sie auf diese Weise den bei Liquidation ihres Terminengagements erlittenen Reserveverlust ganz oder teilweise kompensieren.[28] Im Endeffekt bestimmt sich der Reserveverlust in t+90 allein durch das in t gegebene Verhältnis von Überschußnachfrage der Außenhändler einerseits und Angebot von Arbitragefonds andererseits.

Übersteigt die Überschußnachfrage der Außenhändler in t das noch verbleibende Angebot von Arbitragefonds, so werden sich die Währungsreserven in t+90 nur um diesen Differenzbetrag verringern, ist das Gegenteil der Fall, dann werden sich die offiziellen Gold- und Devisenbestände in t+90 per Saldo sogar noch erhöhen.

Faktisch stellt also nur ein geringer Teil des offiziellen Terminengagements einen ‚echten' Anspruch Dritter auf die Währungsreserven dar. Damit ist aber *Hawtreys* Kritik widerlegt, und die Aussicht, daß die Terminverpflichtungen der Interventionsinstanz möglicherweise die Gold- und Devisenreserven weit übersteigen, erscheint zumindest unter diesem Gesichtspunkt wenig besorgniserregend. Autoren, die devisenterminpolitische Maßnahmen in spekulativen Perioden befürworten, haben deshalb auch immer wieder gefordert, daß die Interventionsinstanz ein schnelles Ansteigen ihrer Terminverpflichtungen mit Gleichmut betrachten solle.

Jasay bezeichnet Terminverpflichtungen gegenüber Spekulanten als "paper commitments".[29] "Contracts between speculators and the EEA for the forward delivery by the latter of many hundreds of millions of dollars – schreibt er an anderer Stelle – may seem frightening to an onlooker, but they do not mean much."[30] *Auten* rechnet sogar mit einem Anwachsen des offiziellen Terminengagements "... to, perhaps, many times the existing amount of official reserves", ohne darin eine Gefahr zu sehen.[31] *Spraos* hält schließlich Terminverträge mit Spekulanten für "... mere book-keeping entries destined to be rubbed off", und er behauptet, es gäbe "... no limit to the resistance potential of the authorities to a speculative attack ... except the size of the books in which they enter their forward transactions".[32]

[28] In der Regel wird die Interventionsinstanz ihre Terminverpflichtungen gegenüber Spekulanten sowieso in der Form glattstellen, daß diejenige Partei, die in t Termindevisen zu einem Kurs gekauft (verkauft) hat, der höher (niedriger) ist als der Kassakurs in t+90, lediglich die Kursdifferenz an ihren Kontrahenten auszahlt.

[29] *Jasay* [93] S. 44

[30] *Jasay* [91] S. 355

[31] *Auten* [48] S. 55

[32] *Spraos* [127] S. 14

Derartige Äußerungen sind allerdings vielfach auf Widerspruch gestoßen. So beklagt *Einzig*, daß "according to the supporters of the system, the sky should be the limit of such liabilities..."[33] Er glaubt, vor einem allzu übertriebenen Optimismus warnen zu müssen: "No Chancellor of the Exchequer, or Bank Governor ... could sleep in peace if they had overdrawn their gold reserve, or even if they had allowed the net reserve (after deduction of the forward commitments) decline below what is considered to be the danger level."[34] Es lasse sich nämlich – wie er schreibt – keinesfalls mit Sicherheit voraussagen, inwieweit die Gold- und Devisenreserven bei Liquidation des offiziellen Terminengagements tatsächlich beansprucht werden, denn es sei zunächst einmal vollkommen ungewiß, "what proportion ... has a fictious speculative counterpart".[35]

In seinen Zeitschriftenbeiträgen hat *Einzig* in diesem Zusammenhang vor allem auf die nach 1945 allgemein zu beobachtende Zunahme der Hedgingtransaktionen verwiesen. Obwohl Hedging lediglich eine Sonderform der Spekulation darstelle – heißt es dort –, bestehe gegenüber der ‚reinen' Spekulation jedoch ein wesentlicher Unterschied: "When the forward contracts mature hedgers are in a position to meet a much larger proportion of the amounts due by delivering spot sterling they possess."[36] *Einzig* vermutet sogar, daß die britischen Währungsbehörden in den 50er Jahren nur deshalb auf eine Beeinflussung des Devisenterminkurses verzichtet haben, weil "... a large proportion of the forward dollars bought could be thus paid for with the aid of the sterling proceeds of realised assets".[37]

Goldstein, der dem Board of Governors des Federal Reserve System angehört, sieht in Terminverpflichtungen gegenüber ‚Hedgern' ebenso wie *Einzig* grundsätzlich eine Gefahr, er bemerkt aber einschränkend: "The importance of this objection ... hinges on whether the authorities can expect to discover the nature of the ultimate buyers of forward exchange in a supported forward market."[38] Im Gegensatz zu *Einzig* glaubt er, daß sich die Interventionsinstanz durchaus Informationen darüber beschaffen könne, welche Motive den Termindevisenkäufen der Wirtschaftssubjekte zugrunde liegen. Sie dürfe dann aber Termindevisen nicht direkt, sondern lediglich über die Geschäftsbanken anbieten, die in der Regel ohne größere Schwierigkeiten feststellen können, aus welchen Beweggründen ihre Kunden Termindevisen erwerben: "Thus, it seems reasonable to believe that the authorities could obtain a very good idea of the relative proportion of their forward sales that were being absorbed (1) by pure

[33] *Einzig* [5] S. 503
[34] *Einzig* [5] S. 509
[35] *Einzig* [5] S. 509
[36] *Einzig* [75] S. 491
[37] *Einzig* [76] S. 232/233
[38] *Goldstein* [81] S. 499/500 Fn. 20

speculators, (2) by holders of assets denominated in the weak currency, who are ... hedging ..."[39]

Ob es den Geschäftsbanken allerdings gelingen wird, reine Spekulation und Hedgingtransaktionen eindeutig voneinander abzugrenzen, ist äußerst zweifelhaft. Da aber die Gefahr, daß Devisenterminverpflichtungen gegenüber ‚Hedgern' bei Fälligkeit zu Reserveverlusten führen, von *Goldstein* und *Einzig* wahrscheinlich überschätzt wird, soll dieses Problem hier nicht weiter erörtert werden.

Viel wichtiger ist nämlich die Frage nach den Voraussetzungen, die einen ‚Hedger' veranlassen, langfristige Kapitalanlagen zu liquidieren, um die ihm aus dem Terminvertrag zufallenden Devisen ins Ausland transferieren zu können. "The only condition under which they would want to restrict their domestic operations to gain funds for financing the acquisition of foreign balances – schreibt *White* – would be when the central bank was forced to stop holding down the premium on forward exchange at a moment when devaluation seemed likely."[40]

Einzig hat dagegen behauptet, daß "... in practice fears of exchange restrictions or various other considerations are liable to induce hedgers to take up the dollars they have bought forward, *regardless* of the forward rate".[41] Allerdings weiß *Einzig* neben der Furcht vor devisenzwangswirtschaftlichen Maßnahmen keine konkrete Ursache anzuführen, die ausländische Investoren veranlassen könnte, langfristig gebundenes Kapital aus einem abwertungsbedrohten Land zu repatriieren, obwohl ihnen der Devisenterminmarkt weiterhin günstige Kurssicherungsmöglichkeiten bietet. Sobald sich jedoch die Zahlungsbilanzlage bereits derartig verschlechtert hat, daß allgemein mit einer Aufhebung der Konvertibilität gerechnet wird, sollte auf devisenterminpolitische Maßnahmen sowieso verzichtet werden. Denn Interventionen auf dem Devisenterminmarkt können bestenfalls das Entstehen oder die Ausbreitung eines kumulativen Prozesses verhindern, niemals aber eine Abwertung ersetzen. Sie sind daher überhaupt nur sinnvoll, wenn die zugrunde liegende Zahlungsbilanzstörung ihrem Charakter nach eine Aufrechterhaltung der bestehenden Parität noch irgendwie rechtfertigt. "But it is not for the purpose of postponing the unevitable that I am suggesting it", schreibt *Keynes*[42], auf den der Gedanke einer Devisenterminpolitik allgemein zurückgeführt wird.[43]

[39] *Goldstein* [81] S. 499/500 Fn. 20
[40] *White* [141] S. 498 Fn. 9
[41] *Einzig* [75] S. 491 – Hervorhebung nicht im Original –.
[42] *Keynes* [105] S. 531
[43] *Keynes* hat auf Grund theoretischer Erwägungen den Zentralbanken Interventionen auf dem Devisenterminmarkt empfohlen, kurioserweise ohne – wie viele Theoretiker nach ihm – zu wissen, daß bereits vor 1914 verschiedentlich eine systematische Devisenterminpolitik durchgeführt worden ist. Eine ausführliche Behandlung entsprechender Aktionen der österreichisch-ungarischen Zentralbank findet sich bei *Einzig* [5, S. 405 bis 419]; über die devisenterminpolitischen Maßnahmen der russischen Staatsbank hat dagegen *Epstein* [6, S. 41–43] berichtet.

Zudem übersehen *Einzig* und *Goldstein* völlig, daß die Interventionsinstanz bei einem Kassakurs in Höhe des oberen Interventionspunktes grundsätzlich jede Devisennachfrage der ‚Hedger‘ durch ein entsprechendes Angebot eigener Devisenbestände ausgleichen muß, unabhängig davon, ob diese Wirtschaftssubjekte zuvor mit ihr oder anderen Marktpartnern Devisentermingeschäfte abgeschlossen haben. *White* behauptet wohl nicht zu Unrecht, daß "the case for prolonged official sales of forward exchange seems likely to survive this criticism".[44]

Aber auch *Hansen* sieht wie *Goldstein* und *Einzig* in einem relativ hohen Terminengagement der Interventionsinstanz eine Gefahr, jedoch unter einem anderen Aspekt: „Recht bald würden ... sicherlich Zweifel entstehen, ob die Terminverträge gegebenenfalls auch erfüllt werden könnten ... Und wie wäre dies zu vermeiden, wenn eine Zentralbank, die über keine Kassadevisen verfügt, in raschem Tempo Verträge zur Lieferung gewaltiger Summen ausländischer Valuten in naher Zukunft unterschreibt ...“?[45] Den gleichen Gedanken äußert *Auten:* "If the forward commitments of the authorities are known to be very large, a forward contract is subject to the suspicion that it will not be honored ... In such a situation the appearance of a large amount of speculation in the spot market would not be surprising or reflect irrationality, but it could prove ruinous for the authorities."[46]

Für beide Autoren ergeben sich hieraus unterschiedliche Konsequenzen. „Der Terminverkauf darf nicht aufsehenerweckend groß im Vergleich mit der tatsächlichen Kassenreserve anwachsen – schreibt *Hansen* –, zumindest dann nicht, wenn die Zentralbank ihre Ziffern des Terminhandels veröffentlicht.“ Jedoch würde sich hier nach *Hansen* „... vielleicht etwas Bewegungsfreiheit gewinnen lassen, wenn die Zentralbank in diesem Punkte verschwiegen wäre“.[47] *Auten* glaubt dagegen, daß sich eine großangelegte Intervention dennoch rechtfertigen lasse; die Interventionsinstanz müsse allerdings die "unquestioned sanctity of forward contracts" garantieren können.[48]

Auf den Vorschlag von *Hansen* soll an dieser Stelle nicht näher eingegangen werden. Denn die Frage, ob die Interventionsinstanz Zahlen über den Umfang ihres Terminengagements veröffentlichen solle, ist im Hinblick auf die mittelbaren Wirkungen der Devisenterminpolitik von weitaus größerer Bedeutung als in diesem Zusammenhang. Vor allem wird aber die von *Auten* gestellte Bedingung erfüllt werden können, sobald die Interventionsinstanz – wie *Goldstein* vorgeschlagen hat – direkt nur mit Banken Termingeschäfte ab-

[44] *White* [141] S. 498 Fn. 9
[45] *Hansen* [86] S. 137
[46] *Auten* [48] S. 54/55
[47] *Hansen* [86] S. 137
[48] *Auten* [48] S. 55

schließt. Es dürfte der Interventionsinstanz wahrscheinlich nicht allzu schwer fallen, die Banken davon zu überzeugen, daß sie willens und fähig sei, bei Fälligkeit ihrer Terminverpflichtungen gegebenenfalls auch Devisen zu liefern. Die Wirtschaftssubjekte werden sich jedoch dann durch ein Anwachsen des offiziellen Terminengagements kaum irritieren lassen, da die Banken aufgrund ihrer Mittlerposition für die Erfüllung der Verträge bürgen.

7.5 Offizielles Terminengagement und Paritätsänderungen

Die Terminverpflichtungen der Interventionsinstanz haben aber insbesondere bei Praktikern noch unter einem anderen Gesichtspunkt Anlaß zu einer Kritik an der Devisenterminpolitik gegeben. So wurden zum Beispiel Interventionen auf dem Terminmarkt in den 50er Jahren vom britischen Schatzamt auch deshalb abgelehnt, weil ein relativ hohes Terminengagement zu untragbaren Buchverlusten führen würde, falls die Inlandswährung vor Liquidation der Terminverpflichtungen abgewertet wird. Obwohl die Interventionsinstanz selbst über Paritätsänderungen entscheiden könne – so heißt es in einem dem Radcliffe Committee übermittelten Memorandum –, sei zu befürchten, daß sie bei einer Verschlechterung der Zahlungsbilanzlage gegen ihren Willen zu einer Abwertung gezwungen werde. Darüber hinaus beinhalte die Devisenterminpolitik aber auch "... a gamble on another matter which is completely outside their control, i. e. whether other currencies will be revalued".[49]

In der Literatur herrscht mit wenigen Ausnahmen – auf die noch eingegangen werden soll – Einigkeit darüber, daß Interventionen auf dem Devisenterminmarkt mit einer Abwertung der Inlandswährung unvereinbar sind. Notwendige Voraussetzung der Intervention sei – schreibt zum Beispiel *Auten* – "... that the currency never be devalued. For devaluation would involve the exchange authority in indefinitely large losses."[50] Und *Jasay* konstatiert mit einer gewissen Besorgnis: "... the authorities ... virtually give up their freedom to devalue even if that should appear desirable after all."[51] Diese Besorgnis wird im Radcliffe-Report zu einer unmißverständlichen Warnung: "The authorities would not be well advised to tie their hands in this way."[52]

Zweifellos zeichnet sich hier ein Nachteil der Devisenterminpolitik ab. Jedoch sei daran erinnert, daß Interventionen auf dem Devisenterminmarkt lediglich den Spielraum schaffen können, der es der Zentralbank ermöglicht, wirksame Maßnahmen zur Beseitigung der eigentlichen Zahlungsbilanzstörung zu ergreifen. Daß die Devisenterminpolitik kein Allheilmittel darstellt, ist von ihren

[49] Memoranda of Evidence Submitted by H. M. Treasury [157 I] S. 122
[50] *Auten* [48] S. 55
[51] *Jasay* [90] S. 69
[52] Committee on the Working of the Monetary System [159] S. 256 §706

Verfechtern gerade in diesem Zusammenhang immer wieder betont worden. "The exchange risk itself cannot be an argument for the Central Bank to abstain from intervention in the forward market – heißt es bei *Sandick* –, for ... the Central Bank ... must of course start from the axiom that it will be able to hold the currency."[53] *Hansen* fordert, „... daß die Reichsbank, wenn sie zur Aufrechterhaltung der Kassakurse nicht imstande ist, wohl gut daran tut, von der Befolgung einer solchen Politik abzusehen".[54] Äußerst geschickt formuliert *Spraos:* "But if this is the argument for floating forward rates, it is one the authorities must deny themselves, since it casts doubt on their own confidence in the maintenance of the exchange parity."[55]

Während diese Autoren Interventionen auf dem Terminmarkt eindeutig ablehnen, sobald die Interventionsinstanz bezweifeln muß, ob die gegenwärtige Parität aufrechterhalten werden könne, ist verschiedentlich auch die gegenteilige Auffassung vertreten worden. Selbst wenn die Gefahr besteht, daß die Inlandswährung möglicherweise doch abgewertet werden muß, sollte – wie *Braun* fordert – zunächst trotzdem versucht werden, spekulative Angriffe mit Hilfe der Devisenterminpolitik abzuwehren. Läßt sich schließlich eine Paritätsänderung auch auf diese Weise nicht umgehen, so empfiehlt *Braun* der Interventionsinstanz, „... vom Abschluß weiterer Terminkontrakte möglichst frühzeitig Abstand zu nehmen. Sie kann dann mit der Paritätsänderung u. U. noch warten, bis ihre Terminkontrakte ausgelaufen sind."[56]

Allerdings stellt sich dann die Frage, wie der Zeitraum bis zu der beabsichtigten Abwertung überbrückt werden soll. Auch hier weiß *Braun* eine Antwort zu geben: „In der Zwischenzeit wird die Interventionsinstanz den Kassakurs allein durch Interventionen am Kassamarkt stabilisieren, da sich so ihre Devisenposition am wenigsten verschlechtert."[57] Jedoch ist der mangelnde Realitätssinn, der in dieser Empfehlung zum Ausdruck kommt, unverkennbar. Denn sicherlich wird eine Einstellung der Interventionen in einer Situation, in der das Zahlungsbilanzproblem keinesfalls als gelöst angesehen werden kann, von den Wirtschaftssubjekten als untrügliches Zeichen für eine unmittelbar bevorstehende Paritätsänderung gewertet. "This is not as simple as it sounds ... – schreibt *Auten* im Hinblick auf ähnliche Vorschläge –. Any weakness in the currency not matched immediately by forward intervention would encourage very heavy speculation."[58]

Braun hat derartige Einwände von vornherein zu widerlegen versucht, indem er der Interventionsinstanz rät, „... ihre Eingriffe in diesem Fall möglichst

[53] *Sandick* [153] S. 311
[54] *Hansen* [87] S. 27
[55] *Spraos* [126] S. 228
[56] *Braun* [54] S. 148
[57] *Braun* [54] S. 148
[58] *Auten* [48] S. 55 Fn. 21

geheimzuhalten; sonst ist es ihr nämlich nicht möglich, ihre Terminengagements rechtzeitig vor einer Paritätsänderung wieder abzubauen. Das Bekanntwerden des Endes der Termininterventionen würde die Spekulanten so ermutigen, daß eine sofortige Paritätsänderung erforderlich würde.“[59] Diese Geheimhaltung könne – wie er glaubt – dadurch erreicht werden, daß die Interventionsinstanz keine Zahlenangaben über ihre Terminverpflichtungen veröffentlicht, deshalb sei „unter den Devisenreserven ... nur die Devisenkassaposition der Interventionsstelle auszuweisen“.[60]

Jedoch bewegt sich *Braun* auch hier in einer Sphäre reinen Wunschdenkens. Allein die Tatsache, daß die Interventionsinstanz zumindest gegenüber einer kleinen Gruppe von Wirtschaftssubjekten zwangsläufig als Marktpartner auftreten muß, genügt völlig, um jeden Versuch einer Geheimhaltung illusorisch erscheinen zu lassen. Eine Beendigung der Intervention wird infolgedessen nicht nur durch das erneute Ansteigen des Terminkurses, sondern auch dadurch, daß die Interventionsinstanz auf dem Devisenterminmarkt nicht mehr in Erscheinung tritt, leicht zu erkennen sein.

Aber auch *Aliber* fordert, "... that the authorities should continue to support the forward rate even if it appears that the parity might be changed".[61] Er bestreitet, daß bereits aus der Höhe des offiziellen Terminengagements die Unmöglichkeit einer Abwertung im Inland hergeleitet werden könne, "... the relevant comparison is between the size of the official forward position, and the difference between the changes in the official reserves if the authorities do intervene and if they do not intervene."[62] Die offiziellen Terminverpflichtungen werden aber – wie er annimmt – in der Regel niedriger sein als die verhinderten Reserveverluste, "consequently, the policy of supporting the forward rate is more likely to maximize the revaluation profits (or minimize the revaluation losses) if the parity is changed, more so than if the authorities had not supported the forward rate".[63]

Diese Argumentation ist nicht frei von Widersprüchen. Eine Paritätsänderung wird nämlich nur notwendig werden, sobald es trotz laufender Termindevisenverkäufe nicht gelingt, Reserveverluste in nennenswertem Umfang zu verhindern. In diesem Fall bildet die offizielle Terminposition jedoch nach wie vor ein unüberwindliches Hindernis. Somit vermag auch *Aliber* das Problem nicht zu lösen. Er führt die Diskussion lediglich an ihren Ausgangspunkt zurück. "If a speculative attack is diverted to the forward account – schreibt *Spraos* –, it need never force a devaluation, since it would cause no loss of reserves."[64]

[59] *Braun* [54] S. 148
[60] *Braun* [54] S. 148 Fn. 27
[61] *Aliber* [44] S. 589
[62] *Aliber* [44] S. 589/590
[63] *Aliber* [44] S. 589
[64] *Spraos* [127] S. 15

Im Hinblick auf eine mögliche Aufwertung im Ausland, die sich gegebenenfalls ebenso katastrophal auswirken würde wie eine Abwertung im Inland, glaubt *Hansen* eine akzeptable Lösung gefunden zu haben. Er empfiehlt der Interventionsinstanz für diesen Fall, ihre Währung „... gegenüber sämtlichen ausländischen Währungen soviel auf[zu]werten, daß die Devisenkurse im Durchschnitt unverändert bleiben. Führt die Reichsbank eine solche Politik in bezug auf die Kassakurse ..., dann verschwinden freilich die ... Risiken der Reichsbank bei Übernahme von Terminverbindlichkeiten."[65]

Jedoch widerspricht dieser Vorschlag von *Hansen* dem eigentlichen Sinn einer Intervention auf dem Terminmarkt, der ja gerade darin besteht, eine Paritätsänderung nach Möglichkeit zu verhindern – ganz abgesehen davon, daß eine Aufwertung einer abwertungsbedrohten Währung sicherlich ein geldpolitisches Kuriosum darstellen würde.

Eine andere Lösung, die auch bereits in der Praxis verwirklicht werden konnte, ist dagegen von einigen amerikanischen Autoren vorgeschlagen worden. "It would usually be advisable for the authorities in a weak-currency country to intervene only in close co-operation with the authorities in a strong-currency country", heißt es zum Beispiel bei *Goldstein*.[66] Ähnlich lautet eine Formulierung von *Kenen:* "... co-operation is essential to orderly official intervention in the foreign exchange markets"[67], und *Staley* schreibt: "One aspect of this sort of operation [is] the need for cooperation by foreign authorities ..."[68]

Unabhängig davon, ob diese Kooperation nun in Form kurzfristiger Kreditgewährungen auf Swap-Basis oder in Form gegenseitiger Kursgarantien realisiert werden soll, muß aber in diesem Zusammenhang vor allem auf zwei Probleme grundsätzlicher Art hingewiesen werden: Erstens ist es fraglich, ob sich ausländische Zentralbanken überhaupt zu einem kooperativen Vorgehen bereit erklären werden, und zweitens ist mit ziemlicher Sicherheit anzunehmen, daß eine Zustimmung gegebenenfalls von der Erfüllung bestimmter Bedingungen abhängig gemacht wird.

Derartige Probleme können allerdings im Rahmen einer theoretischen Untersuchung nicht erschöpfend behandelt werden, denn ihre Bedeutung wird von Fall zu Fall recht unterschiedlich sein. Im folgenden sollen deshalb lediglich einige Stellungnahmen zitiert werden, die geeignet erscheinen, die wesentlichsten Aspekte dieser Problematik aufzuzeigen.

Goldstein glaubt, daß sich eine Kooperation zwischen den Zentralbanken relativ einfach verwirklichen lasse, sobald "... the existing rate between their par values is reasonably close to a long-run equilibrium rate, or ... appropriate

[65] *Hansen* [87] S. 27/28
[66] *Goldstein* [81] S. 500
[67] *Kenen* [102] S. 133
[68] *Staley* [128] S. 471

policy measures will make it possible to 'live with' the existing rate". Dann bestehe nämlich ein gemeinsames Interesse "... in curbing capital flows and reserve losses and accruals stemming from an unsupported forward rate".[69]

Kenen hat dagegen davor gewarnt, die Bereitschaft ausländischer Zentralbanken zu einem kooperativen Vorgehen zu überschätzen: "Despite the talk and evidence of close co-operation ... the reservoir of good will could easily run dry." *Kenen* befürchtet aber auch, daß "... ad hoc acquiescence in collective measures may have a high price".[70] Die Diskussion im Zusammenhang mit den Plänen des amerikanischen Schatzamtes, Kursgarantien für Dollarguthaben ausländischer Zentralbanken zu geben, um diese von umfangreichen Goldkäufen in den USA abzuhalten – so behauptet er –, sei hierfür ein gutes Beispiel: "If Mr. *Roosa* is convinced that we would have to pay for the privilege of giving a guarantee, how much more costly might it be to purchase close co-operation without giving any guarantee?"[71]

Robert V. *Roosa* – 'Under Secretary of the United States Treasury for Monetary Affairs' – äußert sich in dieser Beziehung allerdings recht pessimistisch: "... how much more likely may it be that one country after another will interpose conditions on its readiness to accept a guarantee – conditions that will at the least interpose their judgements more specifically into the determination of our military, aid, or investment activities abroad, or perhaps be made dependent upon our adopting their own formulas for achieving the needed further shrinkage of our over-all balance of payments deficit? And where would we find ourselves when the demands of one of our guaranteed creditors conflicted with those of another?"[72]

Auch *Johnson* befürchtet, daß eine Zentralbank auf diese Weise allzusehr in ihrer Entscheidungsfreiheit eingeengt werde: "A world in which national economic policies have to be sanctioned by international banking opinion is likely to fall short of satisfactory performance with respect to the objectives of high employment and economic growth ..."[73]

Der gleichen Ansicht ist *Fleming:* "Both the swap stand-bys and the actual swap transactions ... lend themselves to an undesirable interference of one national government or central bank in the internal policy of another."[74]

Obwohl sich diese Autoren also – vielleicht mit Ausnahme von *Kenen* – darüber einig sind, daß eine Kooperation notfalls zustande kommen würde, läßt ihnen der gegebenenfalls zu zahlende Preis alle Bemühungen in dieser Rich-

[69] *Goldstein* [81] S. 500
[70] *Kenen* [102] S. 133
[71] *Kenen* [102] S. 134
[72] *Roosa* [118] S. 6
[73] *Johnson* [96] S. 117
[74] Conditions of International Monetary Equilibrium – Discussion. In: The American Economic Review Vol. 53 (1963) – Papers and Proceedings of the 75th Annual Meeting of the American Economic Association –, S. 140

tung fragwürdig erscheinen. Ihre Haltung ist infolgedessen zwiespältig. Das gilt für die Praktiker *Roosa* und *Fleming* ebenso wie für die Theoretiker *Johnson* und *Kenen*.

Daß es sich bei diesen Autoren ausschließlich um Amerikaner handelt, ist in diesem Zusammenhang insofern recht interessant, als gerade die amerikanischen Währungsbehörden in den letzten Jahren häufig auf die Bereitschaft ausländischer Zentralbanken zu einem kooperativen Vorgehen angewiesen waren. Offensichtlich haben erst die hierbei gesammelten Erfahrungen einige problematische Aspekte so deutlich hervortreten lassen.

Außerhalb der angelsächsischen Länder hat man sich dagegen darauf beschränkt, die Kooperation ausländischer Zentralbanken als begrüßenswert, wünschenswert oder dergleichen hinzustellen, und ist damit den eigentlichen Problemen ausgewichen. So zum Beispiel *Lipfert*: „Selbstverständlich kann es den Zentralbanken der Partnerländer eines Landes mit abwertungsbedrohter Währung auf keinen Fall zugemutet werden, ihrerseits das Risiko aus den übernommenen Terminengagements einzugehen. Vielmehr müßten unter den Zentralbanken verbindliche Absprachen über den Risikoausgleich getroffen werden. Solche Absprachen würden — das wäre eine zusätzliche begrüßenswerte Auswirkung — verhindern, daß ein Land aus einer Paritätsänderung ungerechtfertigte Vorteile gegenüber anderen Ländern zieht.“[75]

Damit kann dieser Fragenkomplex aber zunächst abgeschlossen werden. Denn sobald die Interventionsinstanz bei ausländischen Zentralbanken zu akzeptablen Bedingungen Unterstützung findet, wird die Unvereinbarkeit devisenterminpolitischer Maßnahmen mit einer Paritätsänderung nur zur Gefahr, falls die Interventionen erfolglos bleiben sollten. Der Erfolg hängt jedoch nicht zuletzt auch davon ab, wie die Spekulanten auf devisenterminpolitische Maßnahmen reagieren, eine Frage, die in dem nun folgenden Abschnitt untersucht wird.

7.6 Die mittelbaren Auswirkungen der Intervention

Von mittelbaren Auswirkungen der Devisenterminpolitik soll immer dann gesprochen werden, wenn eine Intervention auf dem Terminmarkt die Kurserwartungen der Spekulanten beeinflußt. Drei Größen sind in diesem Zusammenhang relevant: (1) die Höhe der Gold- und Devisenreserven, (2) der Umfang der offiziellen Terminverpflichtungen und (3) der Devisenterminkurs.

Ein Anwachsen der Währungsreserven bzw. eine spürbare Reduzierung der Reserveverluste wird sich auf die Kurserwartungen sicherlich positiv auswirken. Jedoch ist öfters behauptet worden, daß "... a definite policy of supporting

[75] *Lipfert* [25] S. 195

the rate ... would cast great doubt ... over the value of published figures".[76]

"The knowledge – or the intelligent guess – that a material part of the reserves was already committed – so heißt es in dem bereits zitierten Gutachten des britischen Schatzamtes – could have a calamitous effect upon confidence and could bring about just the kind of disaster which the advocates of a supported forward rate seek to avoid ..."[77] Im Radcliffe-Report wird die gleiche Befürchtung ausgesprochen: "The magnitude of the forward commitments would in any event be bound to excite further distrust in the pound and bring about a loss of reserves through movements of commercial credit."[78] An anderer Stelle ist schließlich die Ansicht vertreten worden, daß "... the knowledge that the authorities had bought their own currency forward on a very large scale would *inevitably* heighten fears that they could not hold this line – leading to further forward sales".[79]

Die Verfechter der Devisenterminpolitik, die in der Regel die Möglichkeit negativer Auswirkungen auf die Kurserwartungen der Spekulanten ebenfalls in Erwägung gezogen haben, leiten hieraus die Forderung ab, daß die Interventionsinstanz keine Zahlenangaben über den Umfang ihres Terminengagements veröffentlichen dürfe. So behaupten *Fleming* und *Mundell*, daß "... many potential 'speculators' are not market operators at all, but traders, who are likely to be more influenced by visible criteria, such as reserve movements, than by changes in official forward exchange liabilities, data which are not published and the magnitude of which is unknown".[80]

Das Problem ist damit aber keinesfalls endgültig gelöst. "Danger would arise – schreiben *Fleming* und *Mundell* –, ... if the total magnitude of forward liabilities were to be exaggerated by rumor."[81] Jedoch sollte diese Gefahr nicht überschätzt werden, vor allem sind auch aus der Realität Fälle bekannt, die beweisen, daß sich die Wirtschaftssubjekte eben doch primär an den von der Zentralbank ausgewiesenen (Brutto-)Reserven orientieren. So ist zum Beispiel die Verschuldung der Banque de France gegenüber dem Internationalen Währungsfonds, der EZU und ähnlichen Institutionen zuweilen höher gewesen als der Umfang der veröffentlichten Gold- und Devisenreserven, ohne daß daraufhin eine wesentliche Schwächung des Vertrauens in die Beibehaltung der Dollar-Parität des Französischen Franc festzustellen war.[82] Infolgedessen wird der Verzicht auf eine Veröffentlichung von Zahlenangaben über die jeweilige Höhe der offiziellen Terminverpflichtungen zumindest dazu beitragen, eine even-

[76] Committee on the Working of the Monetary System [158] S. 637 Question 9704 (Sir Leslie *Rowan*)
[77] Memoranda of Evidence Submitted by H. M. Treasury [157 I] S. 121
[78] Committee on the Working of the Monetary System [159] S. 255 §706
[79] Case for the Status Quo [146] S. 235 – Hervorhebung nicht im Original –.
[80] *Fleming/Mundell* [79] S. 13
[81] *Fleming/Mundell* [79] S. 13
[82] Vgl. GB-DBbk 1964, S. 33 f.

tuelle Zunahme der spekulativen Aktivität auf ein Minimum zu beschränken. Wie aus einer Äußerung des Präsidenten der niederländischen Zentralbank – Marius W. *Holtrop* – hervorgeht, ist in der geldpolitischen Praxis bereits nach diesem Prinzip verfahren worden: "The market would know, of course, that we are in the market, but we would not give figures. We do not show these forward obligations on our balance sheet."[83]

Von weitaus größerer Bedeutung als der – verheimlichte oder veröffentlichte – Umfang des offiziellen Terminengagements ist jedoch in diesem Zusammenhang die Frage, wie die devisenterminpolitischen Maßnahmen grundsätzlich beurteilt werden, nämlich ob die Spekulanten die Intervention als letzten Verzweiflungsakt interpretieren oder aber als sicheres Zeichen dafür werten, daß eine Paritätsänderung in absehbarer Zeit nicht mehr zu erwarten sei. Da Interventionen auf dem Devisenterminmarkt mit einer Abwertung der Inlandswährung grundsätzlich unvereinbar sind, läßt sich diese Frage allerdings mit ziemlicher Sicherheit dahingehend beantworten, daß devisenterminpolitische Maßnahmen das Vertrauen in die bestehende Parität festigen werden.

Dieses Moment ist von Verfechtern der Devisenterminpolitik häufig allzu eifrig betont worden. So widmet zum Beispiel *Stein* den mittelbaren Auswirkungen der Devisenterminpolitik lediglich zwei Sätze: "... when the central bank is engaged in forward purchases of its own currency it says in effect, 'we are investing in our own currency and we do not intend to devalue it'. ... For this reason, I cannot accept as obvious the view that official support of the forward market encourages, rather than discourages speculation."[84] Auch *Braun* begnügt sich in diesem Zusammenhang mit einer lakonischen Feststellung: „Indem sich die Interventionsinstanz so entschieden den Befürchtungen einer Paritätsänderung entgegenstellt und ihre Bereitschaft zur Durchhaltung der Parität zu erkennen gibt, stärkt sie zugleich das Vertrauen in die Beibehaltung der Parität, so daß der spekulative Druck abklingen wird."[85]

Beide Autoren verfahren offensichtlich etwas zu summarisch, indem sie in ihrer Argumentation lediglich einen Teilbereich der möglichen Beziehungen zwischen der devisenterminpolitischen Aktivität einerseits und den Kurserwartungen andererseits berücksichtigen. In anderen Veröffentlichungen ist dieser Aspekt dagegen nur als einer unter vielen betrachtet worden, obwohl die Schlußfolgerungen deshalb nicht weniger optimistisch sind. Die Devisenterminpolitik – so heißt es bei *Jasay* – sei "... a fairly strong signal that the authorities are confident of the ability to resist pressure for at least the next three months". Infolgedessen bestehe wenig Aussicht, daß die Übernahme spekulativer Risiken durch Kursgewinne honoriert werde, "the sophisticated specu-

[83] Committee on the Working of the Monetary System [158] S. 817 Question 11 893
[84] *Stein* [132] S. 151/152
[85] *Braun* [54] S. 145

lator should therefore suspend these activities and need not resume them before he sees that the authorities have stopped supporting the forward ... rate, and are preparing to 'clear the decks' for devaluation."[86] Ebenso zuversichtlich ist *Grubel*: "... the act of intervention itself is likely to be one of the most powerful tools with which confidence in a currency can be re-established."[87]

Goldstein behauptet schließlich, daß auch die Kooperation ausländischer Zentralbanken dazu beitragen werde, das Vertrauen in die bestehende Parität zu festigen: "Once the market becomes aware of this co-operative intervention, moreover, speculative pressures are apt to shrink appreciably in the absence of new political or economic developments that reexcite distrust of existing par values."[88]

Der positive Effekt, den sich diese Autoren erhoffen, muß jedoch nicht zwangsläufig eintreten. Auf zwei mögliche Vorbehalte soll hier wenigstens hingewiesen werden.

Der erste ergibt sich aus *Alibers* Behauptung, daß ein relativ hohes Terminengagement der Interventionsinstanz einer Paritätsänderung in der Regel nicht entgegensteht. Es ist immerhin denkbar, daß die Wirtschaftssubjekte aufgrund ähnlicher Überlegungen weiterhin mit einer Abwertung rechnen und deshalb Spekulationstransaktionen in unverändertem Umfang durchführen.

Zweitens besteht die Gefahr, daß Interventionen auf dem Terminmarkt wider alle Erwartungen als letzter Versuch, eine an sich notwendige Paritätsänderung zu umgehen, angesehen werden. Eine solche Reaktion ist allerdings wenig wahrscheinlich, denn – so argumentiert zum Beispiel *Jasay* – "... forward exchange policy, not based on a firm belief about their own powers to hold the official spot rate, would be a pointless and expensive bluff, which could, moreover, be very easily called".[89] Hier ergibt sich also erneut die bereits in einem anderen Zusammenhang erhobene Forderung, daß die Devisenterminpolitik niemals als Abwertungsersatz angesehen werden dürfe. Wird diese Voraussetzung jedoch beachtet, dann kann eine adäquate Strategie der Intervention selbst dann zu einem Erfolg verhelfen, wenn die devisenterminpolitischen Maßnahmen die Kurserwartungen zunächst in einem unerwünschten Sinn beeinflussen.

Das Problem der optimalen Strategie soll aber zunächst zurückgestellt werden, da die Auswirkungen der Devisenterminpolitik auf die Kurserwartungen noch unter einem dritten Gesichtspunkt betrachtet werden müssen.

Es wurde bereits darauf hingewiesen, daß ein Ansteigen des Terminkurses die Kurserwartungen negativ beeinflussen kann. Sobald aber die Interventionsinstanz durch eine Vermehrung des Termindevisenangebots den Kursanstieg

[86] *Jasay* [90] S. 70
[87] *Grubel* [83] S. 160
[88] *Goldstein* [81] S. 500
[89] *Jasay* [90] S. 70 Fn. 10

bremst oder den Kurs sogar herabdrückt, wird sie infolgedessen auch auf diese Weise zu einer Verbesserung des Vertrauens in die bestehende Parität beitragen.

Dieser Gedanke ist schon in den 30er Jahren geäußert worden: "... if it is true, as the Central Banks of the Gold Block aver, that the presence of a heavy forward discount added to the general mistrust, an important element making for panic conditions would have been removed."[90] Gibt dieser Verfasser noch einer Vermutung Ausdruck, so herrscht bei *Goldstein* dagegen in dieser Beziehung Gewißheit: "By preventing ... a discount from emerging, ... intervention can sustain confidence and reduce total speculative pressure."[91]

Etwas Vorsicht ist aber auch hier angebracht. *Fleming* und *Mundell* sprechen deutlich aus, daß dieser Effekt letztlich auf einer Täuschung beruht. "... the *impression given* by the appreciation of the forward rate ... that other people are feeling less bearish – so heißt es bei diesen Autoren – ... is likely to impose a more optimistic view about the future spot value of the supported currency."[92] Inwieweit die Wirtschaftssubjekte einen manipulierten Terminkurs tatsächlich noch als gültigen Maßstab dafür ansehen, ob und in welchem Ausmaß die Allgemeinheit eine Paritätsänderung erwartet, läßt sich im voraus wohl nicht mit Sicherheit feststellen.

Rozen hat allerdings behauptet: "Juggling the forward exchange rate by itself is unlikely to bring about a reversal of speculative sentiment."[93] Jedoch schließen sich extreme Standpunkte wie die von *Rozen* und *Goldstein* nicht unbedingt gegenseitig aus. Denn es ist immerhin möglich, daß einige Wirtschaftssubjekte das Fallen des Terminkurses als Zeichen für eine allgemeine Verbesserung des Vertrauens in die Parität ansehen, und daß andere dem Kursfall in dieser Hinsicht wenig oder überhaupt keine Bedeutung beimessen.

Unter Berücksichtigung aller hier angesprochenen Faktoren erscheint aber eine systematisch betriebene Devisenterminpolitik durchaus geeignet, das Vertrauen in die bestehende Parität zu festigen. Befürchtungen, daß Interventionen auf dem Terminmarkt das Mißtrauen noch vergrößern werden, wie sie vor allem das britische Schatzamt und das Radcliffe Committee geäußert haben, beruhen dagegen auf einer allzu einseitigen Überbewertung der Gefahr, daß Spekulanten die Terminverpflichtungen der Interventionsinstanz als ‚echte' Ansprüche Dritter auf die nationalen Währungsreserven interpretieren. Obwohl ein derartiges Verhalten der Spekulanten nicht völlig aus dem Bereich der Möglichkeiten ausgeschlossen werden kann, sind diejenigen Autoren, die sich mit den mittelbaren Auswirkungen der Devisenterminpolitik ausführlich auseinandergesetzt haben, ebenfalls optimistisch. "Forward exchange policy ... may nevertheless, in a perhaps unexpected way, temporarily restore

[90] Bank Rate and Forward Exchange [144] S. 136
[91] *Goldstein* [81] S. 496
[92] *Fleming/Mundell* [79] S. 13 – Hervorhebung nicht im Original –.
[93] *Rozen* [119] S. 148

confidence just at the most critical time ...", schreibt zum Beispiel *Jasay*[94], und auch *Fleming* und *Mundell* vermuten, daß "... official support of the forward market is more likely to enhance than to reduce confidence ... provided that the operations are not believed to be too large".[95]

In diesem Zusammenhang muß jedoch auf einige Probleme langfristiger Natur hingewiesen werden.

Ist es von vornherein zweifelhaft, ob die bestehende Parität überhaupt aufrechterhalten werden kann, dann muß der kumulative Prozeß mit Maßnahmen bekämpft werden, die die Freiheit zu einer Abwertung nicht beeinträchtigen. Ist aber zuvor bei spekulativen Angriffen regelmäßig auf dem Devisenterminmarkt interveniert worden, so werden die Wirtschaftssubjekte den Verzicht auf devisenterminpolitische Maßnahmen als sicheres Anzeichen der Schwäche werten. "... the choice of Bank rate in preference to forward exchange support – behauptet *Jasay* – could be a signal to speculators that the authorities are not altogether sure of their ability to resist the pressure without devaluation ..."[96] In derartigen Situationen werden jedoch selbst drastische Erhöhungen des Diskontsatzes und/oder der Mindestreservesätze eine Zuspitzung der Krise nicht verhindern, so daß hier wahrscheinlich nur eine baldige Abwertung helfen kann.

Ähnliche Schwierigkeiten können auch entstehen, wenn die Zahlungsbilanzlage Interventionen auf dem Terminmarkt noch gerechtfertigt erscheinen läßt. "For a variety of reasons ... the authorities in the weak-currency and strong-currency countries may be unable to reach agreement on the desirability of renewed forward intervention – schreibt *Goldstein* – ... The resulting appearance of a large discount on the weak currency may excite much heavier speculative pressures than if the market had never become accustomed to forward intervention."[97]

Im ersten Fall ist es nahezu unmöglich, eine akzeptable Lösung zu finden. Gelingt es allerdings, durch den Einsatz des traditionellen geldpolitischen Instrumentariums wenigstens einen Teilerfolg zu erzielen, so sind damit unter Umständen bereits die Voraussetzungen für systematische Interventionen auf dem Terminmarkt gegeben. Eine an sich unumgängliche Paritätsänderung sollte jedoch nicht unnötig hinausgeschoben werden, da durch eine rechtzeitige Abwertung zumindest weitere Reserveverluste verhindert werden können.

Im zweiten Fall genügt es dagegen, wenn die Interventionsinstanz ihre Transaktionen auf eine Währung beschränkt, da sich der Kursfall auf dem betreffenden Teilmarkt bei einem reibungslosen Funktionieren der Dreiecks- und

[94] *Jasay* [90] S. 70
[95] *Fleming/Mundell* [79] S. 13
[96] *Jasay* [90] S. 69
[97] *Goldstein* [81] S. 500

Vielecksarbitrage auch auf die Terminkurse gegenüber den restlichen Währungen auswirken wird. Sobald sich also wenigstens eine Zentralbank zu einem kooperativen Vorgehen bereit erklärt, ist deshalb die Durchführung devisenterminpolitischer Maßnahmen bereits gewährleistet.

7.7 Begrenzte oder unbegrenzte Intervention?

Da Interventionen auf dem Devisenterminmarkt die Kurserwartungen der Spekulanten nicht zwangsläufig positiv beeinflussen, soll nunmehr danach gefragt werden, wie sich die Interventionsinstanz verhalten soll, falls sich die devisenterminpolitischen Maßnahmen zunächst überhaupt nicht oder sogar negativ auf die Kurserwartungen auswirken. Mit dieser Frage – die möglicherweise über Erfolg oder Mißerfolg der Intervention entscheidet – wird eines der zentralen Probleme der Devisenterminpolitik angeschnitten. Denn sobald die mittelbaren Auswirkungen der Intervention die unmittelbaren Wirkungen ganz oder teilweise kompensieren, wird die Gefahr akut, daß die weitere Zahlungsbilanzentwicklung eine Abwertung erzwingt, obwohl eine Abwertung durch den Rückgriff auf devisenterminpolitische Maßnahmen faktisch aus dem Bereich des Möglichen ausgeschlossen wird.

Zwei verschiedene Wege werden hier in der Literatur vorgeschlagen:

(1) die Strategie der ‚begrenzten' Intervention und (2) die Strategie der ‚unbegrenzten' Intervention. Diese Begriffe haben sich im angelsächsischen Sprachbereich bereits fest eingebürgert. Nur gelegentlich finden sich gewisse Abweichungen. Zum Beispiel benützt *Goldstein* die Ausdrücke "tentative intervention" und "bold intervention"[98], und *Spraos* empiehlt eine Politik der "pegged exchanges"[99], die der 'bold intervention' bzw. der 'unlimited intervention' gleichgesetzt werden kann.

Durch eine Strategie der begrenzten Intervention – wie sie insbesondere von *Aliber* empfohlen wird – soll in erster Linie verhindert werden, daß der Umfang des offiziellen Terminengagements einen bestimmenden Einfluß auf die Kurserwartungen der Spekulanten gewinnt.

Die Interventionsinstanz – so fordert *Aliber* – dürfe sich nicht ausdrücklich auf eine bestimmte Politik ("such as pegging the forward rate ... at a particular level"[100]) festlegen, denn es könne immerhin der Fall eintreten, daß "... speculators become more concerned about an increase in the official forward commitment whose magnitude is unknown than about a reported decrease in official reserves".[101] Die Interventionsinstanz müsse deshalb von vornherein

[98] *Goldstein* [81] S. 496
[99] *Spraos* [126] S. 225 ff.
[100] *Aliber* [43] S. 613 Fn. 6
[101] *Aliber* [43] S. 613

darauf bedacht sein, "... to suit... policies to speculative activity, permitting the discount to increase as the pressure increases. Thus they might absorb part of the pressure, allow some of it to fall on the rate and some on the reserves."[102]

Die Freigabe des Terminkurses mit dem Ziel, ein allzu schnelles Anwachsen der offiziellen Terminverpflichtungen zu vermeiden, ist allgemein als Politik der begrenzten Intervention bezeichnet worden.

Ein derartiges Vorgehen ist jedoch in zweierlei Hinsicht bedenklich. Zum einen können sich sowohl das Ansteigen des Terminkurses als auch die erneute Verringerung der Reserven weitaus nachteiliger auf die Kurserwartungen auswirken als ein steigendes Terminengagement der Interventionsinstanz. Zum anderen wird aber auf diese Weise die eigentliche Aufgabe der Devisenterminpolitik, Reserveverluste zu verhindern, nur teilweise gelöst. "But if tentative intervention can cut reserve losses by a given amount – fragt *Goldstein* –, why not bold intervention to reduce losses by an even greater amount?"[103] Die Tragweite dieses Einwandes läßt sich allerdings erst erkennen, wenn die kurzfristige Betrachtungsweise aufgegeben wird. Längerfristig ist nämlich allein die Höhe der Gold- und Devisenreserven dafür entscheidend, ob eine gegebene Parität aufrechterhalten werden kann. Sobald also die Interventionsinstanz bewußt weitere Reserveverluste in Kauf nimmt, vergrößert sie damit zwangsläufig die Gefahr, daß ihr eine Abwertung aufgezwungen wird.

Die Konzeption der unbegrenzten Intervention – die vor allem in *Goldstein* einen eifrigen Verfechter gefunden hat – erfordert dagegen, daß die Interventionsinstanz selbst bei einer spürbaren Zunahme der spekulativen Aktivität kurzfristige Kapitalexporte der Zinsarbitrageure und damit erneute Reserveverluste völlig verhindert. Eine derart konsequent durchgeführte Devisenterminpolitik wird langfristig die Kurserwartungen sicherlich positiv beeinflussen, womit allerdings bei einer begrenzten Intervention kaum gerechnet werden kann. "If the forces affecting the underlying balance of payments (including policy actions already taken or contemplated) justify the present par value – schreibt *Goldstein* –, events are bound to cause speculators to lose heart in time and lead them to cover their short positions."[104]

Die Kritik, die *Aliber* insbesondere bei *Goldstein* hervorgerufen hat[105], ist aber wahrscheinlich zum großen Teil auch daraus zu erklären, daß *Aliber* in seiner Argumentation von einem Terminkurs ausgeht, der bereits ein relativ niedriges Niveau erreicht hat. Eine begrenzte Intervention erweckt dann in der Tat nach außen den Eindruck, daß dem spekulativen Druck ‚nachgegeben' wird.

Hier ließe sich jedoch teilweise Abhilfe schaffen, wenn sich die Interventionsinstanz davor hütet, eine schon erreichte Position wieder aufzugeben. Deshalb

[102] *Aliber* [43] S. 613 Fn. 6
[103] *Goldstein* [81] S. 496
[104] *Goldstein* [81] S. 496
[105] Vgl. *Goldstein* [81] S. 494 ff.

müßte die Konzeption der begrenzten Intervention gegebenenfalls in der Form realisiert werden, daß sich die Interventionsinstanz darauf beschränkt, eine schrittweise Kurssenkung auf dem Terminmarkt je nach Reaktion der Spekulanten zu verlangsamen bzw. zu beschleunigen. Da bei einem derartigen Vorgehen weiterhin Reserveverluste entstehen werden, setzt eine Politik der begrenzten Intervention voraus, daß die offiziellen Gold- und Devisenreserven noch hoch genug sind, um hier für einen gewissen Zeitraum eine Ausgleichsfunktion übernehmen zu können. Ist aber die Zahlungsbilanzstörung, die den kumulativen Prozeß ausgelöst hat, relativ einfach zu beseitigen, so kann eine Intervention auch auf diese Weise durchaus zu einem Erfolg führen.

Sind diese Voraussetzungen dagegen nicht erfüllt, dann erscheint eine begrenzte Intervention allerdings nur vertretbar, sobald das traditionelle Instrumentarium der Geldpolitik zur Unterstützung der devisenterminpolitischen Maßnahmen herangezogen werden kann. Sind zum Beispiel Diskonterhöhungen auch unter binnenwirtschaftlichen Gesichtspunkten zu rechtfertigen, so hat die Interventionsinstanz bei einer Zunahme des spekulativen Drucks die Möglichkeit, die Nettozinsdifferenz wahlweise durch ein verstärktes Termindevisenangebot oder durch Erhöhungen des inländischen Zinsniveaus zu verringern bzw. konstant zu halten.

Ein kombinierter Einsatz von Diskont- und Devisenterminpolitik in der hier vorgeschlagenen Form unterscheidet sich nur noch geringfügig von einer Politik der unbegrenzten Intervention. Denn auch diese Konzeption ist nicht mit der Forderung nach einer absoluten Fixierung des Terminkurses identisch. Sie strebt lediglich eine relative Fixierung insofern an, als die Nettozinsdifferenz auf einem ganz bestimmten Niveau konstant gehalten werden soll. Die Frage, welche Nettozinsdifferenz bzw. welcher Terminkurs dabei als optimal gelten können, läßt sich jedoch nur unvollständig beantworten, wenn nicht zuvor untersucht wird, inwieweit das Verhalten der Wirtschaftssubjekte in der Realität von der Modellvorstellung abweicht.

7.8 Irrationales Verhalten und institutionelle Beschränkungen

Die bisherigen Erörterungen haben sich auf ein Kursbildungsmodell bezogen, in dem rationales Verhalten und das Fehlen von Friktionen vorausgesetzt werden. Diese Voraussetzungen sind jedoch in der Realität häufig nicht erfüllt. Zwar hat das – wenn man *Sohmen* folgen will – den Theoretiker nicht zu interessieren[106], aber sobald die Aufgabenstellung eine Erarbeitung von Richtlinien für die geldpolitische Praxis einschließt, muß auch dieses Moment berücksichtigt werden. Im Hinblick auf den optimalen Terminkurs soll deshalb zum einen

[106] *Sohmen* [35] S. 70/71

danach gefragt werden, in welchem Ausmaß sich die Wirtschaftssubjekte in der Realität irrational verhalten, und zum anderen danach, inwieweit institutionelle Beschränkungen in der Realität einem „systemgerechten' Verhalten entgegenstehen.

Irrationales Verhalten kann in diesem Zusammenhang entweder auf Unwissenheit oder auf Vorurteile zurückgeführt werden.

Ein äußerst interessantes Beispiel für irrationales Verhalten findet sich bei *Hansen:* "Stockholm banks apply the spot rate when they discount foreign exchange bills. The Stockholm banks will almost without exception keep the bills in their portfolios until maturity ... For this reason one would expect the banks to apply the current forward rate when discounting such bills ..."[107] Kurzfristige Kapitalexporte dieser Art lassen sich durch devisenterminpolitische Maßnahmen überhaupt nicht beeinflussen, da der Terminkurs hier in der Kalkulation keine Berücksichtigung findet. Das Verhalten der Stockholmer Banken kann allerdings nur durch Unwissenheit erklärt werden. "Obviously irrational in the present circumstances – schreibt *Hansen* –, the method used ... is a relic from a time when ... discounted foreign exchange bills were very often sent direct to London for rediscount."[108]

Irrationales Verhalten aus Unwissenheit stellt aber die Interventionsinstanz noch vor relativ leicht zu lösende Probleme, da in diesen Fällen durch Aufklärung sicherlich kurzfristig Abhilfe geschaffen werden kann. Dagegen wird sich durch Aufklärung zunächst wenig erreichen lassen, sobald das Verhalten der Wirtschaftssubjekte überwiegend durch Vorurteile bestimmt wird, denn die Beseitigung fest eingewurzelter Vorurteile erfordert in der Regel eine langwierige erzieherische Arbeit.

In der Realität wird insbesondere der Spekulation mit einer Fülle von Vorurteilen begegnet. „Von der Parteien Gunst und Haß verwirrt, schwankt ihr Charakterbild in der Geschichte, wie nur das Wallensteins"[109], lautet eine bekannte Formulierung von *Hahn.* Die häufig anzutreffende Ablehnung jeder spekulativen Aktivität schlechthin kann unter Umständen dazu führen, daß sich die Spekulanten nicht aufgrund rationaler Überlegungen für eine bestimmte Form der Spekulation entscheiden, sondern vielmehr Transaktionen bevorzugen, deren spekulativer Charakter nach außen nur schwer zu erkennen ist.

Der internationale Waren- und Dienstleistungsverkehr bietet hier eine willkommene Gelegenheit, durch Beschleunigungen ('leads') oder Verzögerungen ('lags') von Auslandszahlungen unauffällig zu spekulieren. So werden Importeure, die Zahlungen in einer abwertungsbedrohten Währung zu leisten haben, eher geneigt sein, diese Zahlungen nach Möglichkeit hinauszuschieben, als die

[107] *Hansen* [10] S. 73
[108] *Hansen* [10] S. 74
[109] *Hahn* [149] S. 118

abwertungsbedrohte Währung per Termin zu verkaufen, da der spekulative Charakter eines derartigen Termingeschäftes kaum zu verkennen ist. "Whether exporters and importers would behave so 'rationally' is a moot question – schreibt *Goldstein* – ... outright speculation may be considered impatriotic, but commercial lagging only a matter of 'sound business judgement'."[110] Eventuelle Reserveverluste lassen sich in derartigen Fällen mit Hilfe der Devisenterminpolitik ebenfalls nicht verhindern, da der Terminkurs auch hier in der Kalkulation von vornherein nicht berücksichtigt wird.

"In so far as there exists full knowledge of the alternatives – behauptet *Spraos* –, such perverse actions are clearly not to be expected ... from traders who, by virtue of their occupation, have a more highly developed sense of profit and loss than the rest of the community." Er vermutet, daß "the educational effort needed may be small".[111] Aber selbst wenn diese Annahme für die Realität zutreffen würde, ist durchaus mit der Möglichkeit zu rechnen, daß es denjenigen Außenhändlern, die sich aufgrund eines rationalen Kalküls für eine Spekulation auf dem Devisenterminmarkt entscheiden, überhaupt nicht gelingt, Devisentermingeschäfte abzuschließen. Denn auch Banken beurteilen die Spekulation vorwiegend negativ, so daß sie sich häufig weigern, Terminabschlüsse mit Spekulanten zu tätigen. "Canadian banks do not consider their functions to include the provisions of funds for speculation – heißt es zum Beispiel in einer Untersuchung von *Eastman* – and ... they tend to refuse a purchase or sale of foreign exchange ... forward without a commercial or non-speculative financial reason."[112] Dieser Aspekt irrationalen Verhaltens betrifft aber zum Teil bereits die zweite Frage, nämlich die Frage nach den institutionellen Beschränkungen.

Die Ursachen für institutionelle Beschränkungen liegen vor allem in gewissen Vorsichtsmaßnahmen, durch die sich die Banken vor dem Risiko der Nichterfüllung eines Terminvertrages zu schützen suchen. Zu diesen Vorsichtsmaßnahmen zählen in erster Linie die Forderung nach Sicherheiten und die Festsetzung einer Obergrenze für das Terminobligo der einzelnen Kunden.

Die Forderung nach Sicherheiten ist zwar nicht allgemein üblich, sie wird jedoch keinesfalls nur in Ausnahmefällen erhoben. "Particularly where the customer ist not known or where it is believed that outright speculation is involved – schreibt *Holmes* –, a bank might require a customer to put up a margin (say 10 per cent of the value of the forward purchase or sale) to protect itself in a case of default."[113] Da bei Stellung einer derartigen Barsicherheit Zinskosten entstehen, wird auf diese Weise aber die Spekulation auf dem Terminmarkt gegenüber der Spekulation auf dem Kassamarkt relativ verteuert,

[110] *Goldstein* [81] S. 497
[111] *Spraos* [127] S. 16
[112] *Eastman* [72] S. 362
[113] *Holmes* [15] S. 39

so daß sich die Spekulanten unter Umständen auch dann für einen Kauf bzw. Verkauf von Kassadevisen entscheiden werden, wenn der Swapsatz bereits der Zinsparität entspricht.

Zudem schließen sich die Spekulation auf dem Kassamarkt und die Spekulation auf dem Terminmarkt lediglich dann gegenseitig aus, wenn die Wirtschaftssubjekte in jeder gewünschten Höhe Terminverträge abschließen können. *Jasay* befürchtet hier ernsthafte Komplikationen: "If, upon a narrowing of the forward discount above interest parity, it becomes cheaper to sell forward sterling short, 'laggards' may do so without reducing their Lagging."[114] In einer späteren Veröffentlichung hat *Jasay* darauf hingewiesen, daß ein solches Verhalten der Spekulanten unter Umständen durchaus rational sei: "... by choosing the cheaper of two speculative positions, a speculator can maximise his expected rate of profit per unit ... of the position. But if he is rational in the usual sense his maximand will be not the rate of profit, but total profit."[115] *Rozen* behauptet sogar, daß jede Spekulationswelle die Wahrscheinlichkeit in sich trage "... of becoming intense enough to motivate both spot and forward sales of the suspect currency to the full limit of one's (own and borrowed) resources and the maintenance of uncovered liabilities denominated therein".[116] Deshalb – so folgert *Rozen* – müsse in spekulativen Perioden eine Intervention auf dem Terminmarkt zwangsläufig zu einem Mißerfolg führen, da zumindest auf diese Weise Reserveverluste in nennenswertem Umfang nicht verhindert werden können.[117]

Jedoch ist *Rozen* relativ einfach zu widerlegen: Sobald nämlich der Terminkurs soweit gefallen ist, daß sich die Spekulation auf dem Terminmarkt vorteilhafter stellt als die Spekulation auf dem Kassamarkt, wird ein Spekulant, der aus institutionellen Gründen lediglich innerhalb eines begrenzten Rahmens Terminverträge abschließen kann, zusätzliche Transaktionen auf dem Kassamarkt nur durchführen, wenn der erwartete Grenzertrag dieser Transaktionen noch höher ist als die Summe aus Grenzkosten und Grenzrisiko.

Da aber das Grenzrisiko mit wachsender spekulativer Gesamtposition steigt, wird dieser Spekulant cet. par. seinen erwarteten Gewinn bereits maximiert haben, ehe die spekulative Kassaposition auf den früheren Umfang angewachsen ist.

Allerdings wird die Interventionsinstanz die Spekulation nicht völlig auf den Terminmarkt abdrängen können. Infolgedessen läßt sich auch durch eine konsequent betriebene Devisenterminpolitik nicht verhindern, daß Spekulanten weiterhin kurzfristiges Kapital exportieren. Dieses Moment ist für die Frage nach

[114] *Jasay* [90] S. 61
[115] *Jasay* [94] S. 590/591
[116] *Rozen* [119] S. 146
[117] *Rozen* [119] S. 146 f.

der optimalen Nettozinsdifferenz bzw. dem optimalen Terminkurs ebenso von Bedeutung wie die Tatsache, daß sich ein Teil der kurzfristigen Kapitaltransaktionen infolge irrationalen Verhaltens grundsätzlich einer Beeinflussung durch devisenterminpolitische Maßnahmen entzieht.

7.9 Der optimale Terminkurs

Mit dem Problem des optimalen Terminkurses haben sich bislang lediglich *Goldstein, Jasay* und *Spraos* auseinandergesetzt. *Goldstein* empfiehlt "... a level at which little outright interest arbitrage occurs, but where the forward rate would force speculators to incur some loss".[118] *Jasays* Forderungen gehen darüber bereits hinaus. Er hält eine Nettozinsdifferenz zugunsten kurzfristiger Kapitalanlagen im Inland für notwendig, denn die Interventionsinstanz könne ihr Ziel – wie er schreibt – nur erreichen "... by offsetting what spot speculation remains plus what current-account balance-of-payments swings it is deemed appropriate to offset".[119] *Spraos* will dagegen für den Terminkurs verbindliche Schwankungsgrenzen festlegen. Eine derartige Begrenzung sei – wie er glaubt – bei Spekulationen auf eine Abwertung der Inlandswährung lediglich in einer Richtung erforderlich, denn "... because of the one-way uncertainty there is an effective upper limit to the forward exchange rate – it cannot exceed the upper limit of the spot rate".[120] Nur in der entgegengesetzten Richtung gäbe es keine derartige Grenze, obwohl "... it would be advantageous if there was one – close to the lower spot limit – to which the authorities were publicly committed".[121]

Alle drei Vorschläge sind nicht frei von Nachteilen. Bei *Spraos* liegt dieser Nachteil vor allem in dem Verzicht, die Devisenterminpolitik den jeweiligen Gegebenheiten entsprechend zu gestalten, obwohl gerade dieses geldpolitische Instrument eine flexible Handhabung erfordert. Deshalb wird es auch schwierig sein, für eine derart starre Konzeption jederzeit die notwendige Unterstützung ausländischer Zentralbanken zu finden.

Goldstein fordert dagegen ausdrücklich, daß die Interventionsinstanz ihre Maßnahmen den jeweiligen Verhältnissen anpassen müsse: "As relative interest levels in the two countries change ... some adjustment in the pegged forward discount would seem appropriate."[122] Da *Goldstein* aber eine geringfügige Nettozinsdifferenz zugunsten kurzfristiger Kapitalanlagen im Ausland für optimal hält, werden Interventionen in der von ihm vorgeschlagenen Form besten-

[118] *Goldstein* [81] S. 496 Fn. 9
[119] *Jasay* [94] S. 591
[120] *Spraos* [127] S. 20. *Spraos* unterstellt dabei die für Devisenkurse in Großbritannien übliche Mengennotierung.
[121] *Spraos* [127] S. 20
[122] *Goldstein* [81] S. 496 Fn. 9

falls zu einem begrenzten Nachlassen des spekulativen Drucks auf die Währungsreserven führen. Sobald nämlich die spekulative Gesamtposition der Wirtschaftssubjekte relativ groß ist, wird die verbleibende Kassaposition unter Umständen noch so hohe Reserveverluste verursachen, daß sich der kumulative Prozeß weiter ausbreitet.

Obwohl der Vorschlag von *Jasay* diesem Umstand Rechnung trägt, können sich auch hier gewisse Komplikationen ergeben. Denn sobald der inländische Zinssatz unter dem durchschnittlichen Zinsniveau des Auslands liegt, wird erst ein Report der Inlandswährung gegenüber den ausländischen Währungen den Anforderungen, die *Jasay* an den optimalen Terminkurs stellt, entsprechen.

Ist der vereinbarte Terminkurs jedoch niedriger als der Kassakurs, so werden bei Liquidation des offiziellen Terminengagements erhebliche Kosten entstehen.[123] "If ... short-term interest rates are lower at home than abroad – schreibt *Spraos* – the cost of deflecting, by means of the arbitrage margin, a speculative attack to the forward account ... is prohibitive."[124]

Jasay hat allerdings versucht, diesen Einwand von *Spraos* zu widerlegen. Er behauptet, die Interventionsinstanz könne den Umfang ihrer Terminverpflichtungen und damit die Kosten der Intervention wesentlich einschränken, indem sie gegebenenfalls von ihren Vertragspartnern die Stellung von Sicherheiten verlange.[125] Aber abgesehen davon, daß derartige Anforderungen der Devisenterminpolitik eine Schwerfälligkeit verleihen würden, die sich mit ihrem Charakter als Ad-hoc-Maßnahme wenig verträgt, werden die hiervon betroffenen Wirtschaftssubjekte sicherlich ihre spekulative Kassaposition erhöhen, so daß die Interventionsinstanz den Terminkurs nunmehr noch weiter herabdrücken muß, um auch diese Reserveverluste durch induzierte Kapitalimporte zu kompensieren. Damit vergrößert sich nicht nur das offizielle Terminengagement, sondern

[123] Liegt der vereinbarte Terminkurs über dem oberen Interventionspunkt, so wird die Interventionsinstanz ihre Terminverpflichtungen dagegen mit einem Gewinn glattstellen können. *Jasay* [90, S. 69 Fn. 9], der versucht hat, die Gewinne für diesen Fall zu schätzen, vermutet, daß "with a large scale speculative attack on sterling, the authorities' dollar earnings from their forward support operations may well run into $ 5 – $ 10 millions annually for each 1 per cent of the forward discount".

[124] *Spraos* [127] S. 19

[125] "Since collateral requirements, whether formal or informal, can limit the volume of forward sales of a currency, they can also limit the cost of buying it at a premium. Under 'one-way uncertainty' the sole buyers would ex hypothesi be the United Kingdom authorities. As monopsonists, they could largely control the cost both by varying the collateral margin (if needed by calling for 100 %) and by demanding one type of collateral rather than another. E. g., by insisting on sterling rather than dollar collateral, they could severely restrict, if not eliminate altogether, forward sales by non-residents who are staying out of sterling. Thus the privilege of selling forward sterling at a premium would be confined to inward arbitrageurs and others who could draw dollars from the reserves but refrain from doing so and in this way oblige by causing the reserves to be higher than they otherwise would be." (*Jasay* [94, S. 592 Fn. 1])

auch die Differenz zwischen Kassa- und Terminkurs. Infolgedessen werden die Gesamtkosten der Intervention dann höchstwahrscheinlich kaum geringer sein als in den Fällen, in denen die Interventionsinstanz auf die von *Jasay* empfohlenen Maßnahmen verzichtet.

Auf ein zweites Moment, das der Notierung eines Reports entgegensteht, hat *Jasay* bereits selbst verwiesen. In einer seiner früheren Veröffentlichungen behauptet er nämlich, daß der Erfolg der Intervention auf diese Weise eventuell in Frage gestellt werde, da "... in periods of balance of payments weakness ... a premium ... might look somewhat puzzling to the very people whose funds it was designed to draw in. Confidence in forward contracts might even be impaired."[126] Ähnliche Bedenken äußert auch *Goldstein*: "... a bookkeeping loss when forward contracts were paid off ... could be politically embarassing." Jedoch befürchtet *Goldstein* vor allem, daß sich die Notierung eines Reports in einem unerwünschten Sinne auf die Kurserwartungen auswirken könne: "... the market might feel that if the authorities are so desperate to peg the weak currency at a premium, they are, indeed, on their last legs."[127] Dieser Befürchtung hat auch der Economist in einem Artikel Ausdruck gegeben, der sich mit den amerikanischen Interventionen zu Beginn der sechziger Jahre auseinandersetzt: "A premium on the spot rate ... would clearly have brought the danger of adverse psychological repercussions ..."[128]

Die Gefahr, daß die mittelbaren Auswirkungen der Intervention bei Notierung eines Reports einer wirksamen Verringerung der Reserveverluste entgegenstehen, ist aber auch deshalb nicht ganz von der Hand zu weisen, weil die Spekulanten nunmehr Termintransaktionen selbst dann mit einem Gewinn glattstellen können, wenn die erwartete Abwertung nicht stattfindet. Indem die Interventionsinstanz den Wirtschaftssubjekten Gelegenheit gibt, spekulative Positionen ohne nennenswerte Risiken aufzubauen, wird sie einen stimulierenden Einfluß auf die Aktivität der Spekulanten ausüben. Vor allem werden in diesem Falle auch solche Wirtschaftssubjekte Termindevisen nachfragen, die sich gewöhnlich jeder spekulativen Tätigkeit enthalten.[129] Deshalb wird sich das Verhältnis von offiziellem Terminengagement und verhindertem Reserveverlust höchstwahrscheinlich derart zuungunsten der Interventionsinstanz verschieben, daß ihre Maßnahmen in einem negativen Sinne auf die Kurserwartungen

[126] *Jasay* [93] S. 45
[127] *Goldstein* [81] S. 496 Fn. 9
[128] Experiment in Forward Exchange [147] S. 368
[129] Da die makroökonomische Spekulationsfunktion bei einem Terminkurs in Höhe des oberen Interventionspunktes sicherlich über einen so weiten Abschnitt vollkommen elastisch sein wird, daß die Interventionsinstanz auch durch ein verstärktes Devisenangebot den Terminkurs nicht unter dieses Niveau herabdrücken kann, läßt sich ein Report nur herbeiführen, indem sich die Interventionsinstanz bereit erklärt, bei einem bestimmten Terminkurs innerhalb der Interventionspunkte jede Überschußnachfrage durch ein entsprechendes Angebot auszugleichen.

der Spekulanten zurückwirken und somit den kumulativen Prozeß nicht aufhalten können.

Bereits aus diesem Grund sollte die Interventionsinstanz bei Spekulationen auf eine Abwertung der Inlandswährung darauf verzichten, Termindevisen zu einem Kurs anzubieten, der innerhalb des für den Kassakurs festgelegten Schwankungsspielraumes liegt. Allerdings läßt sich der Vorschlag von *Jasay* dann nur realisieren, wenn das inländische Zinsniveau das Zinsniveau des Auslands wenigstens in Höhe der Nettozinsdifferenz übersteigt, die erforderlich ist, um kurzfristige Kapitalimporte in dem Umfang zu induzieren, in dem irrationales Verhalten und institutionelle Beschränkungen noch zu Reserveverlusten führen.

Damit ist auch die Frage nach dem optimalen Terminkurs beantwortet. Da aber die von der Interventionsinstanz in dieser Beziehung zu erfüllenden Mindestanforderungen ebenso von der jeweiligen Ausgangssituation abhängen wie die Wahl der zu befolgenden Strategie, sollen die wichtigsten Ergebnisse noch einmal in einem Überblick zusammengefaßt werden.

(1) Sind die offiziellen Gold- und Devisenbestände noch relativ hoch, so wird bereits eine begrenzte Intervention den kumulativen Prozeß möglicherweise aufhalten. Die Interventionsinstanz dürfte aber in diesem Falle eine schon erreichte Position (= Nettozinsdifferenz) nicht wieder aufgeben, da cet. par. ein Ansteigen des Terminkurses von den Spekulanten wahrscheinlich als Zeichen der Schwäche interpretiert wird. Allerdings ließe sich hier ein unerwünschtes Anwachsen des offiziellen Terminengagements verhindern, sobald das traditionelle Instrumentarium der Geldpolitik zur Unterstützung der devisenterminpolitischen Maßnahmen herangezogen werden kann.

(2) Haben die Gold- und Devisenreserven dagegen bereits einen verhältnismäßig niedrigen Stand erreicht, dann setzt eine erfolgreiche Bekämpfung des kumulativen Prozesses die Bereitschaft zu unbegrenzten Interventionen voraus. Ist die eigentliche Zahlungsbilanzstörung relativ einfach zu beseitigen, so wird sich die Interventionsinstanz den hierzu benötigten Spielraum unter Umständen auch dann verschaffen können, wenn sie – wie *Goldstein* vorschlägt – lediglich die Nettozinsdifferenz zugunsten einer Kapitalanlage im Ausland auf ein Minimum reduziert.

(3) Sind die Gold- und Devisenbestände derart gering, daß weitere Reserveverluste eine Abwertung erzwingen würden, so kann nur eine Nettozinsdifferenz zugunsten kurzfristiger Kapitalanlagen im Inland der Intervention zu einem Erfolg verhelfen. In diesem Fall bedarf die Devisenterminpolitik einer Ergänzung durch diskontpolitische Maßnahmen, da die inländischen Zinssätze zumindest in Höhe derjenigen Nettozinsdifferenz über das durchschnittliche Zinsniveau des Auslands angehoben werden müssen, bei der sich die Bilanz der kurzfristigen Kapitaltransaktionen ausgleicht.

8. Interventionen in spekulationsfreien Perioden

8.1 Geldpolitische Dreiecksprobleme

Obwohl das primäre Ziel der Devisenterminpolitik darin bestehen sollte, die durch Währungsspekulation verursachten Veränderungen der Gold- und Devisenreserven einzudämmen, ist ihr Aufgabenbereich nicht allein auf diese Möglichkeit beschränkt. Jedoch erfordert das akute Problem eines kumulativen Prozesses in jedem Fall vorrangig eine Lösung und läßt somit andere Probleme zunächst in den Hintergrund treten. Herrscht hingegen allgemeines Vertrauen in die bestehenden Währungsparitäten, dann wird die Devisenterminpolitik auch zur Erfüllung darüber hinausführender Aufgaben eingesetzt werden können.

Keynes, durch dessen Ausführungen in einem 1922 erschienenen Zeitungsartikel[1] die Diskussion über die Devisenterminpolitik ausgelöst wurde, hatte den Zentralbanken eine Beeinflussung der Devisenterminkurse vor allem empfohlen, um eine von den jeweiligen Erfordernissen der Zahlungsbilanz unabhängige Diskontpolitik zu gewährleisten: "By varying these rates they would be able, in effect, to vary the interest offered for foreign balances, as a policy distinct from whatever might be their bank-rate policy for the purpose of governing the interest obtainable on home balances."[2] Dagegen hat *Keynes* die Möglichkeit, daß die Devisenterminpolitik auch zur Bekämpfung der Währungsspekulation eingesetzt werden kann, nicht in Erwägung gezogen. Das mag hauptsächlich daran liegen, daß entsprechende Erfahrungen seinerzeit überhaupt noch nicht vorlagen. Jedoch wurde durch die zahlreichen Spekulationswellen vor und nach dem Zweiten Weltkrieg die allgemeine Aufmerksamkeit zunächst von *Keynes'* ursprünglichen Vorschlägen abgelenkt, so daß *Auten* noch im Jahre 1961 schreiben konnte: "The full potentialities of such a use of forward-exchange-rate policy still remain to be developed."[3]

Dennoch haben *Keynes'* Anregungen in der Zwischenzeit – wenn auch vorwiegend bei Theoretikern – immer wieder Beachtung gefunden. In neuerer Zeit hat sich besonders *Einzig* für eine Devisenterminpolitik in der von *Keynes* empfohlenen Form eingesetzt und ihr einen großen Teil seines Buches 'A Dynamic Theory of Forward Exchange' gewidmet. *Einzig* gelangt dort zu ähnlichen Schlußfolgerungen wie *Keynes*: "With the aid of a well-conceived forward rate policy it is possible to prevent or mitigate the conflict between the domestic and international aspects of Bank rate policy."[4]

[1] *Keynes* [103] S. 11–15
[2] *Keynes* [20] S. 135
[3] *Auten* [48] S. 55
[4] *Einzig* [5] S. 525

In einer Hinsicht besteht aber zwischen diesen Autoren ein wesentlicher Unterschied: *Keynes* sieht in der Devisenterminpolitik allein ein Mittel, um auf dem Wege einer Zinsdifferierung den inländischen und den ausländischen Geldmarkt ganz oder teilweise voneinander zu isolieren. *Einzig* glaubt hingegen, daß "the domestic economy could be isolated from the effects of a Bank rate change that was undertaken for international considerations, and the international effects of a Bank rate change undertaken for domestic considerations could be equally prevented".[5] Der Ansatzpunkt ist allerdings in beiden Fällen der gleiche. Die Devisenterminpolitik wird von *Keynes* ebenso wie von *Einzig* für ein wirtschaftspolitisches Instrument gehalten, das geeignet ist, eventuelle Widersprüche zwischen den binnen- und außenwirtschaftlichen Erfordernissen der Geldpolitik überbrücken zu helfen. Infolgedessen soll zunächst einmal gefragt werden, welcher Art diese Widersprüche überhaupt sein können.

Artikel 1 des Übereinkommens von Bretton Woods nennt neben der Stabilität der Wechselkurse "the promotion and maintenance of high levels of employment and real income" als wichtigstes Ziel der Geldpolitik.[6] Entsprechend hierzu heißt es in Artikel 104 des EWG-Vertrages: „Jeder Mitgliedstaat betreibt die Wirtschaftspolitik, die erforderlich ist, um unter Wahrung eines hohen Beschäftigungsstands und eines stabilen Preisniveaus das Gleichgewicht seiner Gesamtzahlungsbilanz zu sichern ...“[7]

Diese Forderungen sind jedoch auf längere Sicht unerfüllbar, denn die geldpolitischen Ziele Vollbeschäftigung, Stabilität des Preisniveaus und Gleichgewicht der Zahlungsbilanz bilden ein ‚magisches Dreieck‘, d. h. es lassen sich in der Regel bestenfalls zwei dieser Ziele unter Verzicht auf das dritte realisieren. Eine auf derartigen Voraussetzungen beruhende Währungsverfassung wird daher die Zentralbanken der Mitgliedstaaten immer wieder vor nahezu unlösbare Probleme stellen, was sich anhand weniger Zitate aus den Geschäftsberichten der Deutschen Bundesbank leicht zeigen läßt.

Die Ausführungen der Bundesbank lassen zudem erkennen, daß nicht nur mitunter Interessenkollisionen zwischen den binnen- und außenwirtschaftlichen Erfordernissen der Geldpolitik entstehen, sondern daß auch in Abwesenheit einer derartigen Interessenkollision nahezu jeder Versuch, mit Hilfe der Geldpolitik auf die innere Wirtschaftsentwicklung Einfluß zu nehmen, unter den gegebenen institutionellen Voraussetzungen zum Scheitern verurteilt ist.

Grundsätzlich könne – so schreibt die Bundesbank – „ein System mit festen Währungsparitäten ... auf die Dauer nur funktionieren, wenn die Wirtschafts- und Währungspolitik in den wichtigsten Ländern ausreichend auf die Bedürf-

[5] *Einzig* [5] S. 525
[6] Articles of Agreement of the International Monetary Fund [162]
[7] Gesetz zu den Verträgen vom 25. März 1957 zur Gründung der Europäischen Wirtschaftsgemeinschaft und der Europäischen Atomgemeinschaft vom 27. 7. 1957. In: Bundesgesetzblatt II 1957, S. 838

nisse des Zahlungsbilanzgleichgewichts eingestellt, also zahlungsbilanzorientiert ist".[8] Zahlungsbilanzorientierte Geldpolitik heißt zweierlei: Im Hinblick auf die Kapitalbilanz handelt es sich um ein „... strukturelles Problem ... nämlich [um] das der richtigen Einordnung des deutschen Zinsgefüges in das internationale Zinsgefüge, eine Aufgabe, deren Lösung durch die Herstellung der Konvertierbarkeit der Währungen und die immer engere Verbindung der Geld- und Kapitalmärkte immer dringlicher wurde".[9] Im Hinblick auf die Bilanz des grenzüberschreitenden Waren- und Dienstleistungsverkehrs ist dagegen eine laufende „Anpassung des heimischen Preis- und Kostenniveaus an ... die Entwicklung in anderen Ländern"[10] erforderlich.

Widersprüche zwischen dieser Forderung nach einer Anpassung des Preis- und Kostenniveaus einerseits und dem geldpolitischen Ziel der Preisstabilität andererseits lassen sich aber durch eine „möglichst große Stabilität des Gesamtsystems" vermeiden, deshalb setzt auch „die freiwillige Unterstellung unter die Disziplin der Zahlungsbilanz ... eine enge Abstimmung zwischen den Defizit- und Überschußländern voraus ... vor allem ... um sicherzustellen, daß die zahlungsbilanzkonforme Politik der Teilnehmerländer nicht auf einen Gleichschritt in der Inflation hinausläuft".[11]

Jedoch darf „die internationale Koordinierung der Währungspolitik ... nicht darin bestehen, daß die Schwierigkeiten des einen Partners einfach durch Inflation der anderen Partner beseitigt werden".[12] Denn dann wird eine „... zahlungsbilanzkonforme Politik ... — wie gerade die Erfahrung der letzten Jahre gezeigt hat — immer wieder mit den Erfordernissen des inneren Gleichgewichts in Konflikt geraten. Die Bundesbank hat dieses Dilemma und die sich daraus ergebenden Konflikte seit 1960 mehrfach in voller Schärfe erfahren."[13] Da sie aber „... im Rahmen der ihr zu Gebote stehenden Mittel den Weg einer Anpassung des heimischen Preis- und Kostenniveaus an die inflationäre Entwicklung in anderen Ländern weder zu gehen noch auch zu tolerieren beabsichtigt"[14], ist im Falle der Bundesrepublik „... eine ausschließlich außenwirtschaftliche Orientierung der Kreditpolitik nicht möglich".[15]

Einer rein binnenwirtschaftlich orientierten Geldpolitik — und hier zeichnet sich bereits das zweite Problem ab — bleiben aber „... so lange enge Grenzen gesetzt, als bei ... jeder Erschwerung der Kreditaufnahme im Inland infolge der vollen Aufrechterhaltung der Liberalisierung des grenzüberschreitenden Kapitalverkehrs mit einer verstärkten Kreditaufnahme im Ausland gerechnet werden

[8] GB-DBbk 1961, S. 79
[9] GB-DBbk 1960, S. 49
[10] GB-DBbk 1963, S. 18
[11] GB-DBbk 1961, S. 80
[12] GB-DBbk 1962, S. 36
[13] GB-DBbk 1960, S. 54/55
[14] GB-DBbk 1963, S. 18
[15] GB-DBbk 1963, S. 18

muß, die die Wirkung kreditpolitischer Maßnahmen im Inland überspielen würde".[16] So hätte zum Beispiel im Jahre 1960 „bei einer Fortsetzung der restriktiven Kreditpolitik ... mit einer Fortdauer der hohen Kreditaufnahmen im Ausland ... gerechnet werden müssen, wodurch die Wirkung der Kreditrestriktionen auf die Binnenwirtschaft immer wieder unterminiert worden wäre".[17] Daraus zu folgern, „... daß die Kreditpolitik unter den Gegebenheiten der Konvertibilität schlechthin zur Ohnmacht verurteilt sei ... [ist] in solcher Unbedingtheit ... jedoch nicht richtig. Die Konvertibilität legt der Kreditpolitik nur insoweit Beschränkungen auf, als sie von ihr erfordert, den internationalen Verhältnissen Rechnung zu tragen und auf ausgeprägte nationalwirtschaftliche Alleingänge zu verzichten."[18]

Sobald aber beide Problematiken aufeinanderprallen — wie zum Beispiel im Jahre 1963 —, tragen „fast alle Maßnahmen der ... Währungspolitik, die den Auswirkungen dieser Überschußfaktoren auf das innere Gleichgewicht ... entgegenwirken könnten, ... die Tendenz in sich, die Überschüsse der Leistungsbilanz und die Anziehungskraft für ausländisches Kapital noch zu verstärken. Angesichts dieses Dilemmas ist die monetäre Entwicklung in der Bundesrepublik unvermeidlich ins Schlepptau von Kräften geraten, über die die deutsche Währungspolitik keine Kontrolle hat."[19]

Wird aber dieser Katalog von Stellungnahmen, der die Problematik der heutigen Währungsverfassung wohl in aller Deutlichkeit zeigt, mit den Ausführungen von *Keynes* und insbesondere denen von *Einzig* konfrontiert, dann entsteht der Eindruck, daß eine adäquate Devisenterminpolitik hier durchaus Abhilfe schaffen könne.

Eine Veränderung des Devisenterminkurses beeinflußt sowohl die Kapitalbilanz als auch die Waren- und Dienstleistungsbilanz. Der Einfluß auf diese beiden Teilbilanzen wird allerdings jeweils entgegengesetzt sein. Sobald nämlich der Terminkurs fällt, fällt cet. par. auch das Angebot von Arbitragefonds, so daß sich die Bilanz der kurzfristigen Kapitalbewegungen tendenziell verbessert; da aber die Außenhändler mit fallendem Terminkurs in vermehrtem Umfang Termindevisen nachfragen, wird sich die Bilanz des grenzüberschreitenden Waren- und Dienstleistungsverkehrs hingegen tendenziell verschlechtern. Analog hierzu entspricht im Falle eines Kursanstieges der Verschlechterung der Kapitalbilanz eine Verbesserung der Waren- und Dienstleistungsbilanz. Welcher dieser beiden Einflüsse dominieren wird, hängt von den jeweiligen Angebots- und Nachfrageelastizitäten ab. Da aber mit Sicherheit anzunehmen ist, daß die makroökonomische Angebotsfunktion für Arbitragefonds innerhalb des hier relevanten Bereiches in bezug auf Veränderungen des Terminkurses immer weit-

[16] GB-DBbk 1963, S. 2
[17] GB-DBbk 1960, S. 50
[18] GB-DBbk 1962, S. 18
[19] GB-DBbk 1963, S. 24

aus elastischer sein wird als die Überschußnachfragefunktion der Außenhändler, kann die Zahlungsbilanz durch devisenterminpolitische Maßnahmen auch jeweils nur in die Richtung beeinflußt werden, die durch die Auswirkungen der Intervention auf die Bilanz der kurzfristigen Kapitalbewegungen angegeben wird. Damit sind der Verwendbarkeit der Devisenterminpolitik von vornherein gewisse Grenzen gesetzt.

Im Hinblick auf die häufigen Widersprüche zwischen einer zahlungsbilanzkonformen Geldpolitik und den Erfordernissen des inneren Gleichgewichtes ist den Beschränkungen, die der Devisenterminpolitik a priori auferlegt sind, eine unterschiedliche Bedeutung beizumessen, je nachdem, ob die Ursache für derartige Widersprüche in der Forderung nach Einordnung des inländischen Zinsgefüges in das internationale Zinsgefüge oder aber in der Forderung nach Anpassung des inländischen Kosten- und Preisniveaus an das des Auslands begründet liegt.

Im ersten Fall werden sich diese Beschränkungen — zumindest in einer kurzfristigen Betrachtungsweise — kaum bemerkbar machen, da die Auswirkungen von Diskontsatzveränderungen auf die Kapitalbilanz durch eine entsprechende Beeinflussung des Terminkurses ohne größere Schwierigkeiten neutralisiert werden können. Im zweiten Fall ist dagegen eine Antwort nicht so einfach: Handelt es sich um vorübergehende Divergenzen in der Kosten- und Preisentwicklung, dann wird es nur sinnvoll sein, die daraufhin entstehenden Ungleichgewichte in der Waren- und Dienstleistungsbilanz durch kursgesicherte Kapitalbewegungen zu kompensieren, sobald einem Defizit (Überschuß) in absehbarer Zeit ein Überschuß (Defizit) in gleicher Höhe folgt. Trifft diese Voraussetzung nicht zu, dann sollte die Interventionsinstanz lieber eine Verminderung (Erhöhung) der Gold- und Devisenreserven in Kauf nehmen, da sie anderenfalls das Gleichgewicht der Gesamtzahlungsbilanz nur aufrechterhalten könnte, indem sie ihre Interventionen auf dem Terminmarkt unbegrenzt fortsetzt, selbst wenn die Waren- und Dienstleistungsbilanz späterhin erneut einen Gleichgewichtszustand erreicht. Handelt es sich aber um anhaltende Divergenzen, sei es weil Kosten und Preise im Inland schneller steigen als im Ausland oder sei es weil die Inlandspreise relativ stabil sind, während Kosten und Preise im Ausland infolge einer durch Beschäftigungsprobleme bedingten expansiven Geldpolitik laufend ansteigen, so könnte zwar auch hier versucht werden, die Gesamtzahlungsbilanz zunächst durch eine Regulierung der kursgesicherten Kapitalbewegungen auszugleichen; jedoch sollten — wie die Deutsche Bundesbank schreibt — „... kurzfristige Geldbewegungen nicht als ein dauerhaftes Mittel zum Ausgleich von Zahlungsbilanzungleichgewichten, sondern nur als ein kurzfristig und vorübergehend wirksames Mittel zur Milderung extremer Zahlungsbilanzpositionen angesehen werden“.[20]

[20] GB-DBbk 1961, S. 73

Im Hinblick auf die Hemmnisse, die unter den gegebenen institutionellen Voraussetzungen einer autonomen, binnenwirtschaftlich orientierten Geldpolitik auferlegt sind, bietet die Devisenterminpolitik dagegen wiederum die Möglichkeit, innerhalb eines begrenzten Rahmens Abhilfe zu schaffen. Denn durch eine Beeinflussung des Terminkurses können die Zentralbanken nicht nur die Auswirkungen von Diskontsatzveränderungen auf die Bilanz des kurzfristigen Kapitalverkehrs neutralisieren, sondern auch gleichzeitig denjenigen Liquidisierungs- bzw. Kontraktionstendenzen auf dem heimischen Geldmarkt entgegenwirken, die eine restriktive bzw. expansive Geldpolitik anderenfalls überspielen würden. *Einzigs* Formulierung "... the international effects of a Bank rate change undertaken for domestic considerations could be ... prevented" muß somit dahingehend interpretiert werden, daß die Devisenterminpolitik nicht nur eine von den Erfordernissen des kurzfristigen Zahlungsbilanzausgleichs unabhängigere Diskontpolitik ermöglicht, sondern der Diskontpolitik auch im Hinblick auf die Realisierung binnenwirtschaftlicher Ziele eine erhöhte Wirksamkeit verleiht.

Allerdings bleibt völlig ungeklärt, worauf *Einzig* seine Vermutung stützt, daß "the domestic economy could be isolated from the effects of a Bank rate change that was undertaken for international considerations". Eine zahlungsbilanzorientierte Diskontänderung kann nämlich nur bezwecken, entweder unmittelbar die internationalen Kapitaltransaktionen oder mittelbar – über das inländische Preisniveau – die grenzüberschreitenden Waren- und Dienstleistungstransaktionen zu beeinflussen. Widerspricht diese Diskontsatzänderung den binnenwirtschaftlichen Erfordernissen, so wäre der Konflikt mit Hilfe der Devisenterminpolitik im ersten Fall nur zu lösen, wenn die Zentralbank eine bestimmte Nettozinsdifferenz nicht durch eine Veränderung des Diskontsatzes, sondern vielmehr durch eine Veränderung des Terminkurses herbeiführen würde. Gilt es aber, die Inlandspreise den Preisverhältnissen des Auslands anzupassen, dann ist die von *Einzig* angestrebte Isolierung undurchführbar, ja schon deshalb überhaupt unvorstellbar, weil das inländische Preisniveau nicht gleichzeitig verändert und auch wiederum nicht verändert werden kann.

Der Aufgabenbereich der Devisenterminpolitik ist also relativ eng aufzufassen, und ihre Möglichkeiten sind weitaus geringer als einige Verfechter der Vorschläge von *Keynes* annehmen. Auch die Devisenterminpolitik kann die dem derzeitigen Währungssystem immanenten Widersprüche nicht restlos beseitigen, sie stellt in dieser Hinsicht eher – um einen Ausdruck von *Hansen* zu gebrauchen – eine „Politik der kleinen Mittel“[21] dar.

[21] *Hansen* [86] S. 137

8.2 Alternativen zur Intervention

Auch in diesem Zusammenhang soll zunächst gefragt werden, welche alternativen Mittel den Zentralbanken zur Verfügung stehen, um die der Devisenterminpolitik gestellten Aufgaben zu lösen.

Als einfachste dieser Alternativen kann der Verzicht auf einen kurzfristigen Zahlungsbilanzausgleich angesehen werden. Störende Expansions- bzw. Kontraktionstendenzen, die Zinsarbitragetransaktionen dann aber auf dem inländischen Geldmarkt hervorrufen, müßten in diesem Falle mit Hilfe der Mindestreservepolitik oder durch entsprechende Offenmarktoperationen neutralisiert werden.

Eine derartige Politik setzt bei Defizitländern allerdings relativ hohe Gold- und Devisenbestände voraus, da anderenfalls Schwankungen größeren Umfangs sicherlich das Vertrauen der Wirtschaftssubjekte in die bestehende Parität schwächen würden. Ist diese Voraussetzung nicht gegeben, so ließe sich hier unter Umständen durch Kreditaufnahmen bei ausländischen Zentralbanken und/oder bei internationalen Organisationen etwas Bewegungsfreiheit schaffen.

Der Verzicht auf eine zahlungsbilanzorientierte Geldpolitik darf jedoch immer nur äußerst kurzfristigen Charakters sein, wenn eine Änderung der bestehenden Kursparität nach Möglichkeit vermieden werden soll. Dieser Spielraum wird aber in der Regel nicht ausreichen, um die innere Wirtschaftsentwicklung mit den traditionellen Instrumenten der Geldpolitik wirksam unter Kontrolle zu halten. Deshalb ist vielfach vorgeschlagen worden, die Geldpolitik völlig in den Dienst der Zahlungsbilanz zu stellen und ihre binnenwirtschaftlichen Aufgaben der Finanzpolitik zu übertragen.

In neuerer Zeit hat sich besonders *Lübbert* für eine rein außenwirtschaftlich orientierte Geldpolitik eingesetzt. Er behauptet, „... daß dem Verzicht auf die ohnehin nur in sehr begrenztem Maße oder gar nicht für die Verwirklichung der binnenwirtschaftlichen Ziele einsetzbare Geld- und Kreditpolitik keine übermäßig große Bedeutung beigemessen werden kann“.[22] Denn erstens wirke die Geldpolitik nur kontraktiv zwangsläufig. Zweitens seien den Zentralbanken sowohl durch die „Notwendigkeit der Rücksichtnahme auf die Ertragslage der Banken“ als auch durch die „teilweise unzureichende Ausstattung ... mit offenmarktfähigen Titeln“ gewisse Beschränkungen auferlegt.[23] Und drittens würde „die Möglichkeit der Ersetzung inländischer durch ausländische Finanzierungsquellen und die Möglichkeit der Anlage im Ausland ... eine autonome nationale Geld- und Kreditpolitik weiter erschweren oder unmöglich machen“.[24]

[22] *Lübbert* [111] S. 71
[23] *Lübbert* [111] S. 70
[24] *Lübbert* [111] S. 71

Bei einer Unterordnung der Geldpolitik unter die Erfordernisse des kurzfristigen Zahlungsbilanzausgleichs wird es sich aber unter Umständen nicht vermeiden lassen, daß entsprechende Maßnahmen die Wirtschaftsentwicklung im Inland in einem unerwünschten Sinne beeinflussen. Darüber hinaus sind die Aussichten, daß die öffentliche Hand ihre Steuer- und Ausgabenpolitik den jeweiligen binnenwirtschaftlichen Erfordernissen wirksam anpassen wird, nicht allzu hoch einzuschätzen. Beklagt *Lübbert* schon, daß die Zentralbank bei geldpolitischen Entscheidungen auf die Ertragslage der Geschäftsbanken Rücksicht nehmen müsse, so ist die Freiheit bei der Gestaltung des öffentlichen Haushalts in einem ungleich stärkeren Maße durch innen- und außenpolitische Erfordernisse bzw. parteipolitische Interessen eingeschränkt.

Der Vorschlag, eine primär zahlungsbilanzorientierte Geldpolitik zu betreiben, ist aber des öfteren insofern modifiziert worden, als eine Trennung zwischen den kurz- und langfristigen Zinssätzen empfohlen wird. Für die Investitionsentscheidungen der Unternehmer – so wird argumentiert – sei hauptsächlich der langfristige Zinssatz relevant. Deshalb lasse sich die innere Wirtschaftsentwicklung durch Veränderungen des langfristigen Zinssatzes steuern, während der kurzfristige Zinssatz den jeweiligen Erfordernissen der Zahlungsbilanz angepaßt werden könne.

Aber auch dieser Vorschlag erscheint wenig erfolgversprechend. Denn erstens ist eine wirksame Trennung zwischen kurz- und langfristigen Zinssätzen wahrscheinlich kaum durchführbar. Die Zinssätze des Kapitalmarktes und die des Geldmarktes bilden sich nämlich in gegenseitiger Abhängigkeit, da zwischen beiden Märkten ein laufender Ausgleich stattfindet. "Every business can ordinarily switch to some extent from one to another – schreibt *Sayers* – can change, that is to say, the distribution of its assets and liabilities in order to profit from changes in relative interest rates."[25]

Zweitens wird hier unterstellt, daß außenwirtschaftlich motivierte Veränderungen der kurzfristigen Zinssätze die innere Wirtschaftsentwicklung nicht beeinflussen. Aber sobald dem Theorem von der ‚strategischen Position des Handels' überhaupt noch ein gewisser Realitätsgehalt zukommt, werden sich Diskonterhöhungen über die verminderte Lagerhaltung des Handels dämpfend auf die allgemeine Wirtschaftsentwicklung auswirken und umgekehrt.

Und drittens orientieren sich zum Teil auch die langfristigen internationalen Kapitalbewegungen an den zwischen einzelnen Ländern bestehenden Zinsdifferenzen, vor allem dann, wenn allgemein Vertrauen in die bestehenden Kursparitäten herrscht. Die Zentralbanken würden deshalb im langfristigen Bereich mit ähnlichen Problemen konfrontiert werden wie heutzutage im kurzfristigen Bereich.

In kritischen Situationen verbleiben damit nur zwei Möglichkeiten: Entweder entschließen sich die Zentralbanken dazu, das bestehende Währungssystem

[25] *Sayers* [30] S. 141

grundlegend zu ändern, oder sie versuchen, einen kurzfristigen Zahlungsbilanzausgleich mit Hilfe devisenterminpolitischer Maßnahmen herbeizuführen. Von diesem Hintergrund aus betrachtet, ist der Devisenterminpolitik selbst als einer ‚Politik der kleinen Mittel' eine relativ große Bedeutung beizumessen.

8.3 Interventionen bei kurzfristig ausgeglichener Gesamtzahlungsbilanz

8.31 Möglichkeiten

Ist die Gesamtzahlungsbilanz ausgeglichen, so würde eine binnenwirtschaftlich motivierte Diskontsatzänderung cet. par. diesen Gleichgewichtszustand stören. Wird aber der Swapsatz der nunmehr bestehenden Bruttozinsdifferenz angepaßt und damit der mit der Diskontsatzänderung geschaffene Anreiz zur Durchführung von Zinsarbitragetransaktionen beseitigt, dann bleibt nicht nur das Gleichgewicht der Zahlungsbilanz gewahrt, sondern der Diskontpolitik wird auch insofern ein größerer Nachdruck verliehen, als jetzt die Möglichkeit ausgeschlossen ist, daß internationale Kapitaltransaktionen die Bankenliquidität erhöhen bzw. verringern und auf diese Weise den binnenwirtschaftlichen Effekt der Diskontsatzänderung ganz oder teilweise kompensieren.

Der Spielraum für eine rein binnenwirtschaftlich orientierte Geldpolitik, über den die Zentralbanken dadurch verfügen, ist allerdings begrenzt. Denn sobald allgemein Vertrauen in die bestehenden Währungsparitäten herrscht, wird das Termindevisenangebot (die Termindevisennachfrage) der Spekulanten bei einem Kurs in Höhe des oberen (unteren) Interventionspunktes vollkommen elastisch. Hat der Terminkurs den oberen (unteren) Interventionspunkt erreicht, so werden daher Termindevisenkäufe (-verkäufe) der Interventionsinstanz lediglich zu einer Erhöhung des offiziellen Terminengagements führen, ohne daß der Terminkurs steigt (fällt). Infolgedessen ist die Herbeiführung eines Kurses außerhalb der für den Kassakurs festgesetzten Schwankungsgrenzen durch Interventionen auf dem Terminmarkt faktisch unmöglich. Soll also der Zahlungsbilanzeffekt diskontpolitischer Maßnahmen durch eine Beeinflussung des Devisenterminkurses neutralisiert werden, so bestimmen sich die maximal möglichen Abweichungen des inländischen Zinsniveaus von dem des Auslands durch die für den Devisenkassakurs festgelegten Interventionspunkte.

Die Mitgliedstaaten des Internationalen Währungsfonds sind verpflichtet, auf dem Kassamarkt zu intervenieren, sobald sich der Kurs ihrer Währung gegenüber dem US-Dollar um 1 % nach oben oder unten von der vereinbarten Parität entfernt hat.[26] Die Mehrzahl der westeuropäischen Länder hat darüber hinaus den Schwankungsspielraum für ihre Währungen im Rahmen des Europä-

[26] Articles of Agreement of the International Monetary Fund [162] Article 4 (Section 3)

ischen Währungsabkommens auf etwa ±0,75% eingeschränkt.[27] Aus dieser Festlegung von Limitkursen gegenüber dem US-Dollar ergeben sich für die Kurse der einzelnen Währungen untereinander gleichfalls bestimmte Schwankungsgrenzen, deren numerische Werte durch Addition ihrer jeweils maximal möglichen Abweichungen von der Dollar-Parität leicht zu ermitteln sind.

Entspricht der Devisenkassakurs der Inlandswährung einem der beiden Interventionspunkte, so kann der Terminkurs bei Zugrundelegung eines Schwankungsspielraumes von ±0,75% maximal um 1,5% vom Kassakurs abweichen. Bei einer einheitlichen Abschlußfrist auf dem Terminmarkt von 90 Tagen entspricht dies einem Swapsatz von 6% p. a. Das bedeutet, daß die Zentralbank ihren Diskontsatz bis zu 6% über den des Auslands heraufsetzen bzw. unter den des Auslands senken könnte, je nachdem, ob der Kassakurs den unteren oder den oberen Interventionspunkt erreicht hat. Werden nur bilaterale bzw. multilaterale Beziehungen unter Ausschluß der USA betrachtet, dann erhöht sich dieser Spielraum auf 12% p. a.

Diese Werte geben lediglich an, inwieweit der inländische Diskontsatz in jeweils nur eine Richtung von den ausländischen Sätzen maximal abweichen darf. Bei der Berechnung desjenigen Spielraumes, über den die Zentralbank gleichzeitig in beiden Richtungen verfügt, müßte dagegen von einem Kassakurs in Höhe der Dollar-Parität ausgegangen werden. Werden auf dem Terminmarkt nur Abschlüsse per 90 Tage getätigt, dann kann der Diskontsatz bis zu 3% über bzw. unter den Sätzen des Auslands liegen. Dieser Prozentsatz verdoppelt sich wiederum, sobald die USA aus dem Kreis der zu betrachtenden Länder ausgeschlossen werden.

Je weiter sich der Kassakurs allerdings von seiner Dollar-Parität entfernt, desto mehr schrumpft dieser Spielraum in einer Richtung zusammen. Nähert er sich dem oberen Interventionspunkt, dann verringert sich der Prozentsatz, um den der inländische Diskontsatz über die ausländischen Sätze maximal heraufgesetzt werden darf. Nähert er sich dem unteren Interventionspunkt, so verringert sich dagegen der Prozentsatz, um den der Diskontsatz unter die Sätze des Auslands maximal herabgesetzt werden kann. Jedem Wechselkurs zwischen der Währung eines Landes A und der eines Landes B entsprechen somit zwei unterschiedliche Prozentsätze, welche die jeweils möglichen Abweichungen des Zinsniveaus in A von dem in B nach oben bzw. nach unten begrenzen. Die Addition der beiden Höchstsätze ergibt aber immer den Wert 6 bzw. 12.[28]

[27] Ausnahmen bilden Deutschland und Großbritannien (±0,714%), Schweden (±0,03%) sowie die Schweiz (+1,789%, −1,765%). (Vgl. Monatsberichte der Deutschen Bundesbank Dezember 1958, S. 5)

[28] Eine detaillierte Berechnung derartiger Jahresprozentsätze ist – unter Zugrundelegung der damaligen Goldparitäten und -punkte – bereits Anfang des Jahrhunderts von *Weill* [40, S. 72ff.] für sechs europäische Währungen unter Hinzuziehung der USA durchgeführt worden.

Da auf dem Terminmarkt jedoch auch Abschlüsse für längere Fristen als 90 Tage getätigt werden, bedarf diese Abgrenzung des Spielraumes für eine ausschließlich binnenwirtschaftlich orientierte Geldpolitik noch einer Modifizierung. *Hansen* hat behauptet, daß die Bewegungsfreiheit der Zentralbanken grundsätzlich durch den Terminkurs für die längste Abschlußfrist bestimmt werde, denn – so schreibt er – „‚normal' muß der prozentuale Diskont bei Terminabschlüssen mit verschiedenen Laufzeiten einigermaßen der gleiche sein (sonst wird hier die Arbitrage lohnend)".[29] Er glaubt, daß sich bei den heute üblichen Abschlußfristen von maximal einem Jahr und einer für den Kassakurs festgelegten Bandbreite von ± 0,75 % das Gleichgewicht der Zahlungsbilanz mit Hilfe der Devisenterminpolitik nur aufrechterhalten lasse, wenn das inländische Zinsniveau nicht um mehr als 1,5 % p. a. von dem des Auslands abweicht.

Jedoch gilt der von *Hansen* genannte Prozentsatz lediglich für Abweichungen des inländischen Diskontsatzes von dem der USA, im Verhältnis zu den Sätzen der übrigen Länder ist der Spielraum doppelt so groß.

Auch wird das Vertrauen in die Kassakurs-Paritäten immer nur kürzerfristigen Charakters sein, so daß Vorhersagen, die einen Zeitraum von 6 oder sogar 12 Monaten umfassen, bereits mit einem relativ großen Unsicherheitsfaktor behaftet sind, zumal eine Prognose die Entwicklung in wenigstens zwei Ländern berücksichtigen muß. Spekulanten, die 6-Monats- und 12-Monats-Devisen anbieten bzw. nachfragen, werden infolgedessen sicherlich mit einer höheren Risikoprämie kalkulieren als bei An- oder Verkäufen von 3-Monats-Devisen. Die für den Kassakurs verbindlichen Interventionspunkte können also selbst in Zeiten allgemeinen Vertrauens in die bestehenden Paritäten nicht als äußerste Schwankungsgrenzen der Devisenterminkurse für längere Abschlußfristen angesehen werden.

Schließlich müssen die Jahresswapsätze bei Terminabschlüssen für unterschiedliche Fristen nicht zwangsläufig gleich sein. Obwohl *Hansen* annimmt, daß ‚Arbitragetransaktionen' diese Gleichheit in jedem Fall herbeiführen werden, vermag er seine Behauptung in einer späteren Veröffentlichung nur unter der Voraussetzung eines Marktes "with absolutely certain expectations"[30] aufrechtzuerhalten. Aber auch *Lipfert* und *Einzig* glauben, daß ‚Zeitarbitragetransaktionen' eine Annäherung der Terminkurse für die verschiedenen Fälligkeiten an eine ‚Gleichgewichtslinie' herbeiführen, wobei sie unter dieser Gleichgewichtslinie den gedachten Ort aller Terminkurse verstehen, die einem einheitlichen Jahresswapsatz entsprechen.[31] Jedoch räumt *Lipfert* ein, daß die Zeitarbi-

[29] *Hansen* [87] S. 23
[30] *Hansen* [10] S. 81
[31] *Lipfert* [25] S. 101 ff.; *Einzig* [5] S. 248 ff. *Lipfert* gibt dazu folgendes Zahlenbeispiel: Wird das englische Pfund gegen D-Mark per 1 Monat mit einem Deport von 12 Pfennig, per 3 Monate aber mit einem Deport von 24 Pfennig gehandelt, dann werden Zeitarbitrageure 3-Monats-Pfunde verkaufen und gleichzeitig 1-Monats-Pfunde kaufen. Wird das Termingeschäft auf dem Markt für 1-Monats-Pfunde zweimal pro-

trage stets mit einem Risiko behaftet ist und deshalb eine „Verbindung von Spekulation und Arbitrage" darstellt.[32] Ähnlich lautet eine Formulierung bei *Einzig:* "... when margins are wide, time arbitrage involves a fairly considerable speculative risk."[33]

Dieser Unterschied zwischen der Arbitrage im engeren Sinne und der sogenannten Zeitarbitrage darf aber mehr als nur ein rein theoretisches Interesse für sich in Anspruch nehmen. Denn Zeitarbitrageure werden eine Transaktion erst durchführen, wenn nach Berücksichtigung einer Risikoprämie noch ein angemessener Gewinn zu erwarten ist. Da diese Risikoprämie den Umständen gemäß relativ hoch sein wird, ist aber mit einer vollständigen Annäherung der Terminkurse an die Gleichgewichtslinie von vornherein nicht zu rechnen.

Inwieweit der zuvor berechnete Spielraum von 3 % bzw. 6 % p. a., dem ein Kassakurs in Höhe der Dollar-Parität und eine einheitliche Abschlußfrist auf dem Terminmarkt von 90 Tagen zugrunde liegen, überhaupt durch Zeitarbitragetransaktionen eingeschränkt werden kann, läßt sich schwer abschätzen. Wahrscheinlich wird der Kurs auf dem Markt für 12-Monats-Devisen auch bei vollem Vertrauen in die bestehenden Paritäten bis zu etwa 0,5 % des Paritätskurses unter den unteren Interventionspunkt fallen bzw. über den oberen Interventionspunkt ansteigen können. Wenn dann zwischen den einzelnen Kursen ein Gleichgewichtszustand – wie er von *Hansen* und *Lipfert* definiert wird – herrschen soll, so dürften die Terminkurse bei einem Kassakurs in Höhe der Dollar-Parität einen Jahresswapsatz von 1,25 % nicht überschreiten.

Interveniert die geldpolitische Instanz jedoch vorwiegend auf dem Markt für 3-Monats-Devisen, so dürfte mit Zeitarbitragetransaktionen nennenswerten Umfangs wegen der damit verbundenen Risiken sicherlich erst dann zu rechnen sein, wenn der Kurs für 3-Monats-Devisen einem Swapsatz von ungefähr 2–2,5 % p. a. entspricht. Dieser Handlungsspielraum könnte zudem noch erweitert werden, indem die Interventionsinstanz durch Käufe bzw. Verkäufe von Kassadevisen den Kassakurs in die Höhe des oberen bzw. des unteren Interventionspunktes rückt.

Muß dieser Spielraum aber voll ausgenutzt werden, so lassen sich kurzfristige Kapitalbewegungen auch mit Hilfe der Devisenterminpolitik nicht restlos verhindern. Setzt zum Beispiel die Deutsche Bundesbank ihren Diskontsatz um 3 % p. a. über den Diskontsatz des Federal Reserve System herauf, dann würden bei einem Kassakurs in Höhe des unteren Interventionspunktes einem Swapsatz von 3 % p. a. Terminkurse entsprechen, die nur auf den Märkten für Ab-

longiert, so läßt sich auf diese Weise nach Ablauf von 3 Monaten ein Gewinn von 12 Pfennig pro Pfund erzielen, falls sich der Deport für 1-Monats-Pfunde in der Zwischenzeit nicht ändert. Auf Grund derartiger Transaktionen müsse – wie *Lipfert* annimmt – der Deport für 3-Monats-Pfunde steigen und der Deport für 1-Monats-Pfunde fallen, und zwar so lange, bis der erstere ein Dreifaches des letzteren beträgt.

[32] *Lipfert* [25] S. 103

[33] *Einzig* [5] S. 252

schlußfristen bis zu 6 Monaten innerhalb der für den Kassakurs festgesetzten Bandbreite liegen, und zwar müßte der Kurs für 1-Monats-Devisen um 0,25 %, der für 3-Monats-Devisen um 0,75 % und der für 6-Monats-Devisen um 1,5 % höher sein als der Kassakurs. Jedoch wird es der Bundesbank kaum gelingen, auf dem Markt für 12-Monats-Devisen einen Kurs herbeizuführen, der um 3 % über dem Kassakurs und damit um 1,5 % über dem oberen Interventionspunkt liegt. Wird das Angebot der Spekulanten auf diesem Markt – wie zuvor angenommen wurde – bei einem Terminkurs vollkommen elastisch, der den oberen Interventionspunkt um 0,5 % des Paritätskurses übersteigt, so besteht für Kapitalanlagen mit einer Laufzeit von 12 Monaten noch eine Nettozinsdifferenz von 1 % p. a. zugunsten Deutschlands. Infolgedessen wird kurzfristiges Kapital aus den USA in die Bundesrepublik fließen und dort zu entsprechenden Gold- und Devisenüberschüssen führen.

Allerdings hat die Bundesbank in diesem Falle die Möglichkeit, durch verstärkte Interventionen auf dem Markt für 1-Monats-Devisen nun ihrerseits Kapitalexporte in die USA zu induzieren und somit den ursprünglichen Kapitalzustrom zu neutralisieren. Gehen die geldpolitischen Instanzen in dieser Weise vor, sobald durch Diskontsatzveränderungen auf den Märkten für Kredite mit einer Laufzeit von 6 oder mehr Monaten ein Nettozinsgefälle entsteht, das sich durch devisenterminpolitische Maßnahmen nicht völlig beseitigen läßt, dann behält das im ersten Teil abgeleitete Kursbildungsmodell, in dem für den Terminmarkt eine einheitliche Abschlußfrist von 90 Tagen unterstellt wird, seine prinzipielle Gültigkeit. Es soll daher auch für die weiteren Ausführungen als Grundlage dienen.

8.32 Die unmittelbaren Auswirkungen

In Abbildung 16 wird von einem Gleichgewichtszustand ausgegangen, bei dem der Gleichgewichtsswapsatz ${}_0s_t$ der Zinsparität entspricht. Auf dem Terminmarkt steht bei einem Kurs ${}_0K'_t$ einer geringfügigen Überschußnachfrage der Spekulanten ein Überschußangebot der Außenhändler in derselben Höhe gegenüber. Der Gleichgewichtskassakurs ${}_0K_t$ liegt innerhalb der vertraglich festgelegten Schwankungsgrenzen, so daß sich Interventionen auf dem Kassamarkt erübrigen.

Wird dieses Gleichgewicht cet. par. durch eine Diskonterhöhung im Inland gestört, so verschiebt sich die Angebotsfunktion für Arbitragefonds in Abb. 16 c parallel nach oben und schneidet die horizontale Achse des Koordinatensystems nunmehr in ${}_2s_t$. In Abwesenheit devisenterminpolitischer Maßnahmen würde jetzt Gleichgewicht bei einem Swapsatz ${}_1s_t$, einem Kassakurs ${}_1K_t$ und einem Terminkurs ${}_1K'_t$ herrschen. Zinsarbitrageure würden insgesamt kurzfristiges Kapital in Höhe von OA Dollar nach Deutschland importieren und damit einen Zahlungsbilanzüberschuß von BC Dollar verursachen.

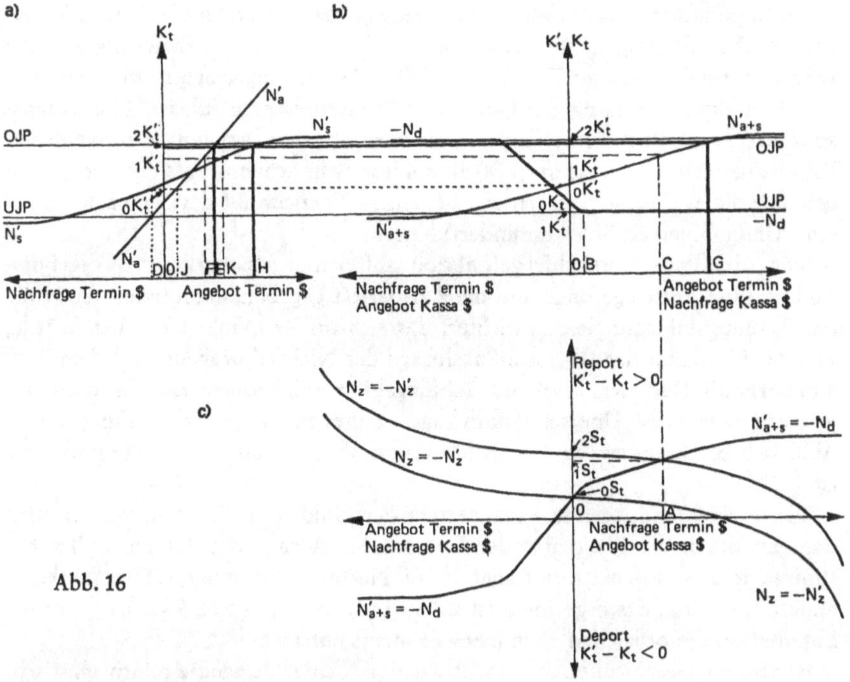

Abb. 16

Um diese Nettokapitalimporte zu verhindern, müßte die Interventionsinstanz den Swapsatz auf ${}_2S_t$ vergrößern. Interveniert sie ausschließlich auf dem Terminmarkt, so entsprechen diesem Swapsatz der Kassakurs ${}_0K_t$ und der Terminkurs ${}_2K'_t$.

Die unmittelbaren Auswirkungen einer derartigen Intervention können in Abbildung 16 abgelesen werden:

(1) geht die Interventionsinstanz Verpflichtungen zur späteren Übernahme von Devisen in Höhe von OG (= OH + OE) Dollar ein[34],

(2) bieten die Spekulanten nunmehr OH Termindollar an, und

(3) erhöht sich das Überschußangebot der Außenhändler von OF auf OE Dollar.

[34] Fragt die Interventionsinstanz Termindevisen nach, dann verliert sie die Freiheit, die Inlandswährung innerhalb der nächsten drei Monate aufzuwerten; bietet sie Termindevisen an, so darf die Inlandswährung in den drei folgenden Monaten nicht abgewertet werden. Dieser Aspekt der Devisenterminpolitik ist allerdings unter der Voraussetzung einer ausgeglichenen Zahlungsbilanz bedeutungslos. Im Hinblick auf die Notwendigkeit einer Kooperation ausländischer Zentralbanken ergeben sich dagegen keine neuen Gesichtspunkte, so daß hier auf die früheren Ausführungen verwiesen werden kann.

Bei Liquidation des offiziellen Terminengagements werden die Außenhändler bereits über diejenigen Devisenbeträge verfügen, zu deren Lieferung sie sich verpflichtet haben. Dieser Teil des offiziellen Terminengagements wird daher in t+90 zu einer Erhöhung der Gold- und Devisenreserven führen. Eine Anpassung des Swapsatzes an die Zinsparität wird aber nur sinnvoll sein, wenn der Reservezuwachs (-verlust) in t+90 zumindest nicht größer ist als der Betrag, um den sich die Währungsreserven in t bei einem Verzicht auf devisenterminpolitische Maßnahmen erhöht (vermindert) hätten.

Sind die Überschußnachfragefunktion auf dem Kassamarkt, die Angebotsfunktion für Arbitragefonds und die Zinsparität gegeben, dann hängt die Höhe des Zahlungsbilanzungleichgewichtes, das sich im Zeitpunkt t ergeben würde, von der Elastizität der Überschußnachfrage der Nichtarbitrageure auf dem Terminmarkt ab. Und zwar wäre das Zahlungsbilanzungleichgewicht um so größer, je elastischer diese Überschußnachfrage — die durch die N'_{a+s}-Funktion in Abb. 16b repräsentiert wird — in bezug auf Veränderungen des Terminkurses ist.

Die in t+90 eintretende Veränderung der Gold- und Devisenreserven wird dagegen durch die Elastizität der Überschußnachfrage der Außenhändler bestimmt. Je unelastischer hier Angebot und Nachfrage in bezug auf Terminkursänderungen sind, desto geringer ist auch der Reservezuwachs (-verlust), der bei Liquidation des offiziellen Terminengagements entsteht.

Ist also die Gesamtüberschußnachfrage der Nichtarbitrageure relativ elastisch, die Überschußnachfrage der Außenhändler dagegen relativ unelastisch, so wird der Reservezuwachs (-verlust) in t+90 immer niedriger sein als das Zahlungsbilanzungleichgewicht, das sich in Abwesenheit offizieller Interventionen auf dem Terminmarkt in t ergeben würde. Da sich die Gesamtüberschußnachfrage der Nichtarbitrageure aber aus der Überschußnachfrage der Außenhändler und der Überschußnachfrage der Spekulanten zusammensetzt, ist eine Politik der Anpassung des Swapsatzes an die Zinsparität vor allem dann zu empfehlen, wenn die makroökonomische Spekulationsfunktion innerhalb der für den Kassakurs festgesetzten Bandbreite in bezug auf Terminkursänderungen eine verhältnismäßig hohe Elastizität aufweist.

White hat einen theoretischen Ansatz entwickelt[35], der vorsichtige Aussagen quantitativer Art darüber ermöglicht, wie sich die spekulative Überschußnachfrage in Perioden allgemeinen Vertrauens in die bestehenden Kursparitäten bei geringfügigen Schwankungen des Terminkurses verändert, obwohl er allein das Verhalten derjenigen Wirtschaftssubjekte untersucht, die lediglich in Verbindung mit Außenhandelstransaktionen als Spekulanten auftreten. Bei einem Terminkurs in Höhe des unteren Interventionspunktes — so schreibt er — werde kein Exporteur erwartete Devisenerlöse auf dem Terminmarkt anbieten, da der zu-

[35] *White* [141] S. 488 ff.

künftige Kassakurs selbst im ungünstigsten Fall zumindest dem unteren Interventionspunkt entsprechen wird. Liegt er dagegen oberhalb des unteren Interventionspunktes, so ist der Exporterlös – ausgedrückt in Einheiten der Inlandswährung – höher, als er es bei Vornahme eines Kurssicherungsgeschäftes gewesen wäre. Ebenso werde ein Importeur bei Vertragsabschluß auf einen Termindevisenkauf verzichten, wenn der Terminkurs bereits den oberen Interventionspunkt erreicht hat. Jedoch werde ein Exporteur Termindevisen in voller Höhe der zukünftigen Zahlungseingänge anbieten, sobald der Terminkurs dem oberen Interventionspunkt entspricht. Analog hierzu werde ein Importeur bei einem Terminkurs in Höhe des unteren Interventionspunktes Termindevisen in vollem Umfang der zukünftigen Zahlungsverpflichtungen nachfragen. *White* folgert daraus, daß die Überschußnachfrage der Außenhändler-Spekulanten in Höhe des Dollar-Gegenwertes der gesamten Exporte und Importe eines Quartals zunehmen wird, sobald der Terminkurs vom oberen auf den unteren Interventionspunkt fällt.

Diese Größenordnungen legen die Vermutung nahe, daß die makroökonomische Spekulationsfunktion innerhalb des hier relevanten Bereiches weitaus elastischer sein wird als die Überschußnachfragefunktion der Außenhändler, um so mehr, als die Überschußnachfrage der Außenhändler-Spekulanten nur einen Teil der gesamten spekulativen Überschußnachfrage darstellt. Infolgedessen werden Veränderungen des Diskontsatzes bei einem Verzicht auf devisenterminpolitische Maßnahmen Zahlungsbilanzungleichgewichte verursachen, die bedeutend höher sind als der Reservezuwachs (-verlust), der im Zeitpunkt $t+90$ entstehen würde, falls die Interventionsinstanz in t den Swapsatz der veränderten Zinsparität anpaßt.

Ist es aber mit einer gegebenen geldpolitischen Zielsetzung nicht vereinbar, daß der Diskontsatz bereits nach Ablauf von 90 Tagen den ausländischen Sätzen wieder angeglichen wird, so muß in $t+90$ erneut auf dem Terminmarkt interveniert werden. Diese Intervention verursacht ihrerseits eine Erhöhung (Verringerung) der Währungsreserven in $t+180$ usf. Umfaßt der gesamte Interventionszeitraum jedoch nicht mehr als 12–15 Monate, so werden diese Reserveveränderungen höchstwahrscheinlich immer noch weitaus geringer sein als diejenigen Zahlungsbilanzungleichgewichte, die sich in Abwesenheit offizieller Interventionen ergeben würden.

Allerdings ist eine Entscheidung darüber, ob eine binnenwirtschaftlich motivierte Diskontsatzveränderung durch devisenterminpolitische Maßnahmen unterstützt werden sollte, weitaus schwerer zu treffen, sobald berücksichtigt wird, daß den Nettokapitalimporten (-exporten), die durch Veränderungen des inländischen Zinsniveaus induziert werden, nach erneuter Anpassung des Diskontsatzes an die durchschnittlichen Sätze des Auslands Kapitalexporte (-importe) in gleicher Höhe folgen. Denn die Zinsarbitrageure werden bei Wegfall des Nettozinsanreizes ihre Auslandsanlagen repatriieren bzw. ihre im Ausland aufgenommenen Kredite zurückzahlen. Bei Reserveveränderungen, die als Folge der Intervention auf dem Terminmarkt eintreten, fehlt dagegen ein derartiges Korrelativ.

In diesem Zusammenhang müßte darüber hinaus bedacht werden, daß eine Intervention auf dem Terminmarkt unter Umständen mit erheblichen finanziellen Kosten verbunden sein kann. Denn Kosten entstehen immer, sobald der Kassakurs in t+90 niedriger (höher) ist als der Terminkurs, zu dem die Interventionsinstanz in t Termindevisen nachgefragt (angeboten) hat.

In dem Abbildung 16 zugrunde liegenden Beispiel erwirbt die Interventionsinstanz in t OG Termindollar zum Kurse von ${}_2K'_t$. Ist der Kassakurs in t+90 unverändert ${}_0K_t$, so bestimmen sich die Interventionskosten – ausgedrückt in Einheiten der Inlandswährung – nach *Auten*[36] durch die Gleichung

$$IK = ({}_2K'_t - {}_0K_t) \cdot OG. \qquad (1)$$

Jedoch werden in t+90 lediglich die Terminverpflichtungen gegenüber Spekulanten in der Form glattgestellt, daß die Interventionsinstanz den Differenzbetrag zwischen Kassakurs und vereinbartem Terminkurs an ihren Vertragspartner auszahlt. Außenhändler werden dagegen Kassadollar liefern und dafür den vollen Gegenwert in Inlandswährung verlangen. Diese Dollarbeträge könnten aber nicht zu einem Kurs in Höhe von ${}_0K_t$ auf dem Kassamarkt verkauft werden, denn der Kassakurs würde bei einer Vermehrung des Angebots sofort fallen und möglicherweise den unteren Interventionspunkt erreichen, ehe der Markt das gesamte Dollarangebot der Interventionsinstanz absorbiert hat.

Es wäre daher richtiger, die Kosten im Falle der mit Außenhändlern abgeschlossenen Terminverträge aus der Differenz zwischen dem vereinbarten Terminkurs und dem unteren (oberen) Interventionspunkt zu ermitteln, also auf der Basis desjenigen Kassakurses, zu dem die Interventionsinstanz gewöhnlich Kassadevisen nachfragt (anbietet).

Da sich das Terminengagement OG aus Verpflichtungen gegenüber Spekulanten in Höhe von OH Dollar und aus Verpflichtungen gegenüber Außenhändlern in Höhe von OE Dollar zusammensetzt, berechnen sich die Gesamtkosten der Intervention dann nach der Gleichung

$$IK = ({}_2K'_t - {}_0K_t) \cdot OH + ({}_2K'_t - UIP) \cdot OE, \qquad (2)$$

wobei UIP einen Kassakurs bezeichnet, der dem unteren Interventionspunkt entspricht.

Liegt der Kassakurs in t+90 über dem in t vereinbarten Terminkurs, dann hat das erste Produkt in Gleichung (2) ein negatives Vorzeichen. Wäre dieses Produkt darüber hinaus absolut genommen größer als der Ausdruck (${}_2K'_t$ –

[36] *Auten* [49] S. 553; vgl. auch *Hansen* [87] S. 27

UIP) · OE, so würde IK negativ werden, das heißt, die Interventionsinstanz könnte ihr Terminengagement sogar mit einem Gewinn liquidieren.[37] Allerdings läßt sich die Höhe der Kosten bzw. des Gewinns nur ex post ermitteln, denn ex ante sind in Gleichung (2) allein die Werte für $_2K'_t$ und UIP gegeben.

Jedoch sollte die Bedeutung der Kostenfrage grundsätzlich nicht überschätzt werden. "The benefit that might be achieved from forward intervention cannot be contrasted ... with the monetary cost ... — schreibt *Auten* — unless it were assumed that the central bank should so conduct its policies as to maximize its profits."[38] Ähnlich lautet eine Formulierung von *Grubel*: "... the financial cost of forward exchange policy ... should not be a deciding factor in the choice of whether or not to intervene ... Instead, the expected gains in real terms from such a policy should be decisive."[39]

8.33 Grenzen

Bislang wurde unterstellt, daß sich bei einer Erhöhung bzw. Senkung des Diskontsatzes lediglich die Lage der Angebotsfunktion für Arbitragefonds verändert. Diese Annahme läßt sich in einer längerfristigen Betrachtung nicht aufrechterhalten. Denn erstens werden diskontpolitische Maßnahmen das inländische Preisniveau beeinflussen. Infolgedessen wird sich die Überschußnachfragefunktion der Außenhändler in Abb. 16a bei gleichen Präferenzen und konstanten Auslandspreisen im Falle einer Diskonterhöhung (-senkung) nach rechts (links) verschieben. Zweitens wird einer Diskontsatzänderung eine jeweils gleichgerichtete Veränderung des langfristigen Zinsniveaus folgen, so daß bei konstanten Zinssätzen des Auslands zusätzliche langfristige Kapitalbewegungen induziert werden. Daher verschiebt sich die $-N_d$-Funktion in Abb. 16b bei Diskonterhöhungen (-senkungen) nach links (rechts).

Obwohl diese Veränderungen der Angebots- und Nachfrageverhältnisse erst mit einer gewissen zeitlichen Verzögerung eintreten, werden Erhöhungen bzw. Herabsetzungen des Diskontsatzes auch bei laufender Anpassung des Swapsatzes an die Zinsparität auf längere Sicht zu immer höheren Zahlungsbilanzungleichgewichten führen. Es wäre aber unrichtig, allein die Devisenterminpolitik für dieses Dilemma verantwortlich zu machen. Denn insoweit Ungleichgewichte der Gesamtzahlungsbilanz vor allem auf Überschüsse bzw. Defizite in der

[37] *Auten* [49, S. 553] fordert, daß bei einem kooperativen Vorgehen zweier Zentralbanken diejenige Zentralbank die Kosten der Intervention tragen müsse, deren Diskontsatz niedriger ist, denn – so schreibt er – "... the lower interest rate allows a larger volume of investment and higher domestic real income than would otherwise occur without a decline in exchange reserves".
Dieses Argument ist wenig überzeugend, da nicht das Land mit dem relativ niedrigen Zinsniveau primär von der Intervention profitiert, sondern vielmehr das Land, dessen Diskontsatz von den durchschnittlichen Sätzen des Auslandes abweicht.

[38] *Auten* [49] S. 554

[39] *Grubel* [83] S. 165

Waren- und Dienstleistungsbilanz zurückzuführen sind, läßt sich das außenwirtschaftliche Gleichgewicht längerfristig eben nur durch eine Anpassung der Inlandspreise an das durchschnittliche Preisniveau des Auslands wiederherstellen, es sei denn, daß eine Paritätsänderung durchgeführt wird.

Da die Devisenterminpolitik wie nahezu alle geldpolitischen Maßnahmen auch internationale Auswirkungen hat, ist in diesem Zusammenhang ein zweiter Aspekt zu berücksichtigen, nämlich der eines möglichen Konfliktes zwischen der nationalen und der internationalen Interessenlage.

Eine laufende Anpassung des Swapsatzes an die Zinsparität – so schreibt *Stein* – "... will deplete the reserves of countries whose currencies are under pressure as a result of deficits in the basic balance of payments, which the market expects to be temporary".[40] Er befürchtet sogar, daß eine derartige Politik im Falle länger anhaltender Zahlungsbilanzdefizite der USA "... would lead to the demise of the dollar as a key currency".[41] Allerdings unterstellt *Stein,* daß alle Zentralbanken Abweichungen des Swapsatzes von der Zinsparität grundsätzlich verhindern. Dann würden aber Defizite in der 'basic balance' eines Landes in einem oder mehreren der Partnerländer zwangsläufig zu Zahlungsbilanzüberschüssen führen, so daß eine Anpassung des Swapsatzes an die Zinsparität dem geldpolitischen Ziel des Zahlungsbilanzausgleichs von vornherein widersprechen würde.

Ein Zahlungsbilanzausgleich könnte hier nur erreicht werden, indem die Zentralbanken der Überschußländer in begrenztem Umfang kurzfristige Kapitalexporte zuließen und ihren Swapsatz erst dann der Zinsparität wieder anglichen, wenn sich die 'basic balance' des Defizitlandes einem Gleichgewichtszustand nähert.

Derartige Überlegungen führen jedoch bereits über den relativ engen Rahmen dieses Abschnitts hinaus, da die Devisenterminpolitik zunächst ausdrücklich unter der Voraussetzung einer kurzfristig ausgeglichenen Gesamtzahlungsbilanz diskutiert werden sollte. Ist diese Voraussetzung in der Realität erfüllt, dann fehlt der Kritik von *Stein* die Grundlage, ist sie hingegen nicht erfüllt, so wäre eine Politik der Anpassung des Swapsatzes an die Zinsparität prinzipiell falsch.

8.4 Interventionen bei langfristig ausgeglichener Gesamtzahlungsbilanz

8.41 Möglichkeiten

Zahlungsbilanzüberschüsse bzw. -defizite können entweder auf ein Ungleichgewicht in der 'basic balance' oder auf ein Ungleichgewicht in der Bilanz der kurzfristigen Kapitalbewegungen zurückgeführt werden.

[40] *Stein* [130] S. 312
[41] *Stein* [130] S. 316

Die Bilanz des kurzfristigen Kapitalverkehrs wird jedoch nur dann nennenswerte Defizite (Überschüsse) aufweisen, wenn das inländische Zinsniveau unter (über) den durchschnittlichen Sätzen des Auslands liegt. Da sich hier das Gleichgewicht aber durch eine Anpassung des Swapsatzes an die Zinsparität wiederherstellen ließe, soll dieser Fall aus der Betrachtung ausgeschlossen werden.

Überschüsse oder Defizite der 'basic balance' sind mit devisenterminpolitischen Maßnahmen nicht zu beseitigen. Die Interventionsinstanz könnte lediglich versuchen, derartige Ungleichgewichte durch induzierte Kapitaltransaktionen zu kompensieren. Interventionen auf dem Terminmarkt sind daher nur sinnvoll, sobald dem Defizit (Überschuß) in absehbarer Zeit ein Überschuß (Defizit) in gleicher Höhe folgt. Ist die 'basic balance' in diesem Sinne langfristig ausgeglichen, so bietet die Devisenterminpolitik den Vorteil, daß nunmehr die Notwendigkeit entfällt, die Diskontpolitik in den Dienst des kurzfristigen Zahlungsbilanzausgleichs zu stellen.

Von derartigen Überlegungen ist auch *Keynes* ausgegangen. Denn was er eigentlich anstrebte, war eine Zinsdifferierung, d. h. eine Politik, die es ermöglicht "... to vary the interest offered for foreign balances, as a policy distinct from ... bank-rate policy for the purpose of governing the interest obtainable on home balances".[42] Davon unterscheidet sich aber eine Politik der Anpassung des Swapsatzes an die Zinsparität insofern, als diese gerade darauf abzielt, den Zinssatz für 'foreign balances' laufend dem Zinssatz für 'home balances' anzugleichen.

Keynes hat in einer späteren Veröffentlichung, die auf seine Vorschläge von 1923 Bezug nimmt, gefordert, daß die Zentralbanken das außenwirtschaftliche Gleichgewicht allein mit Hilfe der Devisenterminpolitik aufrechterhalten sollten, während die traditionellen Instrumente der Geldpolitik "... should be employed in future with exclusive regard to internal conditions and, in particular, the state of employment".[43]

Dieser Ausschließlichkeitsanspruch ist aber in der neueren Literatur selbst von denjenigen Autoren aufgegeben worden, die eine Zinsdifferierungspolitik ausdrücklich befürworten. Interventionen auf dem Terminmarkt werden in der Regel nur dann als notwendig erachtet, wenn eine zahlungsbilanzkonforme Geldpolitik den binnenwirtschaftlichen Erfordernissen widersprechen würde.[44]

Jasay bildet hier eine Ausnahme. Er bezweifelt, daß sich kurzfristige Kapitaltransaktionen durch diskontpolitische Maßnahmen überhaupt beeinflussen lassen. "Under the classical gold standard – so schreibt er –, Bank Rate could draw gold from foreign money markets; today its power to do so is dubious."[45] Er

[42] *Keynes* [20] S. 135
[43] *Keynes* [105] S. 532
[44] Vgl. z. B. *Hansen* [87] S. 131
[45] *Jasay* [93] S. 42

behauptet, daß die Devisenterminpolitik "... can be much more freely used for the classical gold standard purpose of tapping foreign money markets".[46]

Jasays Argumentation wäre jedoch nur berechtigt, wenn Angebot und Nachfrage der Nichtarbitrageure auf dem Terminmarkt in bezug auf Kursveränderungen relativ unelastisch sein würden. Denn lediglich unter dieser Voraussetzung wird sich der Swapsatz nach jeder Diskontsatzänderung – wie *Keynes* angenommen hat – nahezu automatisch der neuen Zinsparität anpassen, ohne daß es zu nennenswerten kurzfristigen Kapitalbewegungen kommt.[47]

Eine Zinsdifferierung in der von *Keynes* vorgeschlagenen Form ist allerdings nur innerhalb eines begrenzten Rahmens durchführbar, da der Swapsatz durch Interventionen auf dem Terminmarkt bei einem Kassakurs in Höhe der Dollar-Parität bestenfalls auf 2,5 % p. a. vergrößert werden kann. Liegt aber der Diskontsatz unter den ausländischen Sätzen, so ist die Nettozinsdifferenz zugunsten kurzfristiger Kapitalanlagen im Inland (Ausland), die sich mit Hilfe der Devisenterminpolitik maximal herbeiführen läßt, in Höhe der Bruttozinsdifferenz kleiner (größer) als 2,5 % p. a.; liegt der Diskontsatz über den Sätzen des Auslands, dann ist sie entsprechend größer (kleiner). Infolgedessen bestimmt die zur Wiederherstellung des Zahlungsbilanzgleichgewichtes erforderliche Nettozinsdifferenz gleichzeitig den Jahresprozentsatz, um den der Diskontsatz bei Defiziten (Überschüssen) in der 'basic balance' höchstens unter (über) die Sätze des Auslands herabgesetzt (heraufgesetzt) werden dürfte, ohne daß das Gleichgewicht der Gesamtzahlungsbilanz erneut gefährdet wird.

8.42 Grenzen

Eine Politik der Zinsdifferierung wird vor allem dann zu empfehlen sein, wenn ein Überschußland zur Bekämpfung inflationärer Tendenzen einen relativ hohen Diskontsatz benötigt bzw. wenn ein Defizitland den Diskontsatz herabsetzen muß, um einen Beschäftigungsrückgang zu verhindern. In derartigen Fällen sind der Devisenterminpolitik aber sowohl unter dem Gesichtspunkt der nationalen Interessenlage als auch unter dem Gesichtspunkt der internationalen Interessenlage in mehrfacher Hinsicht Grenzen gesetzt.

Erstens ist eine Zinsdifferierung grundsätzlich nur innerhalb der kurzfristigen Zinssätze möglich, so daß kursgesicherten Kapitalimporten ein langfristiger Kapitalexport gegenübersteht und umgekehrt. *Hansen* hat deshalb gefordert, daß die Zinsdifferierungspolitik an „kurze Sicht" gebunden sein müsse, denn selbst wenn dieser langfristige Kapitalexport „... anfangs bescheiden ist, so sind aber hierfür auch Devisen anzuschaffen, und allmählich wird dieser abgehende Kapitalfluß unausweichlich dominieren".[48]

[46] *Jasay* [93] S. 43
[47] *Keynes* [20] S. 137
[48] *Hansen* [86] S. 137

Zweitens wird sich eine strikte Trennung zwischen den kurzfristigen Inlandszinssätzen und dem für die kursgesicherten Kapitaltransaktionen relevanten Zinssatz häufig nicht durchführen lassen. "Mr. Keynes ... does not describe how he will be able to isolate foreign banks from all banks operating in the foreign exchange market – schreibt *Holgate* –, and unless he can do this it is difficult to see how he can be sure that he is not 'changing the rates chargeable to domestic borrowers', for these must depend ultimately on the rate at which banks can borrow, whether on the foreign exchange market or elsewhere."[49]

Drittens wird eine kontraktive Geldpolitik zumindest einen stabilisierenden Einfluß auf das inländische Preisniveau ausüben und somit die Tendenz in sich tragen, eine Wiederherstellung des Gleichgewichtes der 'basic balance' zu erschweren. Eine expansive Geldpolitik wird dagegen in der Regel mit einem Ansteigen der Inlandspreise verbunden sein, so daß ein ursprünglich reversibles Defizit unter Umständen einen chronischen Charakter annehmen kann.

Viertens wird das jeweilige Ungleichgewicht der 'basic balance' noch dadurch vergrößert, daß sich die Zinszahlungen an Ausländer (die Zinserlöse im Ausland) mit steigenden Kapitalimporten (-exporten) entsprechend erhöhen.[50]

Und fünftens ist die Zinsdifferierungspolitik für Überschußländer mit Inflation hinsichtlich ihrer liquiditätsmäßigen Konsequenzen nicht frei von inneren Widersprüchen. Eine deflatorische Geldpolitik wird nur Aussicht auf Erfolg haben, wenn Diskonterhöhungen durch eine Verringerung der inländischen Geldmenge unterstützt werden. Da die Zinsarbitrageure aber mit zunehmender Verknappung der Liquidität ihr Angebot von Arbitragefonds immer mehr einschränken werden, entsteht hier erneut ein Konflikt zwischen den binnen- und außenwirtschaftlichen Erfordernissen der Geldpolitik.

Unter dem Gesichtspunkt der internationalen Interessenlage ist dagegen zu beachten, daß die Zinsdifferierungspolitik im Prinzip darauf abzielt, ausländische Geldmärkte – und damit die Währungsreserven anderer Länder – ‚anzuzapfen'.

Lipfert hält dieses Moment allerdings für unwesentlich, denn „... internationale Konsequenzen sind keineswegs nur eine Eigenart der Swapsatzbeeinflussung, sondern sie resultieren aus allen nationalen währungspolitischen Maßnahmen, denn alle diese Maßnahmen machen sich an den nationalen Geldmärkten und damit auch an den internationalen Geldmärkten bemerkbar".[51]

Aber damit kann das Problem noch nicht als gelöst betrachtet werden. So befürchtet *Auten,* daß "... the success in shifting private funds, ... if achieved, is

[49] *Holgate* [14] S. 77

[50] Einen brauchbaren Ansatz zur rechnerischen Erfassung dieser zusätzlichen Zinszahlungen hat *Gray* [82, S. 89 ff.] entwickelt.

[51] *Lipfert* [109] S. 1362

potentially disruptive in its effects on foreign money markets".[52] Und *Grubel* warnt zu Recht vor dem Chaos "... that may result if forward policy is used widely and the central banks in ... two countries peg the rates at different levels. Alert private operators could inflict staggering losses on these banks."[53]

Die Interventionsinstanz muß also ihre Schritte laufend mit einer Vielzahl von Zentralbanken abstimmen. Auch ist eine Zinsdifferierungspolitik à la longue nur durchführbar, wenn *alle* Defizitländer auf dem Terminmarkt intervenieren, da anderenfalls ein kurzfristiger Zahlungsbilanzausgleich des einen Defizitlandes das Ungleichgewicht in anderen Defizitländern noch vergrößern würde. Zudem müßten sich die Überschußländer grundsätzlich dazu bereit erklären, ihre Währungsreserven von außen ‚anzapfen' zu lassen. Sobald diese Voraussetzungen gegeben sind, wäre aber auch *Jasays* Idealvorstellung erfüllt, denn – so schreibt er – die Zinsdifferierungspolitik "... could make foreign currency reserves 'go round' ... could cause a one-way flow of reserves to be transformed into a circular flow ... with their initial level in either country remaining unchanged".[54]

[52] *Auten* [49] S. 557
[53] *Grubel* [83] S. 164
[54] *Jasay* [91] S. 356

III. Die Devisenterminpolitik in der Praxis

Devisenterminpolitische Maßnahmen sind seit Beginn des Jahrhunderts verschiedentlich zur Ergänzung des traditionellen geldpolitischen Instrumentariums herangezogen worden. Jedoch handelte es sich hierbei bis 1958 fast ausnahmslos um sporadische Eingriffe. Eine nahezu vollständige Darstellung dieser anfänglichen Versuche findet sich bei *Einzig*, der sich zudem bemüht hat, die einzelnen Maßnahmen der Zentralbanken in Hinblick auf die Verwendbarkeit der Devisenterminpolitik zu interpretieren, soweit das zur Verfügung stehende Material überhaupt Rückschlüsse grundsätzlicher Art zuläßt.[1]

Nicht erwähnt in *Einzigs* historischem Abriß ist die russische Devisenterminpolitik der Jahre 1900 bis 1909, über die der ehemalige Vizepräsident des Zentralkomitees der russischen Banken in St. Petersburg – Efim Moiseevic *Epstein* – in seinem 1925 erschienenen Buch ‹Les Banques de Commerce Russes› berichtet hat.[2] Die Maßnahmen der russischen Staatsbank, die das früheste dem Verfasser bekannt gewordene Beispiel für die Anwendung der Devisenterminpolitik darstellen, zielten darauf ab, kurzfristige Kapitalimporte nach Rußland zu fördern. Wie später die Deutsche Bundesbank tätigte die Staatsbank mit inländischen Geschäftsbanken Swapgeschäfte zu Vorzugskonditionen, hier aber mit der Absicht, Kreditaufnahmen im Ausland zu erleichtern.

Die russische Terminpolitik wurde bereits recht flexibel gestaltet, denn – so schreibt *Epstein* – «le taux de la commission fut d'abord fixé à 1/20 %, élevé ensuite à 1/10 % et réglé, enfin, d'après l'état des marchés monétaires Russe et étranger».[3] Im Jahre 1904 schloß die Staatsbank Swapgeschäfte im Gesamtwert von etwa 271 Mio. Rubel ab[3], was auf der Basis der damaligen Paritäten einem Betrag von ungefähr 140 Mio. US-Dollar entsprach.[4] Ein Vergleich mit den offiziellen Gold- und Devisenbeständen Rußlands, die Ende 1904 eine Höhe von etwas mehr als 600 Mio. US-Dollar erreicht hatten[5], läßt vermuten, daß die Devisenterminpolitik hier rein quantitativ eine relativ wichtige Rolle gespielt haben muß.

Ab Januar 1909 verzichtete die Staatsbank – wie *Epstein* behauptet – auf weitere devisenterminpolitische Maßnahmen, jedoch erwähnt *Leist*, daß sie im Jahre 1914 erneut Swapgeschäfte zu Kursen abschloß, die günstiger waren als die des freien Marktes.[6]

[1] *Einzig* [5] S. 402–484
[2] *Epstein* [6] S. 41 ff.
[3] *Epstein* [6] S. 42
[4] *Bloomfield* [1, S. 95] hat als Paritätskurs 0,515 US-Dollar = 1 Rubel errechnet.
[5] *Bloomfield* [1] S. 18 Chart 4
[6] *Leist* [24] S. 24

Eine systematische Devisenterminpolitik ist allerdings erst in neuester Zeit von der Deutschen Bundesbank und dem amerikanischen Schatzamt durchgeführt worden.

Die Bundesbank versuchte ab Oktober 1958, mit Hilfe devisenterminpolitischer Maßnahmen einen seit Jahren anhaltenden Gold- und Devisenzustrom einzudämmen, nachdem die offiziellen Währungsreserven der Bundesrepublik vom Januar 1955 bis zum September 1958 um etwa 14 Mrd. D-Mark angewachsen waren.[7]

Das US-Treasury intervenierte ab März 1961 auf den Dollar-Terminmärkten, um die Goldverluste der USA auf ein Minimum zu reduzieren, denn infolge der hohen Defizite in der amerikanischen Zahlungsbilanz, die sich von Anfang 1958 bis Ende 1960 auf insgesamt 12 Mrd. Dollar belaufen hatten[8], waren bereits Gerüchte um eine Änderung der Gold-Parität des Dollar entstanden.

Die Bundesbank setzte von sich aus Swapsätze fest und schloß zu diesen Sätzen lediglich mit inländischen Kreditinstituten Geschäfte ab, wobei die im Rahmen derartiger Swapkontrakte erworbenen Kassadevisen nur bestimmten Verwendungszwecken zugeführt werden durften. Die amerikanischen Währungsbehörden intervenierten dagegen auf dem offenen Terminmarkt, ohne nach Person oder Intention der jeweiligen Kontrahenten zu fragen.

Bereits diese Unterschiede in Aufgabenstellung und Methode lassen es gerechtfertigt erscheinen, sowohl auf die deutsche als auch auf die amerikanische Devisenterminpolitik näher einzugehen. Der zeitlichen Reihenfolge entsprechend sollen aber zunächst die Maßnahmen der Deutschen Bundesbank behandelt werden.

9. Die ‚selektive Swapsatzpolitik' der Deutschen Bundesbank

Die devisenterminpolitische Aktivität der Deutschen Bundesbank fällt vor allem in den Zeitraum vom Oktober 1958 bis zum Mai 1963. Zwar hat die Bundesbank auch späterhin – im März und im Juli 1964 – Swapsätze festgesetzt, aber mit dem Hinweis, daß die Notierung von Swapsätzen nicht bedeute, „... daß die Bundesbank auch laufend Swapgeschäfte zu diesen Sätzen abschließt, vielmehr kommt es vor, daß sich die Bank zeitweilig aus dem Geschäft zurückzieht".[1] Während die Bundesbank von 1958 bis 1963 die Swap-

[7] Vgl. GB-DBbk 1958, S. 121

[8] Vgl. Federal Reserve Bulletin Vol. 46 (1960), S. 1425 und Vol. 47 (1961), S. 1493

[1] Monatsberichte der Deutschen Bundesbank (im folgenden zitiert als MB-DBbk) August 1964, S. 68

sätze insgesamt 32mal verändert hat[2], galt der Bundesbankswapsatz vom 13. 7. 1964 unverändert bis zum 27. 11. 1967.[3] Das zeigt, welche untergeordnete Bedeutung der Devisenterminpolitik innerhalb der deutschen Geldpolitik in diesen Jahren zugekommen ist. Deshalb soll hier auch nur die Devisenterminpolitik der Jahre 1958 bis 1963 betrachtet werden.

Die deutsche Devisenterminpolitik dieser Jahre ist bereits in einer Reihe von Untersuchungen ausführlich dargestellt worden, wobei die Veröffentlichungen von *Bloomfield, Brehmer* und *Janocha* eine besondere Erwähnung verdienen.[4] Für eine ‚Geschichte der deutschen Devisenterminpolitik' kann daher auf diese Autoren verwiesen werden, während hier vor allem zwei Fragen in den Mittelpunkt der Erörterung gestellt werden sollen, nämlich (1) die Frage nach den Zielen, den Mitteln und dem Erfolg der deutschen Devisenterminpolitik und (2) die Frage nach der Angemessenheit der von der Bundesbank gewählten Ziele und Methoden.

9.1 Ziele und Mittel

Mit Wirkung vom 6. Oktober 1958 erklärte sich die Bundesbank bereit, Swapabschlüsse „... in US Dollar mit Kreditinstituten zur Kurssicherung ihrer Geldanlagen im Ausland"[5] zu Konditionen zu tätigen, die für die Banken vorteilhafter waren als die des freien Devisenmarktes.

Mit dieser Förderung der kurzfristigen Kapitalexporte der Kreditinstitute – des sogenannten Geldexports – wollte die Bundesbank, wie einzelne Formulierungen in ihren Berichten erkennen lassen, nicht nur zu einer allgemeinen Verbesserung der Zahlungsbilanzlage beitragen, sondern sie beabsichtigte auch, auf diese Weise die Bankenliquidität im Inland zu verringern und auf eine Privatisierung der nationalen Devisenreserven hinzuwirken.[6]

Das Hauptziel der deutschen Devisenterminpolitik war jedoch ein kurzfristiger Zahlungsbilanzausgleich. Allerdings hat die Bundesbank – wie sie schreibt – „bei allen Maßnahmen, die den Geldexport der Banken ... betrafen, ... nie den Gesichtspunkt aus den Augen verloren, daß derartige kurzfristige Geldbewegungen ... nur als ein kurzfristig und vorübergehend wirksames Mittel zur Milderung extremer Zahlungsbilanzpositionen angesehen werden können."[7]

[2] GB-DBbk 1962, S. 161
[3] Vgl. MB-DBbk Juni 1968, S. 66
[4] *Bloomfield* [52] S. 3–42; *Brehmer* [55] S. 389–413; *Janocha* [17] S. 15–38
[5] GB-DBbk 1962, S. 161
[6] Vgl. hierzu *Hein* [12] S. 140 ff.
[7] GB-DBbk 1961, S. 72/73

Diese zunächst sehr begrenzte Aufgabenstellung wurde in der Folgezeit modifiziert und erweitert. Modifiziert insofern, als die Bundesbank ab Oktober 1959 vor allem längerfristige Auslandsanlagen der Kreditinstitute begünstigte, „... um allzu starken kurzfristigen Fluktuationen in den auswärtigen Liquiditätsanlagen der Banken nach Möglichkeit zu begegnen".[8] Vom 24. August bis zum 11. November 1960 tätigte sie darüber hinaus Swapgeschäfte „... auch zur Erleichterung von Einfuhr- und Transithandelsfinanzierungen"[9], also mit der Absicht, zumindest einen Teil der Außenhandelsfinanzierung vom Ausland nach Deutschland zu verlagern.

Dadurch, daß die Bundesbankswapsätze lediglich gegenüber inländischen Banken galten, ist ein geschlossener Markt für Termindevisen entstanden, der mit dem offenen Devisenterminmarkt jedoch durch die Kreditinstitute verbunden war, die ja zu beiden Märkten freien Zutritt hatten. Auch hat die Bundesbank niemals reine Devisentermingeschäfte abgeschlossen, sondern Termindevisenkäufe stets mit Kassadevisenverkäufen in gleicher Höhe kombiniert.

Innerhalb dieses Rahmens wählte sie drei Aktionsparameter:

(1) den Swapsatz,
(2) die Laufzeit der Kontrakte und
(3) den jeweiligen Verwendungszweck.

Durch Variierung des Swapsatzes beabsichtigte sie, ungeachtet der laufenden Veränderung des Zinsniveaus im In- und Ausland einen Nettozinsanreiz zugunsten kursgesicherter Kapitalexporte aufrechtzuerhalten.

Die Veränderungen der Mindest- und Höchstlaufzeiten für Swapkontrakte dienten einem zweifachen Zweck: Zeitweilig wollte die Bundesbank damit auf eine größere Stetigkeit der Auslandsanlagen hinwirken, indem sie Mindestlaufzeiten von zwei oder sogar drei Monaten festsetzte und gleichzeitig die Gesamtlaufzeit auf maximal sechs Monate erhöhte; vorübergehend versuchte sie aber auch, den kursgesicherten Kapitalexport zu vergrößern, indem sie die Mindestlaufzeit bis auf zwei Wochen ermäßigte, um die Kreditinstitute zu einer Anlage selbst äußerst kurzfristig verfügbarer Liquiditätsüberschüsse im Ausland zu veranlassen. Schließlich hat sich die Bundesbank sogar bemüht, diese sich in gewisser Hinsicht widersprechenden Zielsetzungen durch eine Differenzierung der Swapsätze für kurz- und längerfristige Abschlüsse gleichzeitig zu realisieren. Eine vorteilhaftere Gestaltung der Konditionen bei Swapkontrakten mit einer Laufzeit von zwei oder mehr Monaten gestattete ihr dann, die Banken speziell auf längerfristige Auslandsanlagen zu verweisen, ohne daß sie völlig darauf verzichten mußte, auch die relativ kurzfristigen Auslandsanlagen weiterhin zu begünstigen.

[8] MB-DBbk April 1962, S. 6
[9] GB-DBbk 1962, S. 161

Mit der vorübergehenden Erweiterung der möglichen Verwendungszwecke, denen die bei Swapabschlüssen erworbenen Kassadevisen zugeführt werden mußten, verfolgte die Bundesbank schließlich die Absicht, auch einen Teil der kurzfristigen Kapitaltransaktionen des Nichtbankensektors durch ihre devisenterminpolitischen Maßnahmen zu beeinflussen.

Die Devisenterminpolitik der Bundesbank unterschied sich also in mehrfacher Hinsicht von einer ‚Intervention auf dem Devisenterminmarkt' in dem bisher gebrauchten Sinne. *Lipfert* hat die „von der Bundesbank entwickelte Methode" daraufhin als „Swapsatzpolitik" gekennzeichnet und diese unter dem Oberbegriff „Kurssicherungspolitik" den „Interventionen auf den Devisenterminmärkten" gegenübergestellt.[10] In ähnlicher Weise unterscheidet *Jarchow* grundsätzlich zwischen zwei Formen der Devisenterminpolitik, je nachdem, ob die Interventionsinstanz als „Kursfixierer" oder als „Mengenfixierer" (Menge = offizielles Terminengagement) auftritt.[11]

Derartige Begriffsbildungen sind allerdings kaum geeignet, das Charakteristische der deutschen Devisenterminpolitik zum Ausdruck zu bringen. Denn erstens ist es unerheblich, ob die Interventionsinstanz einen Terminkurs festsetzt und zu diesem Kurs Termindevisen in jeder gewünschten Menge anbietet (nachfragt), oder ob sie ihr Termindevisenangebot (ihre Termindevisennachfrage) so lange vergrößert, bis der Terminkurs die gewünschte Höhe erreicht hat. Und zweitens konnte *Grubel* beweisen, daß die Auswirkungen der Devisenterminpolitik auf die hier relevanten Größen – Kassakurs, Terminkurs und Währungsreserven – auch dann, wenn die Interventionsinstanz Termindevisenkäufe (-verkäufe) mit Verkäufen (Käufen) von Kassadevisen kombiniert, die gleichen sind wie in den Fällen, in denen sie sich auf An- und Verkäufe von Termindevisen beschränkt.[12]

Der wesentliche Unterschied zwischen der deutschen Devisenterminpolitik und einer ‚Intervention auf dem Devisenterminmarkt' bestand vielmehr darin, daß durch die strikte Bindung der Swapkontrakte an einen von vornherein festgelegten Verwendungszweck Differenzarbitragetransaktionen zwischen dem offenen und dem geschlossenen Devisenterminmarkt verhindert wurden, so daß sich die Sätze des freien Marktes nicht an den jeweiligen Bundesbankswapsatz anpassen konnten. Eine Spaltung der Devisenterminkurse war vor allem in der Zeit vom August 1960 bis Februar 1962 zu beobachten, obwohl – wie die Bundesbank behauptet hat – „... durch die Kurssicherungsgeschäfte der [Bundes-]

[10] *Lipfert* [27] S. 80
Es wurde bereits erwähnt, daß zwischen der russischen Devisenterminpolitik zu Beginn des Jahrhunderts und ‚der von der Bundesbank entwickelten Methode' kein prinzipieller Unterschied besteht. Die Bank von Frankreich hat in den 20er Jahren sogar eine Devisenterminpolitik durchgeführt, die der Konzeption der Bundesbank sowohl in ihren Zielen als auch in ihren Methoden völlig gleicht. (Vgl. *Einzig* [5] S. 440)

[11] *Jarchow* [95] S. 213 und S. 217

[12] *Grubel* [83] S. 161 f.

Bank der Termindollar-Markt erheblich entlastet und der Marktsatz auf diese Weise herabgedrückt wurde".[13]

Der Ausdruck "selective forward intervention", mit dem *Goldstein* die Konzeption der Bundesbank zu charakterisieren versucht hat[14], scheint daher weitaus treffender gewählt als die Begriffe von *Lipfert* und *Jarchow*. Auch *Dudler* spricht in diesem Zusammenhang – wahrscheinlich in Anlehnung an *Goldstein* – von „selektiver Swappolitik" im Gegensatz zu einer „Outright-Terminpolitik" und einer „Swappolitik im freien Markt".[15]

Die deutsche Devisenterminpolitik der Jahre 1958 bis 1963 läßt sich in zwei größere Phasen einteilen.

Zu Beginn der ersten Phase, die den Zeitraum vom Oktober 1958 bis zum November 1960 umfaßt, betrachtete die Bundesbank ihre Devisenterminpolitik „... nur als eine vorübergehende Starthilfe für das In-Gang-Kommen der Geldexporte".[16] Als sie dann aber im September 1959 mit einer ersten Diskonterhöhung einen restriktiven geldpolitischen Kurs einleitete, bemühte sie sich, „... durch die Gewährung von Swap-Prämien für die Finanzierung von Einfuhr- und Transithandelsgeschäften sowie für die ‚Geldexporte' der Banken das Zinsgefälle [gegenüber dem Ausland] nach Möglichkeit zu kompensieren".[17] Abgesehen von den ersten – noch vorsichtigen – Versuchen, kann die Devisenterminpolitik dieser Phase somit als ‚Zinsdifferierungspolitik' eines Überschußlandes mit Inflation eingestuft werden.

Die zweite Phase umfaßt den Zeitraum von November 1960 bis zum Mai 1963. Diese Periode ist durch den Übergang zu einer ausschließlich zahlungsbilanzorientierten Geldpolitik gekennzeichnet. Die Bundesbank betrachtete ihre Devisenterminpolitik jetzt allein als eine derjenigen „... temporäre[n] Überbrückungsmaßnahmen, die bis zum Wirksamwerden der grundlegenden Maßnahmen die Devisenzuflüsse kompensieren sollten".[18]

9.2 Die erste Phase (Oktober 1958 bis November 1960)

Die Devisenterminpolitik der ersten Phase – und das gilt vor allem für die Restriktionsperiode – war wenig erfolgreich, selbst die Bundesbank hat hier das Scheitern ihrer Bemühungen zugegeben.[19]

Für die Zeit vom Oktober 1958 bis zur ersten Diskonterhöhung im September 1959 ist es allerdings kaum möglich, von Erfolg oder Mißerfolg zu sprechen,

[13] GB-DBbk 1961, S. 7
[14] *Goldstein* [81] S. 499 Fn. 19
[15] *Dudler* [3] S. 85
[16] MB-DBbk Januar 1959, S. 12
[17] MB-DBbk November 1960, S. 6/7
[18] GB-DBbk 1961, S. 69
[19] Vgl. MB-DBbk November 1960, S. 6/7

da sich die Bundesbank bei der Handhabung der Devisenterminpolitik zunächst äußerste Zurückhaltung auferlegte. Tabelle 2, in der die Entwicklung des Swapengagements der Bundesbank und die jeweiligen Geldexporte der Geschäftsbanken für diesen Zeitraum gegenübergestellt wurden, zeigt, daß die

Stand vom Monatsende		Swapengagement der Deutschen Bundesbank – in Mio. DM –	Geldexporte der deutschen Banken (= Termingelder und Geldmarktanlagen im Ausland) – in Mio. DM –
1958	Oktober	90	–**
	November	181	–**
	Dezember	325	609
1959	Januar	1.227	1.426
	Februar	1.277	1.692
	März	914	1.536
	April	1.295	2.036
	Mai	944	1.852
	Juni	967	1.997
	Juli	661	2.242
	August	590	2.324
	September	340	2.205

** Für 1958 hat die Bundesbank lediglich vierteljährlich Zahlenangaben veröffentlicht
* Quellen: Monatsberichte der Deutschen Bundesbank

Tab. 2*

devisenterminpolitischen Maßnahmen bestenfalls ab Januar 1959 als eine echte Starthilfe für das In-Gang-Kommen der Geldexporte angesehen werden können, denn in diesem Monat überschritten sowohl das Swapengagement als auch die kurzfristigen Kapitalanlagen der Kreditinstitute im Ausland erstmals die Milliardengrenze.

Das sprunghafte Anwachsen ihrer Swapverpflichtungen veranlaßte die Bundesbank jedoch, „... Mitte Januar bei ihren mit den Banken getätigten Swapgeschäften zur Berechnung eines Deportsatzes über[zugehen], um die Banken für die Abdeckung des Kursrisikos allmählich wieder auf den Markt zu verweisen".[20] Von Februar bis Juli folgten fünf Erhöhungen des Deports, so daß sich Abschlüsse auf dem offenen Devisenmarkt häufig günstiger stellten als die von der Bundesbank angebotenen Swapfazilitäten.[21] Die offiziellen Swapverpflichtungen verringerten sich deshalb von Februar bis August 1959 um ca. 650 Mio. D-Mark, obwohl die Kreditinstitute ihre kurzfristigen Auslandsanlagen in der gleichen Zeit noch um 900 Mio. D-Mark erhöhten. *Janocha* glaubt

[20] MB-DBbk Januar 1959, S. 12
[21] Vgl. *Bloomfield* [52] S. 14 Chart 1 und *Brehmer* [55] S. 404 Chart 1 B

hieraus folgern zu können, „... daß sich die Swappolitik während dieser ersten Phase als wirkungsvolles Instrument der Zentralbank erwiesen hat".[22] Ob eine derartige Schlußfolgerung allerdings berechtigt ist, erscheint aus zwei Gründen fraglich.

Erstens dürfte die Devisenterminpolitik lediglich mit Vorbehalten als bestimmender Faktor für das In-Gang-Kommen der Geldexporte bezeichnet werden. Denn zum einen hatte die Bundesbank ihren Diskontsatz am 10. Januar 1959 auf den bisher niedrigsten Stand von $2^3/_4$ % herabgesetzt, während die Zinssätze in den USA kurz darauf schrittweise angehoben wurden, und zum anderen war infolge der laufenden Zahlungsbilanzüberschüsse eine starke Verflüssigung auf dem inländischen Geldmarkt eingetreten, so daß bereits ohne die Notierung von Swapsätzen äußerst günstige Voraussetzungen für kurzfristige Kapitalexporte der Geschäftsbanken gegeben waren.

Und zweitens zeigt ein quantitativer Vergleich der kurzfristigen Auslandsanlagen mit den offiziellen Währungsreserven, die Ende September 1959 eine Höhe von ca. 22 Mrd. D-Mark erreicht hatten[23], welche untergeordnete Rolle die Geldexporte in dieser Zeit gespielt haben. Von einem erfolgreichen Zahlungsbilanzausgleich bzw. einer faktisch wirksamen Privatisierung der Devisenreserven kann daher kaum gesprochen werden.

Ab September 1959 sah sich die Bundesbank veranlaßt, „... das Steuer ihrer Kreditpolitik entschlossen herumzuwerfen und nach einer etwa drei Jahre währenden Periode der Krediterleichterung der wieder beträchtlich gewordenen Kreditausweitung durch Diskonterhöhungen und eine Reihe liquiditätspolitischer Maßnahmen einen Dämpfer aufzusetzen".[24] Einer ersten Heraufsetzung des Diskontsatzes auf 3 % folgten im Oktober 1959 und im Juni 1960 weitere Diskonterhöhungen um jeweils 1 %, die durch eine stufenweise Heraufsetzung der Abgabesätze für Geldmarktpapiere unterstützt wurden. Zudem hob die Bundesbank ihre Mindestreservesätze in dieser Zeit mehrfach an, so daß der durchschnittliche Reservesatz – d. h. das Reserve-Soll als Prozentsatz der reservepflichtigen Verbindlichkeiten – von 8,1 % im Oktober 1959 auf 12,5 % im Juli 1960 anstieg.[25]

Um den Geschäftsbanken auch weiterhin einen Anreiz zur Durchführung von Geldexporten zu bieten, setzte die Bundesbank ihren Deport in rascher Folge herab und übernahm ab Mitte November 1959 erneut eine kostenlose Kurssicherung für Auslandsanlagen mit einer Mindestlaufzeit von zwei Monaten.

Obwohl das deutsche Zinsniveau bis zum Februar 1960 zum Teil noch erheblich unter dem des Auslands lag, verminderten die Banken ihre befristeten

[22] *Janocha* [17] S. 21
[23] Vgl. GB-DBbk 1959, S. 114
[24] GB-DBbk 1959, S. 2
[25] Vgl. MB-DBbk Oktober 1960, S. 65

Auslandsanlagen – wie Tabelle 3 zeigt – bereits bis Dezember 1959 um 500 Mio. D-Mark.

Die Bundesbank sah die Ursache für diesen Rückgang der Geldexporte im letzten Quartal des Jahres 1959 vor allem in der „... Liquiditätsanspannung, die die Erhöhung der Mindestreservesätze im Zusammenhang mit den – in die gleiche Richtung wirkenden – saisonalen Faktoren mit sich brachte". Das Zinsmoment – so heißt es – sei dagegen „offenbar von geringerer Bedeutung"[26] gewesen. Es wurde bereits darauf hingewiesen, daß eine Politik der Zinsdifferierung für Überschußländer mit Inflation im Hinblick auf ihre liquiditätsmäßigen Voraussetzungen nicht frei von Widersprüchen ist. Der Mißerfolg der deutschen Devisenterminpolitik während der Restriktionsperiode ist vor allem auf dieses Dilemma zurückzuführen. *Deuß* – seinerzeit Vorstandsmitglied einer deutschen Großbank – schreibt dazu: „Die Gründe für das Scheitern der Swap-Politik in ihrem ersten Abschnitt liegen auf der Hand: Es wurde lediglich ein Zinsanreiz gegeben, die liquiditätsmäßigen Voraussetzungen aber fehlten."[27]

Dieses Problem ist von der Bundesbank allerdings deutlich erkannt worden. Sie hat aber dennoch den binnenwirtschaftlichen Erfordernissen der Geldpolitik den Vorrang eingeräumt und die ab Februar 1960 verstärkt einsetzende Repatriierung von Auslandsanlagen der Banken „vom Standpunkt der Zahlungsbilanz aus" als eine „zweifellos... bedauerliche Nebenwirkung" ihrer liquiditätspolitischen Maßnahmen bezeichnet.[28] Bis August des Jahres beschränkte sie sich infolgedessen darauf, „... diese Repatriierung tunlichst gering zu halten"[29], indem sie den Banken weiterhin eine kostenlose Kurssicherung anbot. Jedoch setzte sie die Mindestlaufzeit für Swapkontrakte auf drei Monate fest, um die Kreditinstitute wenigstens zu einer längerfristigen Anlage der noch verfügbaren Mittel zu veranlassen.

Da „... die bis zum Frühsommer 1960 verfügbaren Daten ... keinen Zweifel daran [ließen], daß es bis dahin nicht gelungen war, die monetäre Expansion unter Kontrolle zu bringen"[30], sah sich die Bundesbank Anfang Juni des Jahres wiederum genötigt, ihre Restriktionen zu verschärfen. Die Beschlüsse des Zentralbankrates vom 2. Juni 1960[31] stellten einen letzten Versuch dar, die inflationäre Entwicklung im Inland ungeachtet laufender Zahlungsbilanzüberschüsse mit geldpolitischen Maßnahmen aufzuhalten.[32]

Diese Endphase der Restriktionsperiode soll etwas ausführlicher behandelt werden, da sich gerade hier einige interessante Aspekte ergeben.

[26] MB-DBbk Januar 1960, S. 45
[27] *Deuß* [70] S. 17
[28] MB-DBbk Februar 1960, S. 7
[29] MB-DBbk Februar 1960, S. 7
[30] GB-DBbk 1960, S. 37
[31] Vgl. hierzu MB-DBbk Juni 1960, S. 3 f.
[32] Der Überschuß der deutschen Zahlungsbilanz betrug im ersten Halbjahr 1960 3,8 Mrd. D-Mark. (Vgl. GB-DBbk 1960, S. 118)

Denn zum einen hatte der Federal Reserve Board, der im Januar des Jahres mit einer Diskontsenkung von 4% auf 3½% zu einer expansiven Geldpolitik übergegangen war, kurz nach der deutschen Diskonterhöhung vom Juni den Diskontsatz in zwei Stufen um jeweils weitere ½% herabgesetzt, obwohl die amerikanische Zahlungsbilanz seit geraumer Zeit hohe Defizite aufwies. *Hahn* sieht hierin wohl nicht zu Unrecht eine „... wahre Parodie auf Integration und Kooperation auf dem Gebiet der Wechselkurse".[33] Das deutsche Zinsniveau lag damit ab Juni weit über dem der USA, nachdem die Geldmarktsätze mit der Diskonterhöhung vom 2. d. M. bereits über die Sätze des Euro-Dollar-Marktes angestiegen waren.[34]

Zum anderen hatten sich die Gerüchte von einer kurz bevorstehenden Aufwertung der D-Mark, die schon im Frühjahr vereinzelt aufgeflackert waren, um die Mitte des Jahres noch verstärkt, so daß der Termindollar auf dem freien Markt nicht – wie aufgrund der Konstellation der kurzfristigen Zinssätze zu erwarten gewesen wäre – mit einem Report, sondern vielmehr mit einem Deport gehandelt wurde, der sich bis zum Dezember ständig vergrößerte. Die Bundesregierung erklärte zwar am 16. Juni mit Zustimmung der Bundesbank, daß

Stand vom Monatsende		Swapengagement der Deutschen Bundesbank – in Mio. DM –	Geldexporte der deutschen Banken (= Termingelder und Geldmarktanlagen im Ausland) – in Mio. DM –	Kreditaufnahmen deutscher Banken im Ausland – in Mio. DM –
1959	Oktober	34	2.122	290
	November	344	1.855	298
	Dezember	746	1.604	333
1960	Januar	1.591	2.061	355
	Februar	1.452	1.681	396
	März	1.353	1.324	469
	April	843	997	542
	Mai	592	888	592
	Juni	168	568	802
	Juli	33	538	863
	August	87	510	986
	September	543	504	1.078
	Oktober	1.401	469	1.100
	November	2.151	733	1.225

* Quellen: Monatsberichte der Deutschen Bundesbank

Tab. 3*

[33] *Hahn* [149] S. 105
[34] Vgl. hierzu wiederum *Bloomfield* [52] S. 14 Chart 1 sowie *Janocha* [17] S. 24 Schaubild 1

eine Paritätsänderung nicht beabsichtigt sei[35], aber die Spekulationswelle ebbte erst etwas ab, als die Vertreter der Bundesrepublik anläßlich der Jahrestagung des Internationalen Währungsfonds im Oktober wiederholt jede Aufwertungsabsicht bestritten.[36] Im gleichen Monat setzte jedoch bereits eine zweite Spekulationswelle ein, deren Ursache – wie die Bundesbank behauptet – „... wohl in erster Linie ein Mißtrauen in die Aufrechterhaltung des Goldwertes des Dollars"[37] war.

Durch diese Währungsspekulation und den damit verbundenen Kursfall des Termindollars wurde das ab Juni bestehende Zinsgefälle zugunsten kurzfristiger Kapitalanlagen in Deutschland noch vergrößert. Sofort nach der Diskonterhöhung setzte daher ein starker kurzfristiger Kapitalzustrom nach Deutschland ein. Allein der Restposten der Zahlungsbilanz, der vor allem die statistisch nicht erfaßbaren Kapitaltransaktionen widerspiegelt, wies von Juni bis Oktober einen Aktivsaldo von mehr als 2 Mrd. D-Mark aus.[38] Selbst die Geschäftsbanken, auf die sich ja die devisenterminpolitische Aktivität der Bundesbank konzentrierte, griffen – wie in Tabelle 3 abzulesen ist – ab Juni in verstärktem Maße auf ausländische Kreditfazilitäten zurück und trugen somit in nicht unerheblichem Umfang dazu bei, den Devisenzustrom noch zu vergrößern.

Die Bundesbank versuchte dieser Entwicklung entgegenzutreten, indem sie ab 24. August einen Report von 1 % p. a. festsetzte, die Mindestlaufzeit für Swapkontrakte auf zwei Wochen ermäßigte und Swapgeschäfte jetzt auch zur Erleichterung von Einfuhr- und Transithandelsfinanzierungen abschloß. Damit entstand eine weite Kluft zwischen den Sätzen des offenen und des geschlossenen Terminmarktes, so daß Zinsarbitragetransaktionen nunmehr gleichzeitig in beiden Richtungen mit Gewinn durchgeführt werden konnten. Diese Kluft vergrößerte sich noch, als die Bundesbank den Report im September auf 1,5 % p. a. erhöhte.

Hinsichtlich der Geldexporte der Banken blieben diese Maßnahmen jedoch ohne Erfolg. Da aber die Swapverpflichtungen der Bundesbank ab September stark anstiegen, obwohl die Banken ihre kurzfristigen Auslandsanlagen weiterhin abbauten, muß die Einfuhr- und Transithandelsfinanzierung zu einem erheblichen Teil nach Deutschland verlagert worden sein. *Bloomfield* bescheinigt der deutschen Devisenterminpolitik deshalb zumindest in dieser Beziehung "... some substantial measure of success".[39] Die Bundesbank hat die Auswirkungen ihrer devisenterminpolitischen Maßnahmen dagegen weitaus nüchterner beurteilt und die Vermutung ausgesprochen, daß durch die steigenden Kreditaufnahmen der Geschäftsbanken sogar „... möglicherweise Kredite refinanziert

[35] MB-DBbk Juni 1960, S. 11
[36] MB-DBbk Oktober 1960, S. 46
[37] GB-DBbk 1960, S. 53
[38] Vgl. MB-DBbk Dezember 1960, S. 69
[39] *Bloomfield* [52] S. 19

wurden, die die Banken aufgrund der Swap-Prämie für die Finanzierung von Einfuhr- und Transithandelsgeschäften gewährten".[40]

Am 11. November 1960 ermäßigte die Bundesbank – „ausschließlich im Hinblick auf die äußere Währungslage"[41] – ihren Diskontsatz auf 4 %. „Das durch die verschiedenen Diskontsenkungen im Ausland in letzter Zeit größer gewordene Zinsgefälle macht diesen Schritt unvermeidlich" – hieß es in einer Pressenotiz der Bundesbank –, obwohl „nach Ansicht des Zentralbankrates ... die innere Konjunkturlage nach wie vor erheblich angespannt" war.[42] Und in ihrem Geschäftsbericht für das Jahr 1960 hat die Bundesbank diesen Wechsel in ihrer geldpolitischen Zielsetzung damit begründet, daß „... die ungewöhnlich hohe Kreditaufnahme der deutschen Wirtschaft im Ausland ..., die für ... 1960 auf nicht weniger als DM $5^1/_2$ Mrd. zu beziffern ist" vor allem „... mit der Vergrößerung des Zinsgefälles und ganz allgemein mit der restriktiven Kreditpolitik" zusammengehangen habe.[43]

In diesem Übergang zu einer rein zahlungsbilanzorientierten Geldpolitik manifestiert sich der Mißerfolg der deutschen Devisenterminpolitik wohl am deutlichsten. Jedoch liegen die Ursachen hierfür nur bedingt in dem Instrument der Devisenterminpolitik selbst begründet, sondern sie müssen vor allem in der damaligen Zahlungsbilanzsituation und zum Teil in der spezifischen devisenterminpolitischen Konzeption der Bundesbank gesucht werden.

Denn erstens sollte auf das Instrument der Devisenterminpolitik nur zurückgegriffen werden, sobald die Zahlungsbilanzlage eine Aufrechterhaltung der bestehenden Parität grundsätzlich rechtfertigt. Diese Voraussetzung war aber in der Restriktionsphase nicht erfüllt. „Allein die Tatsache – schrieb die Bundesbank anläßlich der DM-Aufwertung vom März 1961 –, daß in einer Hochkonjunktur mit äußerster Anspannung aller inländischen Produktionsreserven die hohen Ausfuhrüberschüsse zunächst fast unverändert fortdauerten, ... zeigt mit aller Deutlichkeit, daß sich im Verhältnis der deutschen Wirtschaft zur Außenwelt ein fundamentales Ungleichgewicht ... im Sinne der Statuten des Internationalen Währungsfonds entwickelt hatte."[44] So wurden zum Beispiel die Überschüsse der laufenden Posten der Zahlungsbilanz von der Bundesbank allein für 1960 mit 5 Mrd. D-Mark beziffert.[45] Zahlungsbilanzungleichgewichte in diesen Größenordnungen, die durch die restriktive Geldpolitik tendenziell noch vergrößert wurden, stellten die Devisenterminpolitik von vornherein vor eine unlösbare Aufgabe.

Zweitens müßte in Perioden allgemeinen Mißtrauens in die bestehenden Paritäten zunächst einmal der durch die Währungsspekulation ausgelöste

[40] MB-DBbk November 1960, S. 7
[41] MB-DBbk November 1960, S. 3 Fn. 1
[42] MB-DBbk November 1960, S. 3 Fn. 1
[43] GB-DBbk 1960, S. 49
[44] GB-DBbk 1960, S. 50
[45] GB-DBbk 1960, S. 49

kumulative Prozeß aufgehalten werden, ehe die Devisenterminpolitik für andere Zwecke, wie zum Beispiel für den einer Zinsdifferierung, eingesetzt werden kann. Indem die Bundesbank aber versuchte, auch die spekulationsbedingten Kapitalzuflüsse durch Geldexporte der Banken zu kompensieren, die ‚gegen den Strom‘ fließen sollten, also in Länder, deren kurzfristige Zinssätze unter denen des deutschen Geldmarktes lagen, hätte sie das Instrument der Devisenterminpolitik selbst dann überfordert, wenn das Ungleichgewicht der 'basic balance' nur kurzfristiger Natur gewesen wäre.

Drittens dürfte das Scheitern der deutschen Devisenterminpolitik nicht zuletzt auch darauf zurückzuführen sein, daß die Bundesbank sogar in der kritischsten Phase der Restriktionsperiode weiterhin ihr Konzept einer ‚selektiven Swapsatzpolitik‘ beibehielt. Denn mit diesem Konzept beabsichtigte sie lediglich, „... das Zinsgefälle nach Möglichkeit zu kompensieren“[46], nicht aber, das Zinsgefälle zu beseitigen.

Brehmer – ein langjähriger Mitarbeiter der Bundesbank – erklärt diesen Unterschied damit, daß „... die Terminpolitik der Deutschen Bundesbank ... nicht auf die Vermeidung oder Bekämpfung unerwünschter internationaler Kapitalbewegungen, sondern auf die Neutralisierung ihrer am heimischen Geldmarkt ausgelösten Effekte ausgerichtet“ war.[47] Obwohl sich in den Berichten der Bundesbank hierfür kein Hinweis findet, ist diese These auch von *Janocha* – und zwar gerade im Hinblick auf die Restriktionsphase – aufgegriffen worden: „Die Swappolitik der Bundesbank stellte in dieser ... Phase ... vornehmlich eine Intervention am Geldmarkt zur Unterstützung der Offenmarktpolitik dar; sie war primär durch die binnenwirtschaftliche Entwicklung motiviert.“[48] *Brehmer* hat seine Behauptung jedoch späterhin eingeschränkt und die Bereitstellung von Swapfazilitäten zur Finanzierung von Einfuhr- und Transithandelsgeschäften als "... one of the policies adopted by the Bundesbank to ward off undesired inflows of funds during the period of high interest rates" bezeichnet.[49]

Aber selbst wenn die ‚selektive Swapsatzpolitik‘ in erster Linie die Offenmarktpolitik ergänzen sollte, so ist auch dieses Ziel nicht erreicht worden. Denn infolge des Verzichts, durch Eingriffe auf dem offenen Terminmarkt den Deport des Dollar gegenüber der D-Mark zu beseitigen, konnten Zinsarbitragetransaktionen gleichzeitig in beiden Richtungen mit Gewinn durchgeführt werden, so daß die Wirtschaftssubjekte – und insbesondere die Kreditinstitute – bei jeder Verringerung des Liquiditätsspielraumes im Inland verstärkt auf ausländische Kreditfazilitäten zurückgriffen. Die Refinanzierung der von den Banken aufgrund der Swap-Prämie an Importeure und Transithändler gewährten Kredite durch erhöhte Mittelaufnahmen im Ausland muß in dieser Beziehung als

[46] MB-DBbk November 1960, S. 7
[47] *Brehmer* [2] S. 184
[48] *Janocha* [17] S. 28
[49] *Brehmer* [55] S. 393 Fn. 10

typisches Symptom für die falsche Devisenterminpolitik der Bundesbank angesehen werden. Indem nämlich die Ausweitung der Kreditgewährung im Inland den Banken Liquidität entzog, wurden wiederum kurzfristige Kapitalimporte induziert, so daß die einzige Wirkung der ‚selektiven Swapsatzpolitik' vorübergehend darin bestand, die kurzfristigen Kapitalströme in beiden Richtungen zu vermehren, ohne die Bankenliquidität per Saldo einzuengen oder die Zahlungsbilanzüberschüsse merklich zu verringern.

Eine Intervention auf dem freien Terminmarkt wäre in der damaligen Situation allerdings gleichfalls auf unüberwindliche Schwierigkeiten gestoßen. Die Bundesbank hat die Kreditaufnahme der deutschen Wirtschaft im Ausland für 1960 mit 5½ Mrd. D-Mark veranschlagt. Sie hätte daher möglicherweise Terminverpflichtungen in Höhe von etwa 10—12 Mrd. D-Mark eingehen müssen, nur um den kurzfristigen Kapitalzustrom nach Deutschland zu unterbinden. Zu einer derartigen Intervention wäre sie aber — selbst unter Vernachlässigung aller anderen Faktoren — bereits aufgrund der Kosten nicht in der Lage gewesen. Infolge der relativ hohen deutschen Zinssätze hätte es nämlich ab Juni 1960 eines Reports von mindestens 1,5 % p. a. bedurft, um das (Brutto-)Zinsgefälle zwischen Deutschland und dem Ausland zu beseitigen. Wären bei Liquidation der offiziellen Terminverpflichtungen jeweils Kosten in Höhe dieses Reports entstanden, so hätten die Gesamtkosten der Intervention bei einem Terminengagement von 10 Mrd. D-Mark pro Jahr 150 Mio. D-Mark betragen, während die Bundesbank für 1960 lediglich einen Reingewinn von knapp 94 Mio. DM ausgewiesen hat.[50] Da aber das Dilemma, dem sich die Bundesbank in der Restriktionsphase gegenübersah, vor allem darauf zurückzuführen ist, daß die Aufwertung der D-Mark viel zu spät erfolgte, wäre es verfehlt, die Devisenterminpolitik deshalb als unbrauchbar zurückzuweisen.

9.3 Die zweite Phase (November 1960 bis Mai 1963)

Der Diskontsenkung vom 11. November 1960 folgten im Januar und Mai 1961 zwei weitere Diskontsenkungen um je ½ %, zu denen, wie die Bundesbank betonte, ebenfalls allein die Zahlungsbilanzlage Anlaß gegeben hatte.[51] Zum 1. Februar 1961 setzte die Bundesbank mit der gleichen Begründung erstmals seit dem Wechsel in ihrer geldpolitischen Zielsetzung die Mindestreservesätze herab. In den darauf folgenden Monaten — ausgenommen Mai und November — wurden die Reservesätze jeweils mit Wirkung vom Monatsersten weiter ermäßigt und erreichten schließlich zum 1. Dezember 1961 wiederum den Stand vom Oktober 1959.

Mit der Diskontsenkung vom November 1960 stellte die Bundesbank den Abschluß von Swapgeschäften zur Erleichterung der Einfuhr- und Transithan-

[50] Vgl. GB-DBbk 1960, S. 98
[51] Vgl. MB-DBbk Januar 1961, S. 3 und MB-DBbk Mai 1961, S. 3

delsfinanzierung ein. Jedoch notierte sie vorerst auch weiterhin einen Report von 1,5 % p. a. Da nämlich „... die Banken unter dem Einfluß der Liquiditätsklemme ... ihre kurzfristigen Auslandsaktiva erheblich vermindert hatten ..., erschien es ... angezeigt, die Kreditinstitute zu einer Wiederauffüllung ihrer Auslandsguthaben und -anlagen zu veranlassen, um die einseitige – sonst in keinem Land gegebene – Konzentration der nationalen Devisenreserven bei der Zentralbank zu verhindern".[52]

Stand vom Monatsende		Swapengagement der Deutschen Bundesbank – in Mio. DM –	Geldexporte der deutschen Banken (= Termingelder und Geldmarktanlagen im Ausland) – in Mio. DM –	Kreditaufnahmen deutscher Banken im Ausland – in Mio. DM –
1960	Oktober	1.401	469	1.100
	November	2.151	733	1.225
	Dezember	1.679	785	1.253
1961	Januar	1.804	1.499	1.495
	Februar	1.655	1.755	1.309
	März	1.876	1.915	1.558
	April	2.177	2.475	1.741
	Mai	2.578	2.828	1.892
	Juni	3.115	3.359	2.168
	Juli	3.633	3.880	2.328
	August	3.507	3.951	2.300
	September	2.605	3.035	2.336
	Oktober	3.028	3.409	2.084
	November	3.095	3.434	2.177
	Dezember	1.135	1.484	2.203
1962	Januar	4.105	4.625	1.968
	Februar	3.945	4.548	1.875
	März	2.900	3.746	1.886
	April	3.045	3.751	1.709
	Mai	2.898	3.681	1.815
	Juni	2.165	2.832	1.886
	Juli	2.628	3.253	1.969
	August	2.378	2.978	2.143
	September	1.331	2.216	2.102
	Oktober	995	2.410	2.334
	November	693	2.412	2.256
	Dezember	129	1.133	2.284
1963	Januar	286	2.144	1.808
	Februar	281	2.294	1.763
	März	80	2.128	1.898
	April	2	2.208	1.938
	Mai	–	2.271	1.851

* Quellen: Monatsberichte der Deutschen Bundesbank

Tab. 4*

[52] GB-DBbk 1961, S. 7

Tabelle 4 zeigt, daß die Geschäftsbanken bereits im November 1960 vereinzelt Geldexporte durchführten. Diese Tendenz setzte sich im Jahre 1961 verstärkt fort, und erst als die Bundesbank im August 1961 – wie *Deuß* vermutet – „... wohl insbesondere im Hinblick auf die Spannungen am Rentenmarkt" bei Swapabschlüssen wiederum einen Deport berechnete, „... wurden neue Auslandsanlagen für die Banken zunächst einmal uninteressant".[53]

„Die bisher wirksamste Förderung von Geldexporten – schreibt *Brehmer* – hat die Bundesbank in der Zeit vom Mai 1961 bis Juni 1962 vorgenommen."[54] Und *Deuß* hält es für „... bemerkenswert, daß der Liquiditätszuwachs aus den Mindestreservesenkungen in voller Höhe ins Ausland abgeflossen ist. In der damit verbundenen Dezentralisierung der westdeutschen Devisenreserven ist ein wesentlicher Erfolg der neuen Notenbankpolitik zu erblicken."[55]

Obwohl der offizielle Swapsatz für die Geschäftsbanken noch bis zum Februar 1962 weitaus vorteilhafter war als der des freien Marktes, so daß die Geldexporte nahezu ausschließlich über die Bundesbank abgesichert wurden, sollte der Anteil der Devisenterminpolitik an dieser Entwicklung jedoch nicht überschätzt werden. Denn mit Wirkung vom 1. Mai 1961 hatte die Bundesbank eine Änderung ihrer Mindestreservebestimmungen vorgenommen, durch welche die Kreditinstitute ermächtigt wurden, „... bei Berechnung ihrer mindestreservepflichtigen Verbindlichkeiten gegenüber Devisenausländern einen Betrag in Höhe der von ihnen bei Banken im Ausland unterhaltenen Guthaben und ihrer ausländischen Geldmarktanlagen abzusetzen".[56] Den somit geschaffenen Anreiz zur Durchführung weiterer kurzfristiger Kapitalexporte versuchte die Bundesbank noch dadurch zu vergrößern, daß sie die Reservesätze für Verbindlichkeiten gegenüber Devisenausländern auf das gesetzlich zulässige Maximum heraufsetzte.

Das starke Ansteigen der Geldexporte kurz vor dem 1. Mai – dem ersten Mindestreservestichtag, an dem die Banken von dieser sogenannten Kompensationsregelung Gebrauch machen durften – läßt erkennen, daß hierin ein wesentlicher Impuls für die stetige Zunahme der Geldexporte gesehen werden muß. Die Bundesbank hat die Kompensationsregelung sogar als den entscheidenden Faktor für die Vornahme von Geldexporten bezeichnet[57], eine Auffassung, die von Kreisen des privaten Bankgewerbes bestätigt worden ist. „Trotz der fühlbaren Liquiditätserleichterungen durch den Abbau der Mindestreserven – heißt es zum Beispiel bei *Deuß* – hätte der Geldexport nicht dieses Ausmaß angenommen, wenn nicht eine Kompensationsmöglichkeit eingeführt worden wäre."[58]

[53] *Deuß* [70] S. 19
[54] *Brehmer* [2] S. 190
[55] *Deuß* [70] S. 20
[56] GB-DBbk 1961, S. 7
[57] MB-DBbk Juli 1961, S. 49 f.
[58] *Deuß* [70] S. 20

Die umfangreichen Geldexporte der Kreditinstitute können deshalb nur unter Vorbehalten auf die ‚selektive Swapsatzpolitik' zurückgeführt werden, so daß der Erfolg der deutschen Devisenterminpolitik selbst in dieser zweiten Phase umstritten bleiben muß. Zudem zeigt die sogar nach der Diskontsenkung vom November 1960 ständig zunehmende Kreditaufnahme der Banken im Ausland, daß die Konzeption der ‚selektiven Swapsatzpolitik' erhebliche Mängel aufweist, sobald die Kluft zwischen offiziellem Swapsatz und dem Marktsatz groß genug ist, um gleichzeitig gewinnbringende Zinsarbitragetransaktionen in beiden Richtungen zu ermöglichen. Die Erfahrungen der Restriktionsperiode hatten hierfür bereits ein Beispiel gegeben.

Dudler behauptet, daß sich „... zeitweilig sogar ein kausaler Zusammenhang zwischen der Liquiditätsverbesserung, die ausländische Banken durch die offiziell geförderten deutschen Kapitalexporte erfuhren, und ihrer Fähigkeit, Kredite an deutsche Kreditnehmer zu gewähren, konstruieren" ließ.[59] Denn – so argumentiert *Dudler* – indem die Banken für die Anlage ihrer flüssigen Mittel vor allem den Euro-Dollar-Markt bevorzugten[60], haben sie die Geschäftsmöglichkeiten des Marktes erhöht und auf diese Weise indirekt dazu beigetragen, daß deutsche Kreditnehmer hohe Kredite auf dem Euro-Dollar-Markt in Anspruch nehmen konnten.

Die Hauptursache für die den Swapsätzen der Bundesbank geradezu entgegengesetzte Entwicklung des Termindollarkurses[61] bildeten neben Vermutungen über eine Änderung der Gold-Parität des Dollar erneute Gerüchte um eine Aufwertung der D-Mark. Dieses Mißtrauen in die Wechselkursrelationen wurde durch die DM-Aufwertung vom März 1961 vorübergehend sogar derart verschärft, daß es zeitweilig überhaupt unmöglich war, erwartete Deviseneingänge per Termin gegen D-Mark zu verkaufen.[62] Selbst die sich sonst streng zurückhaltende Bank of England beklagte daraufhin, daß "... the revaluation of the deutschemark ... however well the reasons may have been understood, constituted a serious shock to confidence; recovery from this will take time."[63]

Die Sätze des freien Terminmarktes näherten sich denen der Bundesbank erst wieder, „... als sich in den Monaten Juli/August 1961 die Überzeugung festigte, daß die neu etablierten Währungsparitäten von Dauer sein würden"[64], wozu nicht zuletzt auch die Terminmarktinterventionen, die das amerikanische Schatzamt ab März des Jahres erstmalig durchführte, wesentlich beigetragen

[59] *Dudler* [3] S. 112

[60] Ende Juni 1961 betrugen die Anlagen bei ausländischen Banken 3702 Mio. DM. Davon entfielen 1972 Mio. DM auf US-Dollar-Anlagen in europäischen Ländern sowie weitere 175 Mio. DM auf US-Dollar-Anlagen in Kanada und Japan. (Vgl. MB-DBbk August 1963, S. 18)

[61] Vgl. *Bloomfield* [52] S. 14 Chart 1

[62] MB-DBbk April 1961, S. 41

[63] Bank of England: Report for the Year Ended 28th February 1961, S. 5

[64] GB-DBbk 1961, S. 72

hatten. Mit der nunmehr einsetzenden Erholung des Termindollars stagnierte aber auch die Kreditaufnahme deutscher Banken im Ausland, um dann in den folgenden Monaten langsam zurückzugehen.

Am 11. August 1961, also wenige Tage bevor die Bundesbank zur Notierung eines Deports überging, hatte das offizielle Swapengagement mit 989 Mio. Dollar den höchsten Stand des Jahres erreicht.[65] Jedoch begannen die Kreditinstitute um die Mitte des Monats, ihre befristeten Auslandsanlagen wieder abzubauen, wofür neben der Erschwerung der Kurssicherungsbedingungen auch von Bedeutung war, daß die Bundesbank die Mindestlaufzeit für Swapkontrakte auf einen Monat heraufgesetzt hatte, um den Liquiditätsgrad der durch Geldexporte begründeten Auslandsanlagen zu verringern.[66] Zudem waren die Zinssätze im Ausland weiter gefallen, während der inländische Geldmarkt vor allem im September angespannt war, so daß sich das deutsche Zinsniveau leicht erhöhte.

Die Repatriierung kurzfristiger Auslandsanlagen bildete nach Ansicht der Bundesbank „... unter diesen Voraussetzungen einen natürlichen Ausgleichsfaktor."[67] Und da sich „... sofort wieder Geldexporte an[bahnten], als der Geldmarkt im Oktober trotz anhaltender Devisenabzüge ziemlich flüssig wurde"[68], sah sie in dieser Entwicklung zunächst keinen Anlaß zur Besorgnis. Als die Banken aber gegen Jahresende ihre kurzfristigen Auslandsanlagen erheblich zu reduzieren begannen, weil die befristeten Auslandsguthaben „... zumindest soweit es sich um Nostroguthaben handelt, nicht den Anforderungen entsprechen, die beim 'window dressing' an die Liquidität gestellt werden"[69], schloß die Bundesbank vorübergehend Swapgeschäfte wieder zu pari ab. Jedoch konnte sie auch damit nicht verhindern, daß die Kreditinstitute im Dezember kurzfristige Auslandsaktiva in Höhe von nahezu 2 Mrd. D-Mark repatriierten.

Im Januar, „... als bilanzoptische Gesichtspunkte ... keine ausschlaggebende Rolle mehr spielten"[70], setzten allerdings erneut umfangreiche Kapitalexporte der Banken ein. Das offizielle Swapengagement stieg von 283 Mio. Dollar am 31. 12. 1961 auf seinen bis dahin höchsten Stand von 1037 Mio. Dollar am 24. 1. 1962.[71] Die Auslandsguthaben der Banken erreichten einschließlich der täglich fälligen Gelder Ende Januar eine Höhe von 5,4 Mrd. D-Mark.[72] *Brehmer* wertet die Tatsache, daß die Auslandsanlagen „... damit weit über die der Bundesbank derzeit für Offenmarktverkäufe zur Verfügung stehende ‚Manövriermasse' hinaus" gingen, als ein Zeichen für den Erfolg der Devisentermin-

[65] GB-DBbk 1961, S. 104
[66] MB-DBbk Oktober 1961, S. 4
[67] MB-DBbk Oktober 1961, S. 4
[68] MB-DBbk Oktober 1961, S. 4/5
[69] MB-DBbk Januar 1962, S. 6
[70] MB-DBbk Januar 1962, S. 6
[71] GB-DBbk 1962, S. 120
[72] Vgl. MB-DBbk März 1963, S. 88 (In dieser Zahl wurden die ausländischen Geldmarktanlagen der Kreditanstalt für Wiederaufbau, die Ende Januar 642 Mio. DM betrugen, nicht berücksichtigt.)

politik, da die so herbeigeführte „... Ableitung heimischer Bankenliquidität auf ausländische Geldmärkte das Offenmarktinstrument der Deutschen Bundesbank vor Überforderung bewahrt hat".[73]

Diese Argumentation kann aber nicht überzeugen. Denn die hohen Liquiditätsüberschüsse, über die das deutsche Banksystem im Januar 1962 verfügte, müssen vor allem auf die mehrfachen Mindestreservesenkungen des Vorjahres zurückgeführt werden. Diese Freigabe von Mindestreserven sollte jedoch gerade die liquiditätsmäßigen Voraussetzungen für umfangreiche Geldexporte der Kreditinstitute schaffen, so daß hier von vornherein keinerlei Notwendigkeit bestand, durch Offenmarktoperationen regulierend einzugreifen. Von einer möglichen Überforderung des Offenmarktinstrumentes dürfte also in diesem Zusammenhang nicht gesprochen werden.

Ab Februar 1962 zeigte sich deutlich, daß die „... im Ausland angelegten Liquiditätsreserven ... relativ leicht bewegliche Gelder dar[stellten], die von den Geschäftsbanken bei Liquiditätsanspannungen zurückgeholt, bei Liquiditätsentspannungen wieder nach draußen gelegt"[74] wurden. Die umfangreichen Repatriierungen kurzfristiger Auslandsanlagen im September des Vorjahres bildeten hierfür bereits ein erstes – von der Bundesbank wenig beachtetes – Anzeichen.

In ihrem Monatsbericht vom Juli 1962 bezeichnete die Bundesbank „... derartige Fluktuationen, wenn sie – wie mehrfach im Verlauf des letzten Jahres – ein bestimmtes Maß übersteigen", als äußerst „... unerwünscht, da sie den Erkenntniswert der Angaben über die Veränderungen der zentralen Währungsreserven trüben und bis zu einem gewissen Grad Unruhe in die ausländischen Geldmärkte bringen".[75] Zudem wurde dadurch – wie die Bundesbank späterhin ebenfalls beklagte – auch der Devisenmarkt und im besonderen der „... Markt der durch solche Operationen am stärksten betroffenen internationalen Schlüsselwährungen belastet".[76]

Daraufhin vermehrten sich bei der Bundesbank „... die Zweifel ..., ob es zweckmäßig ist, daß die deutschen Banken einen so hohen Anteil ihrer Liquiditätsreserven im Ausland halten"[77], und sie sah ihre Hauptaufgabe nunmehr darin, die „... Anomalien, die sich mit der extremen Bevorzugung der ausländischen Anlage auch für nur relativ kurzfristig verfügbare Gelder herausgebildet hatten, zu beseitigen".[78] Die Verwirklichung dieses Ziels wurde ihr allerdings etwas erleichtert, da „... auf die Förderung des sogenannten Geldexports der deutschen Banken kein entscheidender Wert mehr gelegt zu werden

[73] *Brehmer* [2] S. 190; vgl. auch *Brehmer* [55] S. 407
[74] GB-DBbk 1961, S. 72
[75] MB-DBbk Juli 1962, S. 6
[76] MB-DBbk Januar 1963, S. 10
[77] GB-DBbk 1961, S. 72
[78] MB-DBbk Juli 1962, S. 7

brauchte, seitdem die permanenten Devisenzuflüsse in die Bundesrepublik verschwunden" waren.[79]

Im Jahre 1962 bestand das Ziel der deutschen Devisenterminpolitik deshalb vor allem darin, „... eine größere Stetigkeit der Auslandsposition der Geschäftsbanken"[80] zu erreichen und „... die Kreditinstitute zu veranlassen, die dem Ausgleich der kurzfristigen Liquiditätsschwankungen dienenden Reserven nach Möglichkeit im Inland zu halten, anstatt sie vorübergehend im Ausland anzulegen."[81]

Diese Aufgabe versuchte die Bundesbank dadurch zu lösen, daß sie den Deport, den sie schon ab Januar bei ihren Swapgeschäften erneut berechnet hatte, mehrmals vergrößerte, die Mindestlaufzeit der Swapkontrakte auf zwei Monate erhöhte und ab März über eine Differenzierung der Swapsätze besonders die längerfristigen Auslandsanlagen begünstigte. Zudem verweigerte sie ab Oktober Abschlüsse von Swapkontrakten mit Fälligkeiten im Dezember, um den Banken die Möglichkeit zu nehmen, Mittel, die sie im Dezember im Hinblick auf die in diesem Monat zu erwartende Liquiditätsanspannung verfügbar haben wollten, zwischenzeitlich im Ausland anzulegen.[82]

Aus Tabelle 4 wird ersichtlich, daß die befristeten Auslandsanlagen der Banken von September 1962 bis Juni 1963 annähernd konstant blieben. Nur im Dezember erreichten die Repatriierungen aus Gründen des 'window dressing' wiederum ein beträchtliches Ausmaß.

Als sich gegen Ende 1962 die Position des US-Dollar auf dem freien Terminmarkt laufend verbesserte, griffen die Kreditinstitute in immer geringerem Maße auf die von der Bundesbank angebotenenen Swapfazilitäten zurück. Diese Tendenz wurde von der Bundesbank bewußt unterstützt, indem sie ihren Deport im Januar noch einmal vergrößerte. Die Sätze des offenen Marktes stellten sich damit für die Kreditinstitute weitaus günstiger als die Swapsätze der Bundesbank, so daß die Bundesbank bereits im Mai 1963 ihre letzten Swapverpflichtungen liquidieren konnte.[83]

Die umfangreichen Repatriierungen kurzfristiger Auslandsanlagen bei Liquiditätsanspannungen im Inland bzw. zum Zwecke des 'window dressing' haben vielfach Anlaß zu einer Kritik an der deutschen Devisenterminpolitik gegeben. „Dadurch wird ein wichtiger Zweck selektiver Swappolitik in Frage gestellt – heißt es zum Beispiel bei *Dudler* –, denn durch einen Rückfluß geswapter Devisen nehmen die Währungsreserven ... wieder schlagartig zu und machen Versuche ‚optischer' Reservemanipulierung illusorisch."[84] *Hein,* der die Devisen-

[79] GB-DBbk 1962, S. 16
[80] MB-DBbk Juli 1962, S. 7
[81] GB-DBbk 1962, S. 17
[82] MB-DBbk Oktober 1962, S. 6
[83] MB-DBbk August 1963, S. 5
[84] *Dudler* [3] S. 113

terminpolitik der Deutschen Bundesbank weitaus positiver beurteilt, behauptet dagegen, daß sich die Bundesbank „... hier in der Tat ein zusätzliches Instrument erschlossen" habe, womit in der Tat wenig gesagt ist. „Wer der Swapsatzpolitik dieses Prädikat verweigert – schreibt *Hein* – weil die Geschäftsbanken ihre Auslandsanlagen kurzfristig repatriieren und so den geldpolitischen Einfluß durchkreuzen können, müßte es erst recht der Offenmarktpolitik verweigern."[85] Für eine abschließende Beurteilung der deutschen Devisenterminpolitik der Jahre 1959 bis 1963 wäre es aber vielleicht besser, sich noch einmal die wichtigsten Ziele der ‚selektiven Swapsatzpolitik' zu vergegenwärtigen.

Das erste Ziel, der Ausgleich der Zahlungsbilanz, ist mit den genannten Einschränkungen bestenfalls in der Zeit von November 1960 bis August 1961 erreicht worden, dagegen sind alle Bemühungen in dieser Richtung während der Restriktionsphase völlig gescheitert. Jedoch sollte selbst die Tatsache, daß die Geldexporte vorübergehend die 4-Milliarden-Grenze überschritten haben, nach *Bloomfield* nicht zum Anlaß genommen werden, die relative Bedeutung der deutschen Devisenterminpolitik zu überschätzen, denn – so schreibt er – "... the net outflows of funds attributable to this policy in the three years ending January 1962 were considerably exceeded in size by German Government debt prepayments and other official transactions".[86]

Eine wirksame Einengung der Bankenliquidität, das zweite Ziel, hat sich mit Hilfe der ‚selektiven Swapsatzpolitik' überhaupt nicht realisieren lassen. Sowohl die liquiditätsbedingten Schwankungen der kurzfristigen Auslandsanlagen als auch die – ungeachtet der hohen Geldexporte – zeitweilig stark ansteigende Kreditaufnahme der Banken im Ausland können hierfür als sicheres Anzeichen gelten.

Von einer erfolgreichen Privatisierung der Devisenreserven, dem dritten Hauptziel, kann schließlich – wie *Dudlers* Kritik zeigt – nur unter Vorbehalten gesprochen werden, ganz abgesehen davon, daß die befristeten Auslandsanlagen der Kreditinstitute, verglichen mit den Gold- und Devisenreserven der Bundesbank, während des betrachteten Zeitraumes in der nationalen Reservehaltung eine nur untergeordnete Rolle gespielt haben.

Die Frage, ob eine Intervention auf dem freien Terminmarkt im Hinblick auf diese Zielsetzungen wirksamer gewesen wäre, läßt sich nicht eindeutig positiv beantworten. Indem aber die Bundesbank Swapgeschäfte ausschließlich mit Kreditinstituten tätigte, also gerade mit der Gruppe von Wirtschaftssubjekten, die in bezug auf die jeweilige Geldmarktlage im Inland am empfindlichsten reagiert, war es nur ‚natürlich' – um einen von der Bundesbank selbst verwendeten Ausdruck zu gebrauchen –, daß der Erfolg ihrer Devisenterminpolitik in so hohem Maße vom Liquiditätsgrad des nationalen Geldmarktes abhing. Vor allem wäre jedoch bei einer Intervention auf dem freien Terminmarkt die

[85] *Hein* [12] S. 170
[86] *Bloomfield* [52] S. 22

Spaltung der Swapsätze vermieden worden. Denn lediglich dadurch, daß sich Zinsarbitragetransaktionen vorübergehend gleichzeitig in beiden Richtungen durchführen ließen, konnten die offiziell geförderten Geldexporte indirekt wiederum kurzfristige Kapitalimporte induzieren.

10. Die Interventionen des US Treasury und des Federal Reserve System

Das amerikanische Schatzamt hat im März 1961 erstmals seit 1945 Interventionen auf den Devisenmärkten durchgeführt. Dieser Schritt ist von offizieller Seite als "... part of a cooperative effort by Treasuries and central banks on both sides of the Atlantic to create a first line of defense against disorderly speculation in the foreign exchange markets" bezeichnet worden.[1] Innerhalb des so abgesteckten Rahmens stellt die amerikanische Devisenterminpolitik – wie *Bloomfield* schreibt – "... only a relative small part of a much broader strategy in the foreign exchange market" dar, die darauf abziele "... to protect the dollar against actual or threatened speculative attack".[2]

Auch in diesem Zusammenhang erübrigt sich eine detaillierte chronologische Darstellung, vor allem, weil Charles A. *Coombs* – Vizepräsident der Federal Reserve Bank of New York –, der sowohl an der Gestaltung als auch an der technischen Durchführung der amerikanischen Devisenterminpolitik führend beteiligt ist, seit 1962 alle sechs Monate – und zwar jeweils im März und September – unter dem Titel "Treasury and Federal Reserve Foreign Exchange Operations" Berichte über neue devisenterminpolitische Maßnahmen im Federal Reserve Bulletin und in den Monatsberichten der Federal Reserve Bank of New York veröffentlicht.[3] Zudem haben *Fensch, Bloomfield* und *Janocha* die wichtigsten Phasen der amerikanischen Devisenterminpolitik bereits ausführlich geschildert[4], so daß hier ebenfalls die Frage nach den Methoden, den Zielen und den Ergebnissen in den Vordergrund gestellt werden kann.

10.1 Methoden und Ziele

Die amerikanischen Währungsbehörden haben bislang Interventionen auf Terminmärkten für sechs Währungen durchgeführt[5], und zwar auf den Märk-

[1] *Coombs* [58] S. 1138
[2] *Bloomfield* [52] S. 5
[3] Der erste Artikel erschien im September 1962, der letzte dem Verfasser zur Verfügung stehende Bericht – der zwölfte dieser Serie – im März 1968.
[4] *Fensch* [7] S. 84 ff.; *Bloomfield* [52] S. 5 ff.; *Janocha* [17] S. 38 ff.
[5] Der hier unternommene Versuch, die Methoden der amerikanischen Devisentermin-

ten für D-Mark (1961, 1964), Schweizer Franken (1961–1965), holländische Gulden (1962, 1963, 1965), italienische Lire (1962–1966), kanadische Dollar (1963, 1964) und englische Pfunde (1964, 1966). Dabei handelte es sich in der Regel nur um periodische Eingriffe, die immer dann erfolgten, sobald aufgrund der Zahlungsbilanzlage der jeweiligen Länder bzw. der Terminkursentwicklung dieser Währungen Goldverluste für die USA zu befürchten waren.

Alleiniger Träger der amerikanischen Devisenterminpolitik war zunächst das US Treasury. Mit Wirkung vom 13. Februar 1962 ermächtigte aber das Federal Open Market Committee – "with the full concurrence of the Treasury"[6] – die Federal Reserve Bank of New York, Transaktionen auf den Kassa- und Termindollarmärkten auch im Namen und für Rechnung des Federal Reserve System durchzuführen. Diese Dezentralisation hat sich bisher noch nicht negativ ausgewirkt. Die Maßnahmen des Schatzamtes und des Federal Reserve System werden – wie *Coombs* berichtet – "... continuously coordinated by frequent telephone communications each day between Treasury and Federal Reserve officials".[7]

Die amerikanischen Währungsbehörden haben sowohl auf dem New Yorker Devisenmarkt (z. B. DM-Interventionen von 1961 und 1964) als auch auf den wichtigsten Devisenmärkten Europas interveniert (z. B. hfl- und sfrs-Interventionen von 1961 bis 1965), zuweilen sogar gleichzeitig in New York und Europa (sfrs-Intervention vom Juli 1963).

In mehreren Fällen wurde die technische Abwicklung der einzelnen Marktinterventionen von den Trägern der amerikanischen Devisenterminpolitik an Dritte übertragen. Zum Beispiel fungierte die Federal Reserve Bank of New York vor dem 13. Februar 1962 bei Transaktionen auf dem New Yorker Devisenmarkt als Agent des Schatzamtes (DM-Interventionen von 1961), während die Interventionen auf den europäischen Devisenterminmärkten vielfach von den Zentralbanken der betreffenden Länder durchgeführt wurden (z. B. sfrs-Interventionen von 1961 bis 1965, hfl-Interventionen von 1962 und 1963).

Die einzelnen Eingriffe unterschieden sich darüber hinaus in formaler Hinsicht: Neben Interventionen, die sich allein auf die Terminmärkte beschränkten (DM-, sfrs- und hfl-Interventionen), wurden zuweilen auch Swaptransaktionen (can $-Interventionen von 1963 und 1964) und in einem Fall sogar gleichzeitig Swap- und Outright-(Solo-)Transaktionen (£-Intervention von 1964) durchgeführt. Eine Sonderstellung nehmen in dieser Beziehung die Lire-Interventionen ein. Italien hatte ab 1959 eine ‚selektive Swapsatzpolitik' mit praktisch den gleichen Zielsetzungen und Mitteln wie die Deutsche Bundesbank be-

politik in einem schematischen Überblick darzustellen, stützt sich ausschließlich auf die Berichte von *Coombs*. Um die Lesbarkeit zu wahren, wird dabei auf Fußnoten verzichtet, soweit es sich nicht um wörtliche Zitate handelt.

[6] *Coombs* [58] S. 1146

[7] *Coombs* [58] S. 1150

trieben.[8] Angesichts der hohen italienischen Zahlungsbilanzüberschüsse war diese Förderung der Geldexporte aus Italien den amerikanischen Währungsbehörden äußerst willkommen, so daß sich das US Treasury im Jahre 1962 bereit erklärte, von nun an jeweils einen bestimmten Anteil der Swapverpflichtungen des Ufficio Italiano dei Cambi zu übernehmen.

Die amerikanischen Währungsbehörden haben aber insbesondere in der Art, wie sie die reibungslose Liquidation ihrer Swap- und Terminverpflichtungen gewährleisteten, eine auffallende Flexibilität bewiesen. Vor allem in diesem Zusammenhang ist mit der Wiederaufnahme der Devisentransaktionen im März 1961 eine neue Phase der Kooperation zwischen den Zentralbanken der westlichen Hemisphäre eingeleitet worden.

So konnte das Schatzamt zum Beispiel im Jahre 1961 DM-Terminverpflichtungen eingehen, ohne dabei ein Kursrisiko übernehmen zu müssen. Denn die Deutsche Bundesbank hatte – wie *Coombs* schreibt – ‚großzügigerweise'[9] vorgeschlagen, bei Fälligkeit solcher Verpflichtungen die gegebenenfalls zur Erfüllung benötigten DM-Beträge dem Schatzamt zu dem Kurs zu überlassen, zu dem diese Terminverträge ursprünglich abgeschlossen worden waren. Die Schweizerische Nationalbank stellte den USA dagegen im Oktober 1961 einen Kredit in Höhe von 200 Mio. Schweizer Franken zu einem Zinssatz von 1¼ % p. a. als ‚Manövriermasse' zur Verfügung. Auch die Bank von Italien räumte dem Schatzamt noch im Jahre 1961 einen Lire-Kredit im Gegenwert von 150 Mio. Dollar ein, um amerikanische Kassa- und Terminmarktinterventionen in italienischer Währung zu ermöglichen. Lediglich Holland konnte sich erst nach längerem Zögern zu einem kooperativen Vorgehen mit den amerikanischen Währungsbehörden entschließen, so daß das Schatzamt gezwungen war, von der niederländischen Zentralbank Gulden im Gegenwert von 15 Mio. Dollar zu kaufen, die bis Mitte 1962 die alleinige Basis der amerikanischen Gulden-Transaktionen darstellten.

Diese Kooperation der Notenbanken wurde im Jahre 1962 weitgehend institutionalisiert, indem das Federal Reserve System eine Reihe von gegenseitig verbindlichen Swaplinien ('reciprocal currency agreements') mit mehreren Zentralbanken und der BIZ vereinbarte, die als "first line of defense against speculation"[10] das System der von Fall zu Fall getroffenen Absprachen des Vorjahres ersetzen und erweitern sollten.

"A swap constitutes a reciprocal credit facility – definiert *Coombs* – under which a central bank agrees to exchange on request its own currency for the other party ... Both parties would agree to reverse the transaction on a specified date ... at the same rate of exchange, thus providing each with forward

[8] Vgl. hierzu: Europäische Wirtschaftsgemeinschaft [161] S. 175
[9] *Coombs* [58] S. 1141
[10] *Coombs* [59] S. 312

cover against the remote risk of a devaluation of either currency."[11] Und die Bundesbank – um auch einen der Vertragspartner zu zitieren – hat diese Devisenabkommen als „... Abkommen über gegenseitige Kreditlinien in den beiderseitigen Währungen in Swap-Form, d. h. ohne Kurs-Risiko für die kreditgewährende Notenbank" bezeichnet.[12]

Die erste derartige Vereinbarung wurde im März 1962 mit der Bank von Frankreich getroffen. Im August des gleichen Jahres trat die Bundesbank dem Abkommen ebenfalls bei, das damit neben der BIZ und der Bank von Kanada sechs europäische Zentralbanken umfaßte. Das Gesamtvolumen der 'reciprocal currency agreements', das sich im August 1962 nur auf 700 Mio. Dollar belaufen hatte, ist bis zum September 1966 auf 4,5 Mrd. Dollar vergrößert worden, während sich die Zahl der beteiligten Notenbanken einschließlich der BIZ mittlerweile auf 12 erhöht hat.

Die 'reciprocal currency agreements' sollten allerdings nicht ausschließlich dazu dienen, der amerikanischen Devisenterminpolitik eine breitere Grundlage zu verschaffen. Der Vorsitzende des Board of Governors of the Federal Reserve System – William *McChesney Martin* jr. – hat daneben zwei weitere Funktionen genannt, und zwar (1) die Schaffung von "... resources for avoiding undesired changes in our gold stock that may result when foreign central banks accumulate dollars in excess of the amounts they wish to hold" und (2) die Ergänzung der "... outright foreign currency holdings in furthering a longer-run increase in world liquidity".[13]

Dieses Netz kurzfristiger Kreditfazilitäten wurde bereits frühzeitig "... reinforced by negotiation of a series of Treasury issues of special certificates and bonds denominated in the currencies of the European central banks and treasuries to which they have been issued".[14] Derartige mittelfristige Sonderzertifikate und -schuldverschreibungen des amerikanischen Schatzamtes, die von der Bundesbank – mit Einschränkungen – als eine „zweite Verteidigungslinie hinter den kurzfristigen Swap-Kreditlinien"[15] bezeichnet wurden, sind bisher bevorzugt den Zentralbanken der Länder mit hohen Zahlungsbilanzüberschüssen angeboten worden, um diese von einer Einlösung ihrer Dollar-Guthaben in Gold abzuhalten. Sie haben aber – und auch das entspricht ihrer Zwecksetzung – im Zusammenhang mit devisenterminpolitischen Maßnahmen des öfteren die gleiche Funktion ausgeübt wie die kurzfristigen Swap-Kredite.

Ab Mitte 1962 griffen die amerikanischen Währungsbehörden zunächst auf die ihnen im Rahmen der 'reciprocal currency agreements' zur Verfügung stehenden Swap-Fazilitäten zurück, sobald die eigenen Fremdwährungsbestände

[11] *Coombs* [58] S. 1147
[12] GB-DBbk 1962, S. 28
[13] *McChesney Martin* jr. [113] S. 10
[14] *Coombs* [59] S. 312
[15] GB-DBbk 1962, S. 29

nicht ausreichten, um fällige Terminverbindlichkeiten zu erfüllen (z. B. sfrs-Intervention von 1962). Diese Swap-Kredite wurden dann später entweder aus mittlerweile angesammelten Devisenbeständen zurückgezahlt oder durch mittelfristige Sonderzertifikate in der betreffenden Währung abgelöst (sfrs-Interventionen 1962/1963).

In vielen Fällen ist es allerdings unmöglich, die drei Bereiche der devisenpolitischen Aktivität – die Interventionen auf den Kassa- und Terminmärkten, die Aufnahme kurzfristiger Notenbankkredite auf Swap-Basis und die Emission mittelfristiger Schuldverschreibungen – eindeutig voneinander abzugrenzen bzw. die bestehenden Interdependenzen in ihren letzten Konsequenzen aufzuzeigen. Eine solche Aufgabe wird zudem dadurch erschwert, daß die Transaktionen in den verschiedenen Währungen über sogenannte Drittwährungs-Swaps mit der BIZ häufig miteinander verknüpft waren.

Dafür ein Beispiel: Als Ende 1963 in holländischer Währung abgeschlossene Terminverpflichtungen fällig wurden, verfügte das Schatzamt lediglich über einen Teil der zur Erfüllung benötigten Gulden-Beträge. "The remainder of the guilders needed – schreibt *Coombs* – ... were acquired through a swap with the BIS of $ 17 million of the Treasury's holdings of marks for guilders. These marks had been acquired for possible market intervention in October through the reversal of an outstanding Treasury swap with the BIS of marks against Swiss francs. The Swiss francs needed for the latter operation were in turn acquired by swapping into Swiss francs part of the lira balances that the Treasury was building up in anticipation of future maturities of lira bonds issued to the Bank of Italy in 1962."[16] Hier läßt sich eine direkte Verbindung zwischen einer Emission von Lire-Schuldverschreibungen über das 'reciprocal currency agreement' mit der BIZ bis zu den Interventionen auf dem Gulden-Dollar-Terminmarkt herstellen, ohne daß zwischen dem Anfangsglied der Kette und ihrem Schlußglied ein kausaler Zusammenhang bestand.

Obwohl die Devisenterminpolitik der USA grundsätzlich als "... defense against disorderly speculation in the foreign exchange markets"[17] konzipiert ist, bestanden zwischen den einzelnen Interventionen zum Teil wesentliche Unterschiede im Hinblick auf ihre speziellen Zielsetzungen: Neben Interventionen defensiver Natur sind auch solche offensiven Charakters durchgeführt worden.

Zu der ersten Gruppe zählen insbesondere die DM-Interventionen von 1961 und 1964, die einen bereits im Entstehen begriffenen kumulativen Prozeß aufhalten sollten, der in beiden Fällen durch Spekulationen um eine Änderung der D-Mark-Dollar-Relation ausgelöst worden war.

Die Interventionen der zweiten Gruppe zielten darauf ab, dem Entstehen eines kumulativen Prozesses vorzubeugen, indem versucht wurde, entweder durch

[16] *Coombs* [61] S. 300
[17] *Coombs* [58] S. 1138

eine Anpassung des Swapsatzes an die Zinsparität kurzfristige Kapitalexporte aus den USA zu verhindern (can $- und £-Interventionen) oder durch eine Zinsdifferierung kurzfristige Kapitalexporte aus Ländern mit relativ hohen Zahlungsbilanzüberschüssen zu induzieren (sfrs-, hfl- und Lire-Interventionen).

Als Beispiel für eine defensive Intervention sollen im folgenden die DM-Transaktionen von 1961 etwas ausführlicher behandelt werden, als Beispiel für eine offensive Intervention die sfrs-Transaktionen von 1961 bis 1965. Diese Auswahl empfiehlt sich aus zwei Gründen: (1) kommt den DM- und sfrs-Interventionen unter quantitativen Gesichtspunkten eine weitaus größere Bedeutung zu als den Transaktionen in den übrigen Währungen, und (2) ist von offizieller Seite bevorzugt im Zusammenhang mit diesen Interventionen statistisches Material veröffentlicht worden, so daß sich die einzelnen Maßnahmen und deren Auswirkungen hier ziemlich genau verfolgen lassen.

10.2 Die DM-Interventionen von 1961

Die im März 1961 erfolgten Aufwertungen der D-Mark und des holländischen Gulden ließen viele der wichtigen Währungen des Westens Gegenstand umfangreicher Spekulationen werden. Die mit dem 6. 3. einsetzenden spekulativen Geldbewegungen belasteten zwar vor allem die britische Zahlungsbilanz, sie stellten aber die USA insofern vor schwerwiegende Probleme, als – wie es bei *Coombs* heißt – "... the massive reshuffling of foreign-owned funds resulted in heavy accumulations of dollars by certain foreign central banks, with the possible consequence of sizable drains upon U.S. gold reserves".[18] Befürchtungen, daß weitere Goldverluste eine erneute Schwächung des Vertrauens in die Gold-Parität des Dollar verursachen könnten, bildeten den unmittelbaren Anlaß für den Entschluß des Schatzamtes, von nun an wieder auf den Devisenmärkten zu intervenieren.

Die Tatsache, daß die Kursfeststellung auf dem Terminmarkt der Frankfurter Devisenbörse für drei Tage ausgesetzt werden mußte, zeigt deutlich, welchen Schock die DM-Aufwertung verursacht hatte. Eine Preisfestsetzung für Termindollar erfolgte erstmals wieder am 9. März. An diesem Tag betrug der Deport für 3-Monats-Dollar gegenüber der D-Mark – unter Zugrundelegung der Mittelkurse – 3 % p. a.[19] Allerdings war es – wie bereits erwähnt – kaum möglich, Termindollar auf dem Markt zu verkaufen, obwohl sich der Deport im Laufe der gleichen Woche vorübergehend auf annähernd 4 % p. a. erhöhte.[20] Die Ursache für diesen Kursfall bildeten Gerüchte von einer weiteren Änderung der

[18] *Coombs* [58] S. 1140
[19] Blick durch die Wirtschaft vom 7., 8., 9. und 10. 3. 1961
[20] *Coombs* [58] S. 1141

DM-Parität, denn eine Aufwertung um 5 % wurde allgemein für unzureichend gehalten. Infolge spekulationsbedingter Kapitalzuflüsse stiegen die Gold- und Devisenreserven der Deutschen Bundesbank von 30,3 Mrd. D-Mark am 6. 3. auf 31,4 Mrd. D-Mark am Monatsende.[21]

Diese Entwicklung erregte nicht nur in Deutschland Besorgnis. Am 13. März veröffentlichten deshalb die im Verwaltungsrat der BIZ vertretenen Gouverneure europäischer Zentralbanken, zu denen auch der Präsident der Deutschen Bundesbank gehörte, ein Kommuniqué, „... in dem sie nicht nur zum Ausdruck brachten, daß die DM- und Gulden-Aufwertung eine einmalige und definitiv abgeschlossene Aktion sei, der keine weiteren Anpassungen mehr folgen würden, sondern in dem darüber hinaus die Absicht zu einer engen Kooperation der Notenbanken bei der Abwehr von spekulativen Geldbewegungen bekanntgegeben wurde“.[22]

Am 10. März waren diesem Kommuniqué Konsultationen zwischen Vertretern der Deutschen Bundesbank, des amerikanischen Schatzamtes und der Federal Reserve Bank of New York vorausgegangen, wobei die Entscheidung getroffen wurde, daß die Federal Reserve Bank of New York im Auftrage des Schatzamtes ab 13. des Monats Termin-D-Mark auf dem New Yorker Devisenmarkt anbieten sollte "... with the dual objective of providing an ample supply of forward marks as an alternative to anticipatory purchases of spot marks by foreigners and dollar borrowings by Germans, and in the process, of driving down the forward premium on the mark as closely as possible to the 1 per cent level".[23]

Janocha behauptet, die amerikanischen Währungsbehörden hätten mit ihren DM-Interventionen von 1961 beabsichtigt, „... durch Senkung des Deports für den Termindollar Geldexporte aus der Bundesrepublik wieder rentabel zu machen“.[24] In einer Fußnote begründet *Janocha* seine Vermutung damit, daß „eine unmittelbare Wirkung auf die Spekulation ... nicht zu erwarten [war], da diese zu einem großen Teil als Kassaspekulation durchgeführt wurde“.[25]

Da aber Spekulanten grundsätzlich nur an den Kassamarkt herantreten, sobald sich diese Form der Spekulation für sie bei gegebenen Zinssätzen und Devisenkursen vorteilhafter stellt als ein Kauf oder Verkauf von Termindevisen, ist diese Begründung wenig überzeugend. Zudem haben die amerikanischen Währungsbehörden bewußt versucht, die Spekulation wenigstens zum Teil auf den Terminmarkt abzudrängen. In der Formulierung 'providing an ample supply of forward marks as an alternative to anticipatory purchases of spot marks' kommt diese Absicht deutlich zum Ausdruck.

[21] GB-DBbk 1961, S. 150
[22] GB-DBbk 1960, S. 53
[23] *Coombs* [58] S. 1141
[24] *Janocha* [17] S. 41
[25] *Janocha* [17] S. 41 Fn. 1

Janocha irrt sich aber völlig, wenn er glaubt, daß durch die DM-Interventionen Geldexporte aus der Bundesrepublik induziert werden sollten. Denn im März 1961 lagen zum Beispiel die Abgabesätze der Bundesbank für Geldmarktpapiere geringfügig über der amerikanischen Schatzwechselrate, während die deutschen Sätze für Drei-Monats-Geld etwa denen des Euro-Dollar-Marktes entsprachen. Aufgrund dieser Zinskonstellation wäre also selbst bei einem Deport von 1 % p. a. noch eine Nettozinsdifferenz von ungefähr 1 % p. a. zugunsten kurzfristiger Kapitalanlagen in Deutschland verblieben.

Die amerikanischen Transaktionen hatten vielmehr von vornherein den Charakter einer begrenzten Intervention, die vor allem den Zweck verfolgte – wie der Economist schreibt – "... to prevent bearish expectations from becoming self-justifying and cumulative".[26] Und der Internationale Währungsfonds hat die amerikanischen Terminmarktinterventionen von 1961 in einem seiner Jahresberichte als "... largely exploratory in character, designed to limit temporary disturbances in the exchange markets" bezeichnet.[27]

1961	DM-Termin-engagement zum Monats-beginn – in Mio. $ –	Termin-DM-Verkäufe während des Monats – in Mio. $ –	DM-Termin-engagement zum Monats-ende – in Mio. $ –	Deport US-Dollar gegen DM in % p. a. zum Monats-ende
März	–	118,7	–	1,47
April	118,7	104,4	118,7	1,59
Mai	223,1	78,4	223,1	1,39
Juni	301,5	52,8	301,5	2,21
Juli	267,8	32,9	267,8	1,45
August	202,6	12,7	202,6	1,02
September	126,0	0,3	126,0	0,88
Oktober	49,7	–	49,7	0,76
November	14,2	–	14,2	0,80
Dezember	0,2	–	0,2	1,04

* Quelle: *Coombs* [58] S. 1142

Tab. 5*

In Tabelle 5 sind die einzelnen Phasen der amerikanischen DM-Interventionen von 1961 in einer schematischen Übersicht wiedergegeben. Tabelle 5 zeigt, daß der Deport des Dollar gegenüber der D-Mark bereits Ende März auf etwa 1,5 % p. a. gefallen war. Da die Nachfrage nach Termin-DM in den Monaten April und Mai laufend abnahm, – wie *Coombs* vermutet – "... perhaps partly

[26] Experiment in Forward Exchange [147] S. 368
[27] International Monetary Fund: Annual Report of the Executive Directors for the Fiscal Year Ended April 30, 1962, S. 99/100

owing to the reassuring effect of official operation on so sizable a scale"[28], verringerte sich der Deport auch in der Folgezeit, obwohl das Schatzamt weniger Termin-DM angeboten hatte als im März.

Auffallend ist die Vergrößerung des Deports im Juni: Nachdem Mitte des Monats die ersten Terminverträge des Schatzamtes fällig geworden waren, stieg der Kassakurs des Dollar, der sich seit März fast ununterbrochen in Höhe des unteren Interventionspunktes bewegt hatte, langsam an, dagegen wurde der Dollar auf dem Terminmarkt gleichzeitig schwächer. „Diese Konstellation – schrieb die BIZ – ... läßt vermuten, daß die Interventionen der US-Behörden am Terminmarkt für Deutsche Mark einige Termindollarverkäufer, deren Engagements fällig wurden, veranlaßte, sich am Kassamarkt einzudecken, und daß die US-Behörden beschlossen, diesen Stimmungswechsel dadurch zu verstärken, daß sie ihre Stützungsintervention für den Termindollar drosselten."[29]

Coombs hat diese Vermutung später bestätigt: "With the crisis of confidence more or less weathered, it seemed desirable to allow the forward premium on the mark to rise somewhat, thereby increasing the cost of forward cover and further dampening commercial hedging demand."[30]

Die Berlin-Krise vom August des Jahres setzte den Spekulationen um eine zweite Aufwertung der D-Mark zunächst ein Ende. Der Deport, der bereits im Juli wieder auf ca. 1,5 % p. a. gefallen war, verringerte sich in den folgenden Monaten erneut und erreichte mit 0,76 % p. a. zum 31. Oktober den tiefsten Stand seit Beginn der Interventionen. Das Schatzamt stellte seine DM-Verkäufe daraufhin völlig ein und konnte noch bis zum Dezember des Jahres das gesamte DM-Terminengagement liquidieren.

"The forward mark operation – so faßt *Coombs* das Ergebnis der DM-Interventionen von 1961 zusammen – apparantly calmed a badly shaken exchange market, which needed time and the assurance of intergovernmental cooperation to recover confidence."[31]

Der Erfolg der amerikanischen DM-Interventionen ist allgemein unbestritten. *Bloomfield* hebt als besonders positiv hervor, daß "... despite the cheapened cost of speculation in the forward market because of the reduction in the premium on the forward mark, there appears to be no evidence of significantly increased speculative purchases of forward marks".[32] Und *Einzig* schreibt: "In the light of this favourable experience there can be little doubt that the case for *limited* official forward exchange operations in given situations has now been firmly established."[33]

[28] *Coombs* [58] S. 1141
[29] Bank für Internationalen Zahlungsausgleich: 32. Jahresbericht (1961/1962), S. 152
[30] *Coombs* [58] S. 1142
[31] *Coombs* [58] S. 1142
[32] *Bloomfield* [52] S. 8
[33] *Einzig* [77] S. 246/247 – Hervorhebung von *Einzig* –.

Allerdings sind die Bemühungen des amerikanischen Schatzamtes durch einige Sonderfaktoren stark begünstigt worden.

Erstens hatte die Bundesbank ein Zinsverbot für Auslandseinlagen bei deutschen Banken erlassen, so daß während des gesamten Interventionszeitraumes Zinsarbitragetransaktionen zwischen den USA und Deutschland nur in Verbindung mit Kreditgewährungen im Außenhandel durchgeführt werden konnten. Damit entfiel aber die Notwendigkeit, den Deport des Dollar gegenüber der D-Mark völlig zu beseitigen, um allzu umfangreiche Kapitalexporte in die Bundesrepublik zu verhindern.

Zweitens hat die ‚selektive Swapsatzpolitik' der Deutschen Bundesbank nicht unwesentlich dazu beigetragen, den Terminkurs des Dollar zu stützen. Die offiziell geförderten Geldexporte deutscher Banken haben darüber hinaus eine einseitige Akkumulation von Gold und Devisen bei der Bundesbank wenigstens teilweise verhindert, so daß auch von dieser Seite ein positiver Einfluß auf die Kurserwartungen der Spekulanten ausgeübt wurde.

Drittens ist die Berlin-Krise für das Nachlassen des spekulativen Drucks von entscheidender Bedeutung gewesen. Die amerikanischen Interventionen – so heißt es im Economist – "... have been successful in snuffing out speculation when it was already on the wane".[34]

Schließlich hat *Einzig* davor gewarnt, aus den amerikanischen Erfahrungen von 1961 die Schlußfolgerung herzuleiten, daß die Devisenterminpolitik auch bei äußerst heftiger Spekulation unbedingt zu einem Erfolg führen müsse: "It would be a mistake to assume that, because the supporting operations were successful in the circumstances prevailing in 1961, the same device would necessarily be able to cope with a landslide."[35] Denn zum einen – so argumentiert *Einzig* – sei es offensichtlich einfacher "... to defend an exchange successfully if pressure on it is due not to its inherent weakness, but to the inherent strength of some other exchange". Und zum anderen sei der Goldbestand der USA immer noch relativ hoch gewesen "... even though it was declining – [which] made it obviously safe for the U.S. authorities ... to assume large amounts of forward commitments."[36]

10.3 Die sfrs-Interventionen

Die offiziellen Währungsreserven der Schweiz hatten sich kurz nach den Aufwertungen der D-Mark und des holländischen Gulden schlagartig erhöht. „Die im Ausland gehegte Erwartung – heißt es in einem Bericht der Schweizerischen Nationalbank –, daß auch der Schweizerfranken aufgewertet werde, brachte

[34] Experiment in Forward Exchange [147] S. 368
[35] *Einzig* [77] S. 249
[36] *Einzig* [77] S. 248

unserem Land einen beträchtlichen Mittelzufluß, der im Verlauf von wenigen Tagen mehr als 1,2 Milliarden Franken erreichte."[37] Die amerikanischen Währungsbehörden sahen in diesem Devisenzufluß eine akute Gefahr. Denn – so schreibt *Coombs* – die Schweizerische Nationalbank, die von jeher bemüht war, nur einen geringen Teil der Währungsreserven in Form von Devisen zu halten, "... seemed likely to convert large amounts of surplus dollar holdings into gold unless some means could be found to stimulate an outflow of private funds from Switzerland".[38] Ein Umtausch dieser Dollar-Bestände in Gold hätte aber die amerikanischen Währungsreserven empfindlich belastet und damit eventuell erneut Gerüchte um eine Änderung der Gold-Parität des US-Dollar ausgelöst.

Nach ausführlichen Konsultationen mit der Schweizerischen Nationalbank begann das amerikanische Schatzamt deshalb im Juli 1961, Terminfranken auf dem Züricher Devisenmarkt anzubieten "... at rates sufficiently attractive to induce the Swiss commercial banks and other short-term investors to move funds into the dollar market".[39]

Die technische Abwicklung der Terminmarktinterventionen übernahm die Schweizerische Nationalbank, die dem Schatzamt zudem einen Kredit von 200 Mio. Franken zur Verfügung stellte, um eine reibungslose Liquidation der amerikanischen Terminverpflichtungen zu ermöglichen. Diese auffallende Bereitwilligkeit, die amerikanischen Währungsbehörden bei ihrem Vorhaben zu unterstützen, ist nicht zuletzt auch dadurch zu erklären, daß – wie die Schweizerische Nationalbank in ihrem Geschäftsbericht für 1961 ausführt – „die Ableitung des beträchtlichen Mittelüberschusses ins Ausland auf dem Wege des Geld- und Kapitalexportes zur Niederhaltung der geldseitigen Auftriebskräfte ... mit unseren eigenen konjunktur- und währungspolitischen Interessen im Einklang [stand]".[40]

Der Versuch, die offiziellen Dollar-Reserven der Schweiz durch eine Förderung kurzfristiger Kapitalexporte zu verringern, hatte von vornherein den Charakter einer Überbrückungsmaßnahme. Da nämlich die 'basic balance' der Schweiz bereits seit einiger Zeit stark defizitär war, konnte – wie *Coombs* später behauptet hat – erwartet werden, daß "... when some recovery of confidence in currency parities reappeared, a cessation of this hot money inflow would result in a strengthening of the dollar against the Swiss franc and in drains on the gold and dollar reserves of the Swiss National Bank".[41]

Der Deport des Dollar gegenüber dem Schweizer Franken, der sich bis zum 17. Juni auf 2,13 % p. a. vergrößert hatte, fiel gegen Ende des Monats auf etwa

[37] 54. Geschäftsbericht der Schweizerischen Nationalbank (1961), S. 5
[38] *Coombs* [58] S. 1143
[39] *Coombs* [58] S. 1144
[40] 54. Geschäftsbericht der Schweizerischen Nationalbank (1961), S. 8
[41] *Coombs* [58] S. 1143

1,5 % p. a., obwohl die Interventionen zunächst nur "in a limited, experimental fashion"[42] durchgeführt worden waren.

Die Berlin-Krise vom August löste jedoch einen verstärkten Kapitalzustrom in die Schweiz aus. Die Währungsreserven der Schweizerischen Nationalbank, die am 15. März noch 11 187 Mio. Franken betragen hatten, erreichten „... mit 12 013 Millionen Franken ... am 23. September einen absoluten Höchststand".[43] Das Schatzamt sah sich daraufhin genötigt, die Interventionen zu intensivieren. In diesem Monat gelang es erstmals, eine nennenswerte Nettozinsdifferenz zugunsten kurzfristiger Dollar-Anlagen herbeizuführen, die bis zum Oktober – wie aus Tabelle 6 hervorgeht – auf etwa 1 % p. a. erhöht werden konnte.

1961	Deport US $ gegen sfrs in % p. a. zum Monatsende (17. 7. = 2,13)	Zinssatz für 90-Tage-Schatzwechsel New York in % p. a.	Zinssatz für 3-Monats-Geld US $ in London in % p. a.	Zinssatz für 3-Monats-Geld Zürich in % p. a.	Nettozinsdifferenz zugunsten US $-Anlagen in London in % p. a.
Juli	1,48	2,24	3,38	1,84	0,06
August	1,25	2,39	3,31	1,75	0,31
September	0,74	2,28	3,38	1,79	0,85
Oktober	0,55	2,31	3,44	1,88	1,01
November	0,65	2,48	3,63	2,21	0,77
Dezember	0,65	2,61	3,88	2,30	0,93

*Quellen: International Monetary Fund: International Financial Statistics Vol. 14 (1961) No 9, 10, 11, 12 und Vol. 15 (1962) No 1, 2 – Kassa- und Terminkurse US-Dollar gegen Schweizer Franken – Monatsberichte der Deutschen Bundesbank – Zinssätze in New York und Zürich – Bank of England: Quarterly Bulletin Vol. 2, No 2 (June 1962) – Zinssätze für US $-Anlagen in London –

Tab. 6*

Ende November hatte das sfrs-Terminengagement des Schatzamtes einen Betrag von 152,5 Mio. Dollar erreicht, "... which meant – so schreibt *Coombs* – a roughly corresponding reduction in the dollar reserves of the Swiss National Bank and in Swiss gold purchases from the U.S. Treasury".[44]

Im Dezember war das Schatzamt bereits in der Lage, seine Terminverpflichtungen in Schweizer Währung um 15 Mio. Dollar abzubauen, und im Juni des folgenden Jahres belief sich das sfrs-Terminengagement nur noch auf 90 Mio. Dollar. *Coombs* behauptet sogar, daß "... the program of forward sales of Swiss francs ... proved to be a self-liquidating operation, as the swing deve-

[42] *Coombs* [58] S. 1144
[43] 54. Geschäftsbericht der Schweizerischen Nationalbank (1961), S. 15
[44] *Coombs* [58] S. 1144

loping in the Swiss payments position would have permitted nearly complete liquidation of the forward operation within a matter of 10 months".[45]

Allerdings führte die Abwertung des kanadischen Dollar ab Mai 1962 erneut zu umfangreichen Kapitalzuflüssen in die Schweiz, die das Schatzamt veranlaßten, nochmals auf dem Züricher Devisenterminmarkt zu intervenieren. Die endgültige Abwicklung der gesamten Terminverpflichtungen in Schweizer Währung — die sich bis zum 6. August 1962 wieder auf 139 Mio. Dollar erhöht hatten[46] — verzögerte sich daher bis Juni 1963.[47]

Eine zweite Intervention in den Monaten Juli bis Oktober 1963 verlief ähnlich. Auch diesmal versuchte das Schatzamt, kurzfristige Kapitalexporte aus der Schweiz zu induzieren, um die wieder beträchtlich angewachsenen Dollar-Bestände der Schweizerischen Nationalbank, die für die amerikanischen Goldreserven eine latente Bedrohung darstellten, zu reduzieren. Das Terminengagement erreichte im Oktober 1963 mit 149 Mio. Dollar seinen höchsten Stand.[48] Die letzten dieser Terminverpflichtungen wurden erst im Dezember 1965 liquidiert.[49]

Auch die sfrs-Interventionen sind allgemein als erfolgreich bezeichnet worden.[50] Zu diesem Erfolg hat aber wesentlich beigetragen, daß die Zinssätze für Dollar-Anlagen in London während der gesamten Interventionsperiode relativ hoch waren. Zum Beispiel lagen die Sätze des Euro-Dollar-Marktes — wie Tabelle 6 zeigt — um mehr als 1 % p. a. über der amerikanischen Schatzwechselrate. Kursgesicherte Dollar-Anlagen stellten sich damit für Schweizer Investoren ab August 1961 vorteilhafter als vergleichbare Anlagen im Inland, obwohl im Verhältnis zu den USA weiterhin eine Nettozinsdifferenz zugunsten der Schweiz bestand. Deshalb war es auch nicht erforderlich, den Deport des Dollar völlig zu beseitigen, eine Aufgabe, deren Lösung zumindest eine Verdoppelung des offiziellen Terminfranken-Angebots vorausgesetzt hätte.

Zudem haben die amerikanischen Währungsbehörden durch ihre Förderung von Kapitalexporten aus der Schweiz lediglich eine Umschichtung der Dollar-Guthaben außerhalb der USA erreicht, womit die Gefahr ausländischer Goldkäufe zwar vermindert, jedoch nicht völlig beseitigt werden konnte.

Aus dem gleichen Grund ist das amerikanische Beispiel auch nicht ohne weiteres auf andere Länder anwendbar. Denn die amerikanische Devisenpolitik — und darauf hat *Altman* deutlich hingewiesen — "... does not so much defend the dollar as defend U.S. holdings of gold".[51]

[45] *Coombs* [58] S. 1145
[46] *Coombs* [59] S. 317
[47] *Coombs* [60] S. 1221
[48] *Coombs* [61] S. 298
[49] *Coombs* [65] S. 52
[50] Vgl. zum Beispiel *Bloomfield* [52] S. 10 f. und *Einzig* [77] S. 245 f.
[51] *Altman* [156] S. 9

11. Schlußbemerkungen

In der vorliegenden Untersuchung wurde der Versuch unternommen, diejenigen Argumente, die von Theorie und Praxis für und gegen eine Devisenterminpolitik der Zentralbanken vorgebracht worden sind, mit Hilfe eines für den Devisenmarkt entwickelten Kursbildungsmodells auf ihren Aussagewert hin zu überprüfen. Zudem wurde auf einige wichtige Aspekte der Devisenterminpolitik hingewiesen, die in der bisherigen Diskussion nicht oder nur am Rande berücksichtigt worden sind. Die Behandlung der deutschen und der amerikanischen Devisenterminpolitik diente dabei dem Zweck, die im theoretischen Teil der Arbeit gewonnenen Erkenntnisse mit den in letzter Zeit gesammelten praktischen Erfahrungen zu konfrontieren. Die vielleicht etwas verwirrende Fülle der dabei aufgezeigten Gesichtspunkte läßt es ratsam erscheinen, an den Schluß eine thesenartige Zusammenfassung derjenigen Ergebnisse zu stellen, die vor allem für die geldpolitische Praxis von besonderer Bedeutung sind.

(1) Vorübergehende, ursprünglich reversible Zahlungsbilanzungleichgewichte können bereits den Anlaß zu Spekulationen auf eine Abwertung (Aufwertung) der Inlandswährung bilden. Damit wird unter Umständen ein kumulativer Prozeß ausgelöst, der eine Paritätsänderung selbst gegen den Willen der Zentralbank erzwingt. Diese Gefahr ist hauptsächlich bei Defizitländern gegeben.

Ein solcher kumulativer Prozeß wird sich mit den traditionellen geldpolitischen Instrumenten besonders bei heftiger Spekulation kaum aufhalten lassen. Devisenterminpolitische Maßnahmen werden dagegen immer dann Erfolg haben, sobald die dem kumulativen Prozeß zugrunde liegende Zahlungsbilanzstörung ihrem Charakter nach eine Aufrechterhaltung der bestehenden Parität rechtfertigt. Interventionen auf dem Devisenterminmarkt sind allerdings auch nur zu empfehlen, wenn diese Voraussetzung eindeutig erfüllt ist.

Versucht die Zentralbank eines abwertungsbedrohten Landes, durch eine Vermehrung des Termindevisenangebotes den Terminkurs herabzudrücken, dann wird ihr Terminengagement den Umfang der verhinderten Reserveverluste zunächst weit übersteigen. Jedoch stellt lediglich ein geringer Teil der offiziellen Terminverpflichtungen einen ‚echten' Anspruch Dritter auf die Währungsreserven dar, so daß dieses Moment nur insofern von Bedeutung ist, als die Zentralbank damit die Freiheit zu einer Paritätsänderung verliert, denn eine Abwertung wäre für sie jetzt mit untragbar hohen Buchverlusten verbunden. Da aber eine Aufwertung derjenigen ausländischen Währungen, zu deren Lieferung sich die Interventionsinstanz verpflichtet hat, ähnlich katastrophale Folgen hätte wie eine Abwertung im Inland, setzen devisenterminpolitische Maßnahmen die Bereitschaft ausländischer Zentralbanken zu einem kooperativen Vorgehen voraus. Läßt sich eine solche Kooperation realisieren, dann werden die Spekulanten eine Terminmarktintervention als sicheres Zeichen dafür werten, daß in absehbarer Zeit mit einer Paritätsänderung nicht zu rechnen ist. Somit wird eine allgemeine Beruhigung der Zahlungsbilanzlage eintreten, die es der Interventionsinstanz gestattet, nunmehr Maßnahmen zu einer Beseitigung des ursprünglichen Zahlungsbilanzungleichgewichtes zu ergreifen.

In äußerst kritischen Situationen könnte jedoch der Fall eintreten, daß offizielle Interventionen auf dem Terminmarkt die Kurserwartungen der Spekulanten zunächst überhaupt nicht oder sogar negativ beeinflussen. Deshalb erfordert hier eine erfolgreiche Bekämpfung des kumulativen Prozesses die Bereitschaft zu ‚unbegrenzten' Interventionen, d. h. die Zentralbank muß ungeachtet eines eventuell sehr schnellen Anwachsens ihrer Terminverpflichtungen einen Terminkurs aufrechterhalten, bei dem zumindest diejenigen kurzfristigen Kapitalexporte, die sich infolge irrationalen Verhaltens und institutioneller Beschränkungen einer Beeinflussung entziehen, durch Kapitalimporte der Zinsarbitrageure kompensiert werden. Längerfristig wird eine derartige Politik das Vertrauen in die bestehende Parität sicherlich festigen und somit auch in diesen Fällen den Spielraum schaffen, den die Interventionsinstanz benötigt, um der eigentlichen Zahlungsbilanzstörung entgegentreten zu können.

Unbegrenzte Interventionen sind in der geldpolitischen Praxis bislang nicht durchgeführt worden. Jedoch zeigen die DM-Interventionen des amerikanischen Schatzamtes, daß in weniger kritischen Situationen bereits eine merkliche Verringerung der kurzfristigen Kapitalexporte die Währungsspekulation auf ein tragbares Ausmaß zurückführen wird.

(2) Ein weltweites System fixer Wechselkurse stellt die Zentralbanken der Partnerstaaten häufig vor nahezu unlösbare Probleme, denn die drei Hauptziele der Geldpolitik – Vollbeschäftigung, Stabilität des Preisniveaus und Gleichgewicht der Zahlungsbilanz – lassen sich nur selten gleichzeitig realisieren. Herrscht jedoch Vertrauen in die bestehenden Kursparitäten, so ermöglichen adäquate devisenterminpolitische Maßnahmen unter bestimmten Voraussetzungen eine von den Erfordernissen des kurzfristigen Zahlungsbilanzausgleichs unabhängigere Geldpolitik.

(A) Befindet sich die Gesamtzahlungsbilanz im Ausgangspunkt der Betrachtung im Gleichgewicht, dann können die Zentralbanken den Zahlungsbilanzeffekt einer binnenwirtschaftlich motivierten Diskontsenkung (-erhöhung) neutralisieren, indem sie den Swapsatz der Zinsparität anpassen und so den mit der Diskontsatzveränderung geschaffenen Anreiz zur Durchführung kurzfristiger Kapitalexporte (-importe) wieder beseitigen. Zum einen bleibt damit das Zahlungsbilanzgleichgewicht gewahrt, und zum anderen wird auf diese Weise verhindert, daß kursgesicherte Kapitalexporte (-importe) den Liquiditätsspielraum der Banken im Inland einengen (vergrößern) und so den binnenwirtschaftlichen Effekt der Diskontsenkung (-erhöhung) kompensieren.

Da aber Angebot und Nachfrage der Spekulanten auf dem Terminmarkt unter der Voraussetzung allgemeinen Vertrauens in die bestehenden Paritäten bei Kursen, die den für den Kassakurs festgesetzten Interventionspunkten entsprechen, vollkommen elastisch werden, läßt sich der Swapsatz nicht beliebig vergrößern, so daß der Spielraum für eine rein binnenwirtschaftlich orientierte Diskontpolitik, über den die Zentralbanken hiermit verfügen, begrenzt ist.

Zudem muß eine derartige Politik an kurze Sicht gebunden sein, denn eine restriktive (expansive) Diskontpolitik beeinflußt das Preisniveau und die langfristigen Zinssätze im Inland und wird deshalb cet. par. zu immer größeren Zahlungsbilanzdefiziten (-überschüssen) führen, selbst wenn der Swapsatz laufend der Zinsparität angepaßt wird.

(B) Ist die Gesamtzahlungsbilanz langfristig ausgeglichen, so lassen sich kurzfristige Zahlungsbilanzungleichgewichte beseitigen, indem durch Beeinflussung der Terminkurse kursgesicherte Kapitaltransaktionen induziert werden, während die Diskontpolitik den jeweiligen binnenwirtschaftlichen Erfordernissen entsprechend gestaltet werden kann.

Eine solche ‚Zinsdifferierung' ist jedoch nur innerhalb eines relativ engen Rahmens realisierbar, denn die für den Kassakurs festgesetzten Interventionspunkte müssen auch hier als äußerste Schwankungsgrenzen für den Terminkurs angesehen werden, so daß es der Interventionsinstanz bei gegebenen Zinssätzen im Inland und Ausland nicht immer gelingen wird, einen Nettozinsanreiz zu schaffen, der die Zinsarbitrageure zu kurzfristigen Kapitalimporten (-exporten) in Höhe des Defizites (Überschusses) der 'basic balance' veranlaßt.

Führen Überschußländer mit Inflation bzw. Defizitländer mit Arbeitslosigkeit eine Politik der Zinsdifferierung durch, dann besteht die Gefahr, daß die restriktive bzw. expansive Geldpolitik das Ungleichgewicht in der 'basic balance' zementiert und auf diese Weise ein fundamentales Ungleichgewicht im Sinne der Statuten des Internationalen Währungsfonds entsteht.

Wie vor allem die Erfahrungen der Deutschen Bundesbank zeigen, wird der Erfolg einer Zinsdifferierungspolitik bei Überschußländern mit Inflation zudem von vornherein dadurch in Frage gestellt, daß eine wirksame Einengung des Liquiditätsspielraumes im Inland den Wirtschaftssubjekten diejenigen flüssigen Mittel entzieht, die sie gewöhnlich für die Durchführung der Zinsarbitrage einsetzen. Für Defizitländer mit Arbeitslosigkeit setzt die Zinsdifferierungspolitik dagegen voraus, daß sich die Zentralbanken der Überschußländer bereit erklären, ihre Währungsreserven von außen ‚anzapfen' zu lassen.

Verzeichnis der benutzten Literatur

A. Bücher

[1] *Bloomfield, A. I.:* Short-Term Capital Movements under the Pre-1914 Gold Standard. Princeton (New Jersey) 1963

[2] *Brehmer, Ekhard:* Struktur und Funktionsweise des Geldmarktes der Bundesrepublik Deutschland seit 1948 – Zugleich eine theoretische Grundlegung für Geldmärkte im allgemeinen. Tübingen 1964

[3] *Dudler, Hermann-Josef:* Diskont- und Terminkurspolitik. Frankfurt (Main) 1966

[4] –: Kurzfristige internationale Kapitalbewegungen – Ihre quantitativ-definitorische Erfassung und theoretische Analyse. Frankfurt (Main) 1966

[5] *Einzig, Paul:* A Dynamic Theory of Forward Exchange. London/New York 1961

[6] *Epstein, Efim Moiseevic:* Les Banques de Commerce Russes – Leur rôle dans l'évolution économique de la Russie – Leur nationalisation. Paris 1925

[7] *Fensch, Ute:* Zum Problem der internationalen Liquidität. Tübingen 1963

[8] *Haberler, Gottfried:* Prosperity and Depression – A Theoretical Analysis of Cyclical Movements. London 1958

[9] *Hahn, L. Albert:* Ein Traktat über Währungsreform. Basel 1964

[10] *Hansen, Bent:* Foreign Trade Credits and Exchange Reserves: A Contribution to the Theory of International Capital Movements. Amsterdam 1961

[11] *Hawtrey, R. G.:* The Art of Central Banking. London 11932, 21962

[12] *Hein, Manfred:* Die internationalen Geldmarktgeschäfte westdeutscher Banken. Berlin 1966

[13] *Höfermann, Friedhelm:* Geldmarkt und Geldmarktgeschäfte. Frankfurt (Main) 1959

[14] *Holgate, H. C. F.:* Foreign Exchange: An Introductory Outline. London 1936

[15] *Holmes, Alan R.:* The New York Foreign Exchange Market. New York 21960

[16] *Holtrop, Marius W.:* Monetary Policy in an Open Economy: Its Objectives, Instruments, Limitations, and Dilemmas. Princeton (New Jersey) 1963

[17] *Janocha, Peter:* Intervention und Kooperation der Zentralbanken auf den Devisenmärkten nach dem zweiten Weltkrieg. Tübingen 1966

[18] *Kenen, Peter B.:* British Monetary Policy and the Balance of Payments 1951 –1957. Cambridge (Massachusetts) 1960

[19] –: Reserve-Asset Preferences of Central Banks and the Stability of the Gold-Exchange Standard. Princeton (New Jersey) 1963

[20] *Keynes, John Maynard:* A Tract on Monetary Reform. London 1923

[21] –: A Treatise on Money Vol. II: The Applied Theory of Money. London 1930

[22] *Kindleberger, Charles Poor:* International Short-Term Capital Movements. New York 1937

[23] –: International Economics. Homewood (Illinois) 1963

[24] *Leist:* Der internationale Kredit- und Zahlungsverkehr. Leipzig 1921

[25] *Lipfert, Helmut:* Devisenhandel – Devisengeschäfte der Banken, Exporteure und Importeure. Frankfurt (Main) 1958

[26] –*:* Nationaler und internationaler Zahlungsverkehr. Wiesbaden 1960

[27] –*:* Der Geldmarkt. Frankfurt (Main) 1962

[28] *Mahlberg, Walter:* Über asiatische Wechselkurse. Bonn 1914

[29] *Markowitz, Harry Max:* Portfolio Selection – Efficient Diversification of Investments. New York 1959

[30] *Sayers, R. S.:* Modern Banking. Oxford 1960

[31] *Schmaltz, Kurt:* Das Valutarisiko im deutschen Wirtschaftsleben und seine Bekämpfung. Stuttgart 1921

[32] *Schmidt, Fritz:* Internationaler Zahlungsverkehr und Wechselkurse – Der Zahlungsverkehr Band II. Leipzig 1922

[33] *Schneider, Erich:* Einführung in die Wirtschaftstheorie III. Teil – Geld, Kredit, Volkseinkommen und Beschäftigung. Tübingen 1962

[34] *Shepherd, Sidney A.:* Foreign Exchange in Canada: An Outline. Toronto 1961

[35] *Sohmen, Egon:* Flexible Exchange Rates – Theory and Controversy. Chicago 1961

[36] –*:* International Monetary Problems and the Foreign Exchanges. Princeton (New Jersey) 1963

[37] *Southard, Frank A.:* Foreign Exchange Practice and Policy. New York/London 1940

[38] *Stein, Jerome L.:* The Nature and Efficiency of the Foreign Exchange Market. Princeton (New Jersey) 1962

[39] *Vogel, Joachim:* Das Devisentermingeschäft. Berlin 1924

[40] *Weill, N. E.:* Die Solidarität der Geldmärkte – Eine Studie über die Verschiedenheit der gleichzeitigen Diskontsätze verschiedener Länder. Frankfurt (Main) 1903

[41] *Wonnacott, Paul:* The Canadian Dollar 1948–1958. Toronto 1960

B. Zeitschriftenbeiträge

[42] *Aliber, Robert Z.:* Speculation in the Foreign Exchanges: The European Experience, 1919–1926. In: Yale Economic Essays Vol. 2 (1962), S. 171–245

[43] –*:* Counter-speculation and the Forward Exchange Market: A Comment. In: The Journal of Political Economy Vol. 70 (1962), S. 609–613

[44] –*:* More about Counter-speculation in the Forward Exchange Market. In: The Journal of Political Economy Vol. 71 (1963), S. 589–590

[45] –*:* Speculation and Price Stability Once Again. In: The Journal of Political Economy Vol. 72 (1964), S. 607–609

[46] *Altman, Oscar L.:* Foreign Markets for Dollar, Sterling, and Other Currencies. In: International Monetary Fund Staff Papers Vol. 8 (1960/1961), S. 313–352

[47] –*:* Recent Developments in Foreign Markets for Dollars and Other Currencies. In: International Monetary Fund Staff Papers Vol. 10 (1963), S. 48–96

[48] *Auten, John H.:* Counter-speculation and the Forward Exchange Market. In: The Journal of Political Economy Vol. 69 (1961), S. 49–55

[49] –: Monetary Policy and the Forward Exchange Market. In: The Journal of Finance Vol. 16 (1961), S. 546–558

[50] –: Forward Exchange Rates and Interest-Rate Differentials. In: The Journal of Finance Vol. 18 (1963), S. 11–19

[51] *Blau, Gerda:* Some Aspects of the Theory of Futures Trading. In: The Review of Economic Studies Vol. 12 (1944/1945), S. 1–30

[52] *Bloomfield, A. I.:* Official Intervention in the Forward Exchange Market: Some Recent Experiences. In: Banca Nazionale del Lavoro Quarterly Review March 1964, S. 3–42

[53] *Braun, Oswald:* Zur Theorie des Devisenterminmarktes (I) – Die Kursbildung an den Kassa- und Terminmärkten. In: Jahrbücher für Nationalökonomie und Statistik Band 177 (1965), S. 22–58

[54] –: Zur Theorie des Devisenterminmarktes (II) – Das Problem der Intervention auf den Kassa- und Terminmärkten. In: Jahrbücher für Nationalökonomie und Statistik Band 177 (1965), S. 132–158

[55] *Brehmer, Ekhard:* Official Forward Exchange Operations – The German Experience. In: International Monetary Fund Staff Papers Vol. 11 (1964), S. 389–413

[56] *Breit, Marek:* Ein Beitrag zur Theorie des Geld- und Kapitalmarktes. In: Zeitschrift für Nationalökonomie Band 6 (1935), S. 632–659

[57] *Caves, Richard E.:* Flexible Exchange Rates. In: The American Economic Review Vol. 53 (1963) – Papers and Proceedings of the 75th Annual Meeting of the American Economic Association –, S. 120–129

[58] *Coombs, Charles A.:* Treasury and Federal Reserve Foreign Exchange Operations. In: Federal Reserve Bulletin September 1962, S. 1138–1153

[59] –: Treasury and Federal Reserve Foreign Exchange Operations. In: Federal Reserve Bulletin March 1963, S. 311–320

[60] –: Treasury and Federal Reserve Foreign Exchange Operations. In: Federal Reserve Bulletin September 1963, S. 1216–1223

[61] –: Treasury and Federal Reserve Foreign Exchange Operations and the Gold Pool. In: Federal Reserve Bulletin March 1964, S. 294–307

[62] –: Treasury and Federal Reserve Foreign Exchange Operations. In: Federal Reserve Bank of New York Monthly Review September 1964, S. 162–172

[63] –: Treasury and Federal Reserve Foreign Exchange Operations. In: Federal Reserve Bank of New York Monthly Review March 1965, S. 42–50

[64] –: Treasury and Federal Reserve Foreign Exchange Operations. In: Federal Reserve Bank of New York Monthly Review October 1965, S. 199–208

[65] –: Treasury and Federal Reserve Foreign Exchange Operations. In: Federal Reserve Bank of New York Monthly Review March 1966, S. 47–57

[66] –: Treasury and Federal Reserve Foreign Exchange Operations. In: Federal Reserve Bank of New York Monthly Review September 1966, S. 191–198

[67] –: Treasury and Federal Reserve Foreign Exchange Operations. In: Federal Reserve Bank of New York Monthly Review March 1967, S. 43–51

[68] –: Treasury and Federal Reserve Foreign Exchange Operations. In: Federal Reserve Bank of New York Monthly Review March 1968, S. 38–52

[69] *Cootner, Paul H.:* Common Elements in Future Markets for Commodities and Bonds. In: The American Economic Review Vol. 51 (1961) – Papers and Proceedings of the 73rd Annual Meeting of the American Economic Association –, S. 173–183

[70] *Deuß, Hanns:* Die Geldanlagen der Geschäftsbanken im Ausland. In: Im internationalen Geldstrom, Der Volkswirt 15. Jg. (1961), Beilage zu Heft Nr. 43, S. 16–20

[71] *Dow, J. C. R.:* A Theoretical Account of Futures Markets. In: The Review of Economic Studies Vol. 7 (1939/1940), S. 185–195

[72] *Eastman, Harry C.:* Aspects of Speculation in the Canadian Market for Foreign Exchange. In: The Canadian Journal of Economics and Political Science Vol. 24 (1958), S. 355–372

[73] *Einzig, Paul:* The Theory of Forward Exchanges. In: The Banker Vol. 39 (1936), S. 28–34

[74] –: Bankers and Forward Exchanges. In: The Banker Vol. 40 (1936), S. 133–137

[75] –: Some Recent Changes in Forward Exchange Practices. In: The Economic Journal Vol. 60 (1960), S. 485–495

[76] –: The Relation between Practice and Theory of Forward Exchange. In: Banca Nazionale del Lavoro Quarterly Review September 1962, S. 227–239

[77] –: Some Recent Developments in Official Forward Exchange Operations. In: The Economic Journal Vol. 73 (1963), S. 241–253

[78] *Fleming, J. Marcus:* Beitrag zu: Conditions of International Monetary Equilibrium – Discussion. In: The American Economic Review Vol. 53 (1963) – Papers and Proceedings of the 75th Annual Meeting of the American Economic Association –, S. 139–146

[79] *Fleming, J. Marcus,* und *Mundell, Robert A.:* Official Intervention in the Forward Exchange Market – A Simplified Analysis. In: International Monetary Fund Staff Papers Vol. 11 (1964), S. 1–19

[80] *Gemmill, Robert F.:* Interest Rates and Foreign Dollar Balances. In: The Journal of Finance Vol. 16 (1961), S. 363–376

[81] *Goldstein, Henry:* Counter-speculation in the Forward Exchange Market: Some further Comments. In: The Journal of Political Economy Vol. 71 (1963), S. 494 bis 500

[82] *Gray, Peter H.:* Marginal Cost of Hot Money. In: The Journal of Political Economy Vol. 72 (1964), S. 189–192

[83] *Grubel, Herbert G.:* A Multicountry Model of Forward Exchange: Theory, Policy, and Empirical Evidence, 1955–61. In: Yale Economic Essays Vol. 3 (1963), S. 105–169

[84] –: A Neglected Aspect of Forward Exchange Theory and Policy. In: The Journal of Finance Vol. 18 (1963), S. 537–548

[85] –: Profits from Forward Exchange Speculation. In: The Quarterly Journal of Economics Vol. 79 (1965), S. 248–262

[86] *Hansen, Bent:* Zinspolitik und Devisenpolitik. In: Skandinaviska Banken Vierteljahresbericht 39. Jg. (1958), S. 130–138

[87] –*:* Zinspolitik, Devisenpolitik und Devisenbewirtschaftung. In: Skandinaviska Banken Vierteljahresbericht 40. Jg. (1959), S. 18–30

[88] –*:* Kursbildningen på valutamarknaderna – En geometrisk framställning av S. C. Tsiangs teori. In: Ekonomisk Tidskrift 63. Jg. (1961), S. 173–200

[89] *Huizinga, J. H.:* Central Banks and Forward Exchange. In: The Banker Vol. 38 (1936), S. 119–124

[90] *Jasay, A. E.:* Bank Rate or Forward Exchange Policy. In: Banca Nazionale del Lavoro Quarterly Review March 1958, S. 56–73

[91] –*:* Making Currency Reserves "Go Round". In: The Journal of Political Economy Vol. 66 (1958), S. 353–356

[92] –*:* Case for Official Support. In: The Banker Vol. 108 (1958), S. 228–229

[93] –*:* Forward Exchange: The Case for Intervention. In: Lloyds Bank Review October 1958, S. 35–45

[94] –*:* Speculation, Arbitrage, and Sterling: A Comment. In: The Economic Journal Vol. 69 (1959), S. 590–592

[95] *Jarchow, H. J.:* Der Devisenterminmarkt als Ansatzpunkt für Zentralbankinterventionen. In: Weltwirtschaftliches Archiv Band 95 (1965 II), S. 202–222

[96] *Johnson, Harry G.:* Equilibrium under Fixed Exchanges. In: The American Economic Review Vol. 53 (1963) – Papers and Proceedings of the 75th Annual Meeting of the American Economic Association –, S. 112–119

[97] *Kailasvuori, Kalevi:* Määräaikaisvaluuttakursien teoria ja keskuspankin määräaikaisvaluuttapolitiikka. In: Kansantaloudellinen Aikakauskirja Vol. 58 (1962), S. 248–274

[98] *Kaldor, Nicholas:* A Note on the Theory of the Forward Market. In: The Review of Economic Studies Vol. 7 (1939/1940), S. 196–201

[99] –*:* Speculation and Economic Stability. In: The Review of Economic Studies Vol. 7 (1939/1940), S. 1–27

[100] *Kalecki, Michal:* A Theory of the Business Cycle. In: The Review of Economic Studies Vol. 4 (1936/1937), S. 77–97

[101] –*:* The Principle of Increasing Risk. In: Economica New Series Vol. 4 (1937), S. 440–447

[102] *Kenen, Peter B.:* International Liquidity: The Next Steps. In: The American Economic Review Vol. 53 (1963) – Papers and Proceedings of the 75th Annual Meeting of the American Economic Association –, S. 130–138

[103] *Keynes, John Maynard:* The Forward Market in Foreign Exchanges. In: The Manchester Guardian Commercial – Reconstruction in Europe (Supplement) – April 20, 1922, S. 11–15

[104] –*:* The Arithmetic of the Sterling Exchange. In: The Nation and the Athenaeum June 13, 1925, S. 338

[105] –*:* The Future of the Foreign Exchanges. In: Lloyds Bank Limited Monthly Review New Series Vol. 6 (1935), S. 527–535

[106] *Klopstock, Fred H.*, und *Holmes, Alan R.*: The Market for Dollar Deposits in Europe. In: Federal Reserve Bank of New York Monthly Review November 1960, S. 3–8

[107] *Kunz, Heinrich:* Swap-Transaktionen und Geldexport. In: Zeitschrift für das gesamte Kreditwesen 17. Jg. (1964), S. 313–314

[108] *Laursen, Svend:* The Market for Foreign Exchange. In: Economia Internazionale Vol. 8 (1955), S. 762–788

[109] *Lipfert, Helmut:* Swapsätze und Währungspolitik – Zentralbank nimmt Einfluß auf Kurssicherungskosten. In: Der Volkswirt 13. Jg. (1959), S. 1361–1362

[110] –: Banken in Währungsrisikosituationen. In: Im internationalen Geldstrom, Der Volkswirt 15. Jg. (1961), Beilage zu Heft Nr. 43, S. 12–14

[111] *Lübbert, Jens:* Internationale Kapitalbewegungen als Problem und Instrument der Zahlungsbilanzpolitik. In: Weltwirtschaftliches Archiv Band 91 (1963 II), S. 61–83

[112] *Markowitz, Harry Max:* Portfolio Selection. In: The Journal of Finance Vol. 7 (1952), S. 77–91

[113] *McChesney Martin jr., William:* Monetary Policy and International Payments. In: The Journal of Finance Vol. 18 (1963), S. 1–10

[114] *Mundell, Robert A.:* Capital Mobility and Stabilization Policy Under Fixed and Flexible Exchange Rates. In: The Canadian Journal of Economics and Political Science Vol. 29 (1963), S. 475–485

[115] *Pfleiderer, Otto:* Kapitalmarktfragen im Zeichen der Konvertibilität. In: Der langfristige Kredit 10. Jg. (1959), S. 169–171

[116] *Powrie, T. L.:* Short-term Capital Movements and the Flexible Canadian Exchange Rate. In: The Canadian Journal of Economics and Political Science Vol. 30 (1964), S. 76–94

[117] *Reading, B.:* The Forward Pound 1951–59. In: The Economic Journal Vol. 70 (1960), S. 304–319

[118] *Roosa, Robert V.:* Assuring Free World's Liquidity. In: Federal Reserve Bank of Philadelphia Business Review September 1962 – Supplement, S. 3–12

[119] *Rozen, Marvin E.:* The Rationality of Official Intervention in the Forward Exchange Market: Comment. In: The Quarterly Journal of Economics Vol. 79 (1965), S. 146–148

[120] *Samuelson, Paul A.:* Intertemporal Price Equilibrium: A Prologue to the Theory of Speculation. In: Weltwirtschaftliches Archiv Band 79 (1957 II), S. 181–221

[121] *Sedlmaier, Emeran:* Devisenhandel gestern, heute und morgen. In: Im internationalen Geldstrom, Der Volkswirt 15. Jg. (1961), Beilage zu Heft Nr. 43, S. 23–27

[122] *Sohmen, Egon:* Demand Elasticities and the Foreign Exchange Market. In: The Journal of Political Economy Vol. 65 (1957), S. 432–436

[123] –: Marktwirtschaftliche Wechselkurspolitik. In: Der Volkswirt 15. Jg. (1961), S. 862–864

[124] –: Fixierte Wechselkurse – ein realistisches Konzept? In: Der Volkswirt 15. Jg. (1961), S. 1732–1734

[125] *Spraos, John:* The Theory of Forward Exchange and Recent Practices. In: The Manchester School of Economic and Social Studies Vol. 21 (1953), S. 87–117

[126] –: Case for an Official Peg. In: The Banker Vol. 108 (1958), S. 225–228

[127] –: Speculation, Arbitrage, and Sterling. In: The Economic Journal Vol. 69 (1959), S. 1–21

[128] *Staley, Charles E.:* International Liquidity and American Policy. In: Kyklos Vol. 17 (1964), S. 470–477

[129] *Stein, Jerome L.:* The Simultaneous Determination of Spot and Futures Prices. In: The American Economic Review Vol. 51 (1961), S. 1012–1025

[130] –: The Rationality of Official Intervention in the Forward Exchange Market. In: The Quarterly Journal of Economics Vol. 77 (1963), S. 312–316

[131] –: International Short-term Capital Movements. In: The American Economic Review Vol. 55 (1965), S. 40–66

[132] –: The Rationality of Official Intervention in the Forward Exchange Market: Reply. In: The Quarterly Journal of Economics Vol. 79 (1965), S. 150–152

[133] *Syrett, W. W.:* A Revision of the Theory of Forward Exchanges. In: The Banker Vol. 38 (1936), S. 202–206.

[134] –: Some Forward Exchange Comments. In: The Banker Vol. 40 (1936), S. 219–227

[135] *Telser, Lester G.:* Futures Trading and the Storage of Cotton and Wheat. In: The Journal of Political Economy Vol. 66 (1958), S. 233–255

[136] *Tobin, James:* Liquidity Preference as a Behavior Towards Risk. In: The Review of Economic Studies Vol. 25 (1957/1958), S. 65–86

[137] *Trued, Merlyn N.:* Interest Arbitrage, Exchange Rates, and Dollar Reserves. In: The Journal of Political Economy Vol. 65 (1957), S. 403–411

[138] *Tsiang, Sho Chieh:* A Theory of Foreign-Exchange Speculation under a Floating Exchange System. In: The Journal of Political Economy Vol. 66 (1958), S. 399–418

[139] –: The Theory of Forward Exchange and Effects of Government Intervention on the Forward Exchange Market. In: International Monetary Fund Staff Papers Vol. 7 (1959/1960), S. 75–106

[140] *Ward, Richard:* The Rationality of Official Intervention in the Forward Exchange Market: Further Comment. In: The Quarterly Journal of Economics Vol. 79 (1965), S. 148–150

[141] *White, William H.:* Interest Rate Differences, Forward Exchange Mechanism, and Scope for Short-term Capital Movements. In: International Monetary Fund Staff Papers Vol. 10 (1963), S. 485–503

[142] *Working, Holbrock:* Futures Trading and Hedging. In: The American Economic Review Vol. 43 (1953), S. 314–343

[143] o. V.: Covered Arbitrage – Money both Ways. In: The Economist Vol. 186 (1958), S. 964

[144] o. V.: Bank Rate and Forward Exchange. In: The Banker Vol. 37 (1936), S. 130 bis 138

[145] o. V.: Helping the Bears? In: The Economist Vol. 184 (1957), S. 700

[146] o. V.: Case for the Status Quo. In: The Banker Vol. 108 (1958), S. 229–235

[147] o. V.: Experiment in Forward Exchange. In: The Economist Vol. 203 (1962), S. 366–368

[148] o. V.: London's Overseas Credits – Role in a Bear Attack. In: The Banker Vol. 108 (1958), S. 79–84

C. Beiträge in Sammelwerken

[149] *Hahn, L. Albert:* Monetäre Integration – Illusion oder Realität? In: *Meinhold, Wilhelm* (Hrsg.): Internationale Währungs- und Finanzpolitik. Berlin 1961, S. 99 bis 123

[150] *Holtrop, Marius W.:* Memorandum of Evidence submitted by the President of the Netherlands Bank. In: Committee on the Working of the Monetary System: Principal Memoranda of Evidence Vol. I, London 1960, S. 260–268

[151] *Kruse, Alfred:* Internationaler Kredit- und Kapitalverkehr und der Ausgleich der Zahlungsbilanzen. In: *Meinhold, Wilhelm* (Hrsg.): Internationale Währungs- und Finanzpolitik. Berlin 1961, S. 41–52

[152] *Lipfert, Helmut:* Termingeschäfte. In: Handwörterbuch der Sozialwissenschaften Band 10. Stuttgart/Tübingen/Göttingen 1959, S. 336–341

[153] *Sandick, A. A. van:* Memorandum on the Technique of the Forward Exchange Market and the Elimination of Uncertainty. In: Joint Committee Carnegie Endowment – International Chamber of Commerce: Separate Memoranda from the Economists consulted by the Joint Committee on The Problems of Monetary Stabilization. Paris 1936, S. 294–312

[154] *Schmidt, Fritz,* und *Gutenberg, Erich:* Arbitrage. In: Handwörterbuch der Sozialwissenschaften Band 1. Stuttgart/Tübingen/Göttingen 1956, S. 412–415

[155] *Stucken, Rudolf:* Spekulation. In: Handwörterbuch der Sozialwissenschaften Band 9. Stuttgart/Tübingen/Göttingen 1956, S. 690–694

D. Sonstiges

[156] *Altman, Oscar L.:* The Changing Gold Exchange Standard and the Role of the International Monetary Fund. Document of International Monetary Fund and not for Public Use – DM/63/25 – (1963)

[157] *Committee on the Working of the Monetary System:* Principal Memoranda of Evidence Vol. I–III. London 1960

[158] *Committee on the Working of the Monetary System:* Minutes of Evidence. London 1960

[159] *Committee on the Working of the Monetary System:* Report – Presented to Parliament by the Chancellor of the Exchequer by Command of Her Majesty. London 1959, Cmnd. 827

[160] *League of Nations – Economic Intelligence Service –:* Money and Banking 1936/1937 Vol. 1 (Monetary Review). Geneva 1937

[161] *Europäische Wirtschaftsgemeinschaft:* Die währungspolitischen Instrumentarien in den Mitgliedsstaaten der europäischen Wirtschaftsgemeinschaft. 1962

[162] Articles of Agreement of the International Monetary Fund. Washington o. J.

[163] Bank-Lexikon – Handwörterbuch für das Bank- und Sparkassenwesen – Bearbeitet von *Gerhard Müller* unter Mitwirkung von *Josef Löffelholz.* Wiesbaden 1961

[164] Verhandlungen des X. Deutschen Bankiertages München 14. und 15. Oktober 1963. Frankfurt (Main) 1964

[165] Wiederaufnahme des Devisen-Termin-Handels (Veröffentlichungen des Verbandes Sächsischer Industrieller Heft 33). Dresden 1920

[166] *Bank of England:* Report for the Year Ended 28th February 1961

[167] *Bank of England:* Quarterly Bulletin Vol. 2, No. 2 (June 1962)

[168] *Bank für internationalen Zahlungsausgleich:* 32. Jahresbericht (1. April 1961 bis 31. März 1962)

[169] *Bank für internationalen Zahlungsausgleich:* 33. Jahresbericht (1. April 1962 bis 31. März 1963)

[170] Blick durch die Wirtschaft – Frankfurter Zeitung

[171] Bundesgesetzblatt

[172] Federal Reserve Bulletin

[173] Federal Reserve Bank of New York Monthly Review

[174] Geschäftsberichte der Deutschen Bundesbank

[175] Monatsberichte der Deutschen Bundesbank

[176] 54. Geschäftsbericht der Schweizerischen Nationalbank (1961)

[177] 55. Geschäftsbericht der Schweizerischen Nationalbank (1962)

[178] *International Monetary Fund:* Annual Report of the Executive Directors for the Fiscal Year Ended April 30, 1962

[179] *International Monetary Fund:* International Financial Statistics

Namensregister

Sachregister

Kolibri 360 GmbH
Ferdinand-Jühlke-Straße 7
99095 Erfurt, Deutschland
produktsicherheit@kolibri360.de